비즈니스모델
사용설명서

비즈니스모델
사용설명서

초판1쇄 발행 2023년 10월 10일

지은이 은종성
펴낸이 제이슨
펴낸곳 도서출판 책길

신고번호 제2018-000080호
신고년월일 2018년 3월 19일

주소 서울특별시 강남구 테헤란로2길 8, 4층 (우.06232)
전화 070-8275-8245
팩스 0505-317-8245
이메일 contact@bizwebkorea.com
홈페이지 bizwebkorea.com   **이러닝 인터뷰어** interviewer.co.kr
페이스북 facebook.com/bizwebkorea   **인스타그램** instagram.com/bizwebkorea
블로그 blog.naver.com/bizwebkorea   **유튜브** youtube.com/c/jongseongeun

ISBN 979-11-984425-0-5 13320

AI 인공지능, 기술, 트렌드를 어떻게 활용할 것인가?

비즈니스모델 사용설명서

은종성 **지음**

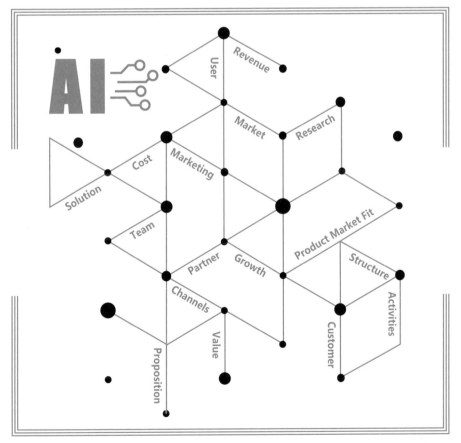

책길

'비즈니스모델(Business Model)'이란 돈을 버는 방법에 관한 이야기입니다. '어떤 제품이나 서비스를, 어떤 소비자에게, 어떻게 제공하고, 어떻게 돈을 벌 것인가에 대한 계획이나 사업 아이디어'라고 할 수 있죠.

이렇게 심플하게 정의되는 개념과 달리 비즈니스모델이란 말이 추상적으로 다가오는 이유는 포함하는 범위가 넓기 때문인데요. 사실 제조, 유통, 플랫폼, B2C, B2B, B2G 등 다양한 비즈니스 형태를 하나의 프레임으로 설명한다는 것 자체가 불가능합니다. 그래서 먼저 비즈니스를 구성하는 다양한 관점을 이해해야 합니다. 그래야 비즈니스모델을 구체화할 수 있습니다.

비즈니스모델에서 중요한 문제 중 하나가 '어떤 시장에 진입할 것인가'입니다. 고객이 필요로 하는 제품이나 시장에 대한 정의 없이 시작한 기술 개발은 기술을 위한 기술 개발일 뿐으로, 개발 가능한 기술의 개발에만 머물게 되는 경우가 대부분이니까요.

기업마다 처한 상황이 다르므로 비즈니스모델에 대한 정형화 된 해답은 없습니다. 하지만 오랫동안 사용해 왔던 경쟁우위, 경 영전략, 린 캔버스, 비즈니스모델 캔버스(BMC)에는 실무적인 고 민을 체계화해 놓은 내용이 담겨 있는데요. 분석해보면 모두 공 통적인 부분을 다룬다는 사실을 확인할 수 있습니다.

기업은 전통적으로 제품과 서비스를 만들어 소비자들에게 판 매해 왔습니다. 이때 낮은 가격을 이용한 판매를 원가우위, 브랜 드처럼 가치를 중심으로 한 판매를 차별화, 틈새시장 같은 곳에 집중한 판매를 집중화라고 정의했죠. 그러다 인터넷이 출현하고 나서 제공하는 제품 또는 서비스와 돈을 버는 수익모델이 달라 지기 시작했는데요. 네이버를 예로 들면, 이용자 대다수는 네이 버에 이용료를 지불하지 않는데도 네이버는 엄청난 돈을 법니다. 바로 서비스모델과 수익모델이 다르기 때문이죠.

이런 이유로 제공하는 서비스와 수익모델이 달라지는 현상 을 설명하려는 시도들이 계속되었는데요. 1999년 비즈니스 콘텐 츠 작가인 마이클 루이스(Michael Lewis)가 '비즈니스모델(Business Model)'이란 용어를 처음 쓰면서 이후 인터넷을 중심으로 하는 비 즈니스에서는 '경영전략'보다 '비즈니스모델'이란 용어를 더 많이 사용하게 되었습니다. 그러다 아이폰이 세상에 나오면서 온라인과 오프라인 연결(Online to Offline)이 가능해지고, 또 다양한 소셜미디어의 등장으로 사람과 사람이 연결(Social Network Services)되면서 비즈니스모델에 있어 전환점을 가져왔죠. 그리고 이젠 더 나아가 사물과 사물이 연결(Internet of Things)되고, 거대 언어모델(Large Language Models)인 생성형 AI(Generative AI)가 비즈니스에 영향을 미치기 시작했습니다.

기술이 가져다준 편리함에 인간은 빠르게 적응할 뿐만 아니라 편리함을 경험한 인간은 과거로 회귀하지 않습니다. 불매운동이나 파업을 해도, 정부가 규제를 만들어내도 편리함과 효율성을 본능적으로 추구하는 관성은 거스르지 못하죠. 이는 새로운 시대에 적응하고 안 하고는 선택이 아님을 뜻합니다.

누구도 경험해보지 못한 격변의 시대입니다. 그로 인해 기업은 비즈니스모델 관점의 사고가 필요해졌습니다. 물론, 실행하면서 하나씩 배워 나갈 수도 있습니다만, 그런 방식은 많은 시간과 기회비용을 들일 수밖에 없습니다. 성공 또는 실패라는 경험을 통한 배우기는 의미 있는 일이지만 실제 실행하는 사람에게는 인내와 고통을 수반합니다. 그런 사례는 현장에서 종종 목격됩니다.

스타트업은 새롭고 창의적인 아이디어로 시장의 판을 뒤엎으려 하지만 어떻게 돈을 벌 것인지에 대한 검증과 구체성이 부족합니다. 기존 기업들은 사람, 기술, 돈 등 상대적으로 많은 자원을 가졌음에도 새롭게 접근하려는 노력 없이 지속적인 개선 정도로 기존의 것을 지키려 하죠. 그런데 어떤 형태든 중요한 건 고객의 선택을 받고, 돈을 버는 일입니다.

비즈니스모델은 그럴듯한 그림을 그리는 게 아닙니다. 비즈니스를 둘러싼 다양한 요인들을 고려해 구체적인 실행방안을 구상하고 돈을 버는 방법을 고민하는 일입니다. 실행 가능성은 고려하지 않은 채 새로움만을 발견하는 창의성은 무의미한 행위에 지나지 않으며, 당장의 일에만 집중하는 것 또한 기업의 미래를 불투명하게 만들 수 있습니다.

누군가가 새로운 뭔가를 만들어내는 작업은 지난한 과정입니다. 하지만 기존의 것을 카피한 제품이나 서비스를 출시하는 일은 상대적으로 적은 시간과 비용으로도 가능하죠. 결국, 비즈니스란 '아이디어를 주어진 시간 안에 얼마나 빨리 정상궤도에 올려놓을 수 있는가'라고 할 수 있는데요. 그러려면 개별적인 접근보다는 전체적인 관점에서 접근해야 합니다.

《비즈니스모델 사용설명서》는 여러 가지 비즈니스모델 프레임에서 다루는 다양한 질문에서 시작합니다. 오랫동안 강의와 컨설팅, 멘토링 등에서 기업들과 스타트업에게 해왔던 질문과 사례를 담았죠. 좋은 질문에서 좋은 답이 나오듯 몇 개의 질문에 답해보는 것만으로도 의미 있는 비즈니스모델을 만들어낼 수 있지 않을까 싶습니다. 제한적인 경험들과 사례일지도 모르나 비즈니스모델에 대한 고민에는 분명 도움이 되리라 생각합니다.

은종성

차 례

시작하는 글 • 5

1부 좋은 질문에서 좋은 답이 나온다

1 비즈니스 모델을 혁신하는 방법은?   18

비즈니스모델을 바라보는 관점 • 19 / 경쟁 관점과 비경쟁 관점 • 20 / 내부역량 관점과 고객경험 관점 • 24 / 5BM-Innovation Ways • 27 / 비즈니스모델을 혁신한 기업들 • 29 / 초거대 AI가 불러올 비즈니스의 변화 • 31

2 고객의 어떤 문제를 해결할 것인가?   33

제대로 된 상품을 만드는 일 • 34 / 어떻게 도달할 것인가? • 35 / 지속 가능한 사업구조 • 36 / 문제의 질과 솔루션의 질을 높이는 방법 • 37 / 외부환경에 대한 정확한 분석 • 39 / 고객과 시장의 문제를 해결한 카맥스 • 43

3 누가 고객인가?   46

비즈니스 형태는 무엇인가? • 46 / 가격 체계가 다른 비즈니스 방식 • 47 / 내부적으로 요구하는 역량 또한 달라 • 49 / B2C와 B2B를 동시에 하는 기업 • 50 / 누가 고객인가? 유저와 커스터머 • 51 / 고객을 페르소나로 구체화 • 55 / 페르소나 인터뷰와 관찰을 통한 검증 • 60 / 매력적인 시장이 될 수 있는가? • 64

4 왜 구매하는가?　　　　　　　　　68

가치란 무엇인가? • 68 / 절대가치에 해당하는 '품질' • 69 / 수단과 목적을 구분하는
것 • 71 / 가치(value)를 찾아가는 방법들 • 74 / 고객 관점의 접근이 필요 • 77 / 불편을 해
결해 주는 가치제안 • 78 / 혜택을 제공하는 가치제안 • 80 / 벨킨의 가치제안 사례 • 81

5 시장성과 성장성은? 시장매력도　　　　85

산업과 시장을 분석하는 것 • 85 / 시장을 찾기에 대한 어려움 • 86 / 어떤 방식으로 분석할
것인가? • 88 / 시장조사란 무엇인가? • 89 / 시장규모를 추정하는 방법 • 90 / 유효시장
확장을 통한 성장성 제시 • 94 / 페르미 추정방식 활용 • 96

6 어떻게 문제를 해결할 것인가?　　　101

문제를 해결하는 방식들 • 101 / 기술로 문제를 해결하는 것 • 102 / 더 새롭고 나은 방식
으로 만드는 것 • 104 / 플랫폼으로 수요와 공급을 제공하는 것 • 106 / 상징성을 구매하
도록 하는 것 • 108 / 취향과 경험을 콘텐츠와 커뮤니티로 • 110 / 가치사슬을 새롭게 정
의 • 111

7 경쟁우위는 무엇인가? 122

가치(Value)>가격(Price)>원가(Cost) • 122 / 상징성을 구매하는 사람들 • 125 / 차별화를 통해 설렘을 주는 기업들 • 127 / 차별화와 원가우위를 동시에 달성한 기업 • 128 / 어떤 것을 판매하는가? • 130 / 물리적인 것과 가상적인 것의 결합 • 135 / 오프라인과 온라인의 충돌 • 136

8 비용구조는 어떻게 되는가? 138

성장 중심의 비즈니스모델들 • 138 / 수익성 분석을 위해 파악해야 하는 것들 • 139 / 언제쯤 돈을 벌 수 있을까? 손익분기 분석 • 141 / 공헌이익이 얼마나 되는가? • 145 / 영업이익을 높이는 방법들 • 147

9 수익모델은 무엇인가? 149

고객가치를 어떻게 전달할 것인가? • 149 / 판매를 통해 돈을 버는 방법 • 151 / 중개를 통해 돈을 버는 방법 • 153 / 촉진활동을 통해 돈을 버는 방법 • 154 / 라이선스로 돈을 버는 방법 • 157 / 같은 업종, 다른 비즈니스모델 • 158 / 무엇이 되지 않을 것인가? • 160

10 비즈니스모델 구조화 방법은? 162

아이템보다는 비즈니스모델 관점으로 • 165 / 플랜 A 비즈니스모델 구조화 질문들 • 167 / 아이디어를 플랜 A 비즈니스모델로 • 169 / 린 캔버스 방식 비즈니스모델 • 170 / 비즈니스모델 캔버스(BMC) • 173 / 가치전달 방식 비즈니스모델 • 175 / 가치사슬(value chain) 방식 비즈니스모델 • 176 / 올리버 가스만의 트라이앵글 모델 • 178 / 전체상을 파악하기 위한 나인셀 • 180

2부 비즈니스모델 들여다보기

1 제조가 중요할까, 유통이 중요할까?　　　184

제조단계에서의 소요 비용 • 185 / 유통단계에서의 소요 비용 • 187 / 제조는 어떤 문제를 해결하고 있는가? • 189 / 유통은 어떤 문제를 해결하고 있는가? • 192 / 매출액=단가×수량 • 194 / 제조업의 비즈니스모델 • 198

2 플랫폼 비즈니스모델　　　203

플랫폼과 함께하는 일상 • 204 / 플랫폼 비즈니스의 특징들 • 205 / 데이터 이점, 규모의 경제, 독점 • 207 / 인공지능과 사람의 협업 • 209 / 콘텐츠→커뮤니티→커머스 • 212 / 플랫폼이 이익을 만드는 방법은? • 217

3 라이프 스타일을 제안하는 리테일　　　219

전환기를 맞은 오프라인 리테일 • 219 / 기술을 바탕으로 한 새로운 가치제안 • 221 / 쇼핑과 엔터테인먼트의 결합 • 222 / 오프라인 매장의 미래는? • 224 / 오프라인은 브랜드 체험공간으로 • 227 / 고객에게 어떻게 접근할 것인가? • 229 / 지역 밀착 하이퍼로컬 비즈니스모델 • 234

4 구독(Subscription) 비즈니스모델   237

판매에서 관계로 전환 • 237 / 개인화를 통한 맞춤 서비스 • 239 / 상품에 따른 구독 비즈니스모델 • 240 / 렌털 방식의 구독 비즈니스모델 • 246 / 구독 비즈니스모델 도입 프로세스 • 249

5 IoT, 사물인터넷 비즈니스모델   259

비즈니스의 새로운 기준, 연결성 • 260 / 연결은 어떤 가치를 제안하는가? • 261 / 기술 발전과 비즈니스 방식의 변화 • 263 / IoT, 제조의 서비스화 • 267 / IoT, 프리미엄 서비스 제공 • 268 / IoT, 맞춤형 서비스 추천과 광고 및 중개수수료 • 269

6 디지털 트랜스포메이션(DX)과 BM   271

공간의 디지털화 기술 • 273 / 인간의 디지털화 기술 • 274 / 시간의 디지털화 기술 • 275 / 사물인터넷(IoT) 요소 기술 • 276 / 현실 세계와의 접목을 위한 아날로그 기술 • 279 / 메타버스, 웹3 비즈니스모델 • 285 / 초거대 AI 기반 비즈니스모델 • 288 / 초거대 AI로 메타버스의 문이 열리다 • 292

7 지속 가능한 성장, ESG 비즈니스모델   294

왜 ESG인가? • 295 / 주주 자본주의와 이해관계자 자본주의 • 297 / 가치사슬을 통합한 파타고니아 • 298 / ESG는 소비자 관점에서 접근 • 301 / MZ세대, 미닝아웃, 돈쭐 • 355 / ESG는 '업의 본질'에 대한 질문 • 306 / 생물다양성 논의를 이끄는 화장품 기업 • 308 / 유니크함과 미닝아웃의 상징 • 311 / 왜 ESG로 전환해야 하는가? • 313

8 전체 구조 바라보기   315

전방산업과 후방산업 • 315 / 산업 내 기업들의 경쟁 정도 • 320 / 잠재 진입자의 위협 정도 • 321 / 대체제의 위협 정도 • 323 / 공급자의 협상력 정도 • 324 / 고객과의 협상력 정도 • 325 / 전체 구조로 바라본 중고 거래 산업 • 326

마치는 글 • 334

1부

좋은 질문에서
좋은 답이 나온다

1

비즈니스모델을
혁신하는 방법은?

비즈니스모델은 처한 상황에 따라 그 의미가 상대적입니다.

제너럴모터스(GM) 같은 내연기관 중심의 자동차 회사가 볼 때 테슬라 전기자동차는 새로운 비즈니스모델이죠. 자동차를 소프트웨어로 접근함으로써 하드웨어 중심의 자동차 회사들을 무력화시켰으니까요. 하지만 소비자에게 전기자동차는 기존 차와 큰 차이가 없는 점진적 혁신에 해당합니다. 가솔린이나 경유에서 전기로 연료를 충전하는 방식만 바뀌었을 뿐 소비자 편익이 혁신적으로 좋아진 건 아니기 때문입니다. 원격으로 차량 소프트웨어가 업데이트되는 것 또한 멋진 경험이긴 하나 자동차 이용에 있어 본질적인 방식의 변화라고 보긴 어렵죠. 이처럼 혁신 또는 비즈니스모델은 주도하는 사람, 비교 대상, 처한 상황, 기술의 발전 방향 등에 따라 관점이 달라질 수밖에 없습니다.

또 실행 주체에 따라서도 비즈니스모델은 상대적인 의미를 지니는데요. 신한은행과 카카오가 그렇습니다. 두 기업은 모두 간편 송금 서비스를 제공하고 있지만, 간편 송금을 출시하기까지의 경로는 매우 달랐습니다. 카카오톡을 중심으로 성장한 IT 회사인 카카오에게 금융업은 여러 가지 제약을 해결해야 하는 큰 도전이었습니다. 반면, 금융업이 주 업무인 신한은행에게 간편 송금 서비스 도입은 어려운 일이 아니었죠. 카카오에게 간편 송금은 기업의 행로를 크게 수정해야 하는 사건이었지만, 신한은행에게는 현재의 경쟁력을 확장하는 수준이었던 겁니다.

비즈니스모델은 시간의 흐름에 따라서도 의미가 달라집니다. 과거 아이폰의 출시는 산업 전반을 바꾸어 놓은 혁신이었으나 지금은 그렇지 않습니다. 아이폰이 처음 나왔을 때 그 모든 것에 열광했던 사람들이 스마트폰 기술이 대중화되면서 기능 몇 개가 조금씩 개선되는 정도에 불과해지자 이제는 업그레이드 제품이 출시되더라도 열광하지 않는 거죠.

비즈니스모델을 바라보는 관점

비즈니스모델은 하나의 단편적인 아이템이 아니라 다양하고 종합적인 시각과 관점에서 들여다봐야 하는데요. 비즈니스모델 혁신에 대한 다양한 시각을 하나의 프레임으로 담아낸 것이 바로 '5BM-Innovation Ways'입니다.

'5BM-Innovation Ways'에서는 비즈니스를 ' ①경쟁으로 바라볼 것인가, ②비경쟁으로 바라볼 것인가, ③기업 중심의 내부혁신을 할 것인가, ④고객 중심의 경험을 혁신할 것인가, ⑤모든 것이 유기적으로 맞물려 있는 비즈니스모델 관점으로 바라볼 것인가'로 나누어 설명합니다.

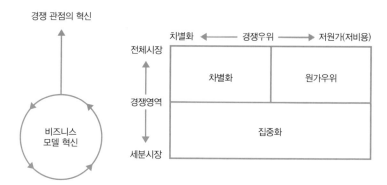

경쟁 관점의 비즈니스 모델 혁신

경쟁 관점과 비경쟁 관점

첫 번째는 비즈니스를 경쟁의 관점에서 바라보는 것입니다. 이

논리는 하버드 대학교 경영대학원 마이클 포터 교수의 책《경쟁우위》에 기초하는데요. 그는 기업은 전체 시장에서 경쟁할지 아니면 시장을 좁혀 틈새시장에서 살아남을지를 결정하고, 이후 선택한 시장에서 '원가우위로 싸울지', '차별화로 싸울지'를 결정해야 한다고 했습니다.

원가우위, 차별화, 집중화는 지난 수십 년간 기업의 전략수립에 활용되어 온 방식입니다만, 이젠 디지털 기술이 발전하면서 경쟁의 양상과 패턴이 바뀌었습니다. 네이버와 구글처럼 서비스는 무료로 제공하고 이를 바탕으로 광고를 유치해 수익을 만들어가는 방식, 코스트코처럼 낮은 가격으로 판매하면서 연회비를 받아 추가 수익을 만들어가는 방식 등은 기존의 경쟁전략으로는 설명되지 않죠. 카카오가 금융업을 새롭게 정의하고, 우버가 차량을 이용하는 방법을 바꿔 놓듯 경쟁에 대한 정의 자체가 점점 어려워져 가고 있습니다.

두 번째는 비즈니스를 비경쟁의 관점에서 바라보는 건데요. 프랑스 인시아드 경영대학원 김위찬 교수가 제안한 블루오션 전략이 대표적입니다.

블루오션 전략에서는 기존에는 없던 신시장을 만들어내거나, 사용하지 않던 사람들을 사용자로 전환시킴으로써 차별화와 원가우위를 동시에 달성할 수 있다고 이야기합니다. 그리고 이를 위한 방법으로 ERRC라는 프레임을 활용하는데요. ERRC는 Eliminate(제거), Raise(증가), Reduce(감소), Create(창조)의 영문 앞 글자입니다. 필요 없는 것을 제거(Eliminate)하거나 감소(Reduce)시키는 것으로 원가우위를 만들고, 고객이 중요하게 생각하는 가치를 증가(Raise)시키거나 새롭게 만들어내는(Create) 방식으로 차별화를 이루는 거죠.

비경쟁 관점에서 비즈니스 혁신을 이룬 기업으로는 이케아가 있습니다. 그들은 명품, 접근성, 설치 같은 활동은 제거(Eliminate)하고, 화려함과 장인정신 등의 가치는 감소(Reduce)시켜 상대적으로 저렴한 가구를 만들어냈습니다. 단순히 기능적 특성만을 제거한 게 아니라 근본적인 변화로 원가우위를 달성한 것이죠.

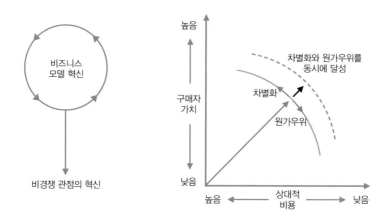

비경쟁 관점의 비즈니스 모델 혁신

이케아에서 판매하는 가구에는 앞뒤가 뭉툭한 볼트 대신 끝을 뾰족하게 다듬은 볼트가 사용됩니다. 뾰족한 볼트를 사용하면 쇠의 사용량이 줄어들고 무게가 가벼워져 운반비용이 절감되기 때문이죠. 그리고 분업화를 통한 원가절감 또한 비용우위 달성에 큰 몫을 담당하는데요. 스웨덴의 엘름홀트 공장에서는 장식장 문을 생산하고, 임금이 싼 터키 공장에서는 장식장 몸체를 생산하며, 볼트와 너트는 중국이나 베트남 등에서 생산해 각자가 판매처에 공급합니다. 운반비도 어떤 제품이든 납작하게 포장하는 플랫팩(Flat Pack) 시스템을 만들어 최소화한 것입니다.

이케아는 이처럼 원자재 조달에서부터 디자인, 제조, 물류, 매장 운영 등 전 과정에서 비용을 최소화하는 방식으로 최저가 시스템을 유지하며 원가우위를 달성합니다. 최소한의 원가로 제품을 만드는 비결이 제작과정 전반에 걸쳐 있는 거죠.

이케아는 또 차별화 전략에서도 뛰어난데요. 실용성과 현지화 등의 가치는 증가(Raise)시키고 쇼룸 전시, DIY 조립, 그림 조립 설명서 등의 가치는 새롭게 만들어(Create)냈습니다.

이케아 하면 뭐가 떠오르나요? 바로 쇼룸입니다. 이제는 다른 기업들도 많이 따라 하죠. 그런데 이케아의 쇼룸에는 다른 곳에는 없는 것들이 있습니다. 쇼룸이 달라야 얼마나 다를까 생각할지 모르지만 디테일 면에서 차이가 큽니다. 가구의 서랍을 열면 잘 개어진 옷이 나오고, 세탁기를 열면 빨기 위해 넣어둔 옷가지가 들어 있죠. 예쁘게만 보여주려는 게 아니라 인간의 라이프 스타일을 그대로 재현해 놓은 겁니다. 신혼부부를 위한 룸, 1인 가구를 위한 룸, 평범한 4인 가족을 위한 룸 등 다양한 콘셉트의 디테일을 살려 매장에 구현함으로써 그냥 이곳에서 살아도 되겠다는 생각이 들도록 차별화한 것이죠.

내부역량 관점과 고객경험 관점

세 번째는 내부역량 관점에서 비즈니스를 바라보는 것으로, 비즈니스는 그럴듯한 아이디어만으로는 이루어지지 않습니다. 내부역량을 고려하지 않은 비즈니스모델은 말장난에 불과할 뿐 현실화를 위해서는 연구개발, 생산, 판매, 마케팅, 고객 관계, 브랜드 등을 반드시 따져봐야 합니다.

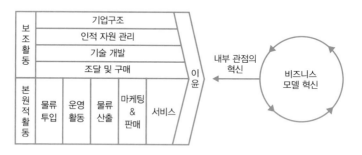

내부 관점의 비즈니스모델 혁신

내부역량을 끊임없이 혁신한 토요타는, 자동차는 등급에 따라 판매가격이 이미 정해져 있다고 가정합니다. 아무리 훌륭한 기술, 혁신적인 서비스라도 적절한 가격에 제공되고 보급되지 않으면 가치를 상실한다고 보기 때문이죠.

토요타는 가격을 높여 이익을 내기보다 원가절감을 통해 이익을 창출하는 일에 탁월합니다. 원가를 낮추면 이익이 증가할 뿐만 아니라 경쟁기업과의 가격 경쟁이나 예상치 못한 환율 변동에도 버틸 수 있거든요. 아무나 따라 할 수 없는 전략이죠.

토요타의 원가절감이라고 하면 '낭비 제거'가 떠오릅니다. 기획, 설계, 공정별 상세설계 등이 잘못되면, 즉 최초 설계단계에서 원가를 고려하지 않은 채 부품이나 소재, 공정을 결정하고 나면 양산단계에서 원가를 절감하는 데 한계가 생길 수밖에 없습니다. 토요타가 다른 자동차 회사와 다른 건 기획과 설계단계에서 이미 최대의 원가절감을 달성한다는 점입니다. 이를 두고 그들은 "이익은 설계단계에서 모두 결정된다."라고 표현합니다.

네 번째는 고객 관점에서 비즈니스를 바라보는 건데요. 비즈니스모델에서 중요하게 이야기되는 것 중 하나가 고객입니다. 고객 관점의 혁신은 혁신의 종착역이라고 해도 무방할 정도니까요. '파괴적 혁신' 이론으로 유명한 크리스텐슨(Christensen) 교수의 말처럼 제품이나 서비스를 구매하는 이유 대부분은 그 제품을 갖고 싶어서가 아닙니다. 어떤 일을 해결하기 위한 거죠. 혁신기술로 무장한 제품, 수만 명의 소비자 조사를 통해 태어난 제품임에도 소비자에게 외면받은 사례가 무수히 많다는 게 그 증거입니다. 따라서 기업은 변화하는 시장 환경과 고객에 맞춰 새로운 사업기회를 찾아야 할 뿐만 아니라 제품과 서비스를 혁신해야 합니다.

고객 관점의 혁신을 추구하는 기업으로는 아마존을 들 수 있습니다. 아마존 의장 제프 베이조스는 성장(Growth)은 낮은 비용구조(Lower Cost Structure)와 낮은 가격(Lower Price)에서 나오며, 그것은 곧 훌륭한 고객경험(Customer Experience)으로 이어진다고 보았습니다. 또 훌륭한 고객경험은 곧 홈페이지 트래픽(Traffic) 증가로 이어지고, 이는 상품과 서비스 판매자들(Sellers)을 끌어들여 궁극적으로는 고객경험의 질 또한 높아진다고 보았죠. 이게 바로 제프 베이조스가 냅킨에 그린 '플라이휠(Flywheel)'의 개념입니다.

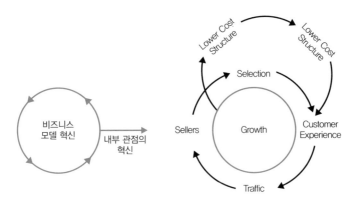

고객 관점의 비즈니스모델 혁신

스포츠용품계의 이케아로 불리는 데카트론(Decathron)도 고객 경험을 극대화하는 기업입니다. 국내에서는 인천 송도에 매장 오픈 후 롯데마트와 손잡고 사업을 확장 중인데요. 유럽인들이 사랑하는 스포츠레저 브랜드로, 높은 가성비를 갖춘 혁신적인 상품을 표방하는 데카트론이 가진 차별점은 고객에게 즐거운 경험을 제공한다는 데 있습니다. 농구용품을 판매하는 매장에서는 실제 농구를, 탁구용품을 판매하는 매장에서는 탁구를 쳐볼 수 있습니다. 스포츠 종목군별로 커뮤니티 공간과 테스트 존을 제공해 체험형 쇼핑이 가능하도록 매장을 구성한 거죠. 골프 코너에는 골프 시뮬레이터, 러닝 구역에는 러닝 트랙, 트래킹 용품 위치에는 트래킹 로드가 있고, 키즈 사이클링 존에는 키즈 사이클 바닥 스티커로 부모와 아이가 모두 즐길 수 있는 놀이 공간을 제공합니다.

5BM-Innovation Ways

다섯 번째는 '5BM-Innovation Ways'라고 정의한 비즈니스모델 관점인데요. 산업과 업종이 달라 정형화된 하나의 해답을 내놓기가 불가능하므로 비즈니스를 경쟁 관점과 비경쟁 관점, 내부 역량 관점과 고객경험 관점 모두를 고려해 바라보는 방식이죠.

비즈니스모델 관점의 사고가 필요한 이유는 기업의 전략은 기존의 프로세스와 연결되어야 하기 때문입니다. 어떻게 실행할 수 있을지는 고려하지 않은 채 새로운 것만을 토해내는 일은 무의미한 창의성에 지나지 않으며, 반대로 당장 할 수 있는 일에만 집중한다면 기업의 미래는 불투명해질 수밖에 없습니다.

비즈니스모델 관점의 혁신에서 고려되어야 할 것 중 하나가 '상호 관련성'입니다. 카카오는 지도 정보에 많은 투자를 하고 있으나 그 자체로는 수익구조를 창출하기가 어렵습니다. 그럼에도 투자하는 이유는 카카오택시, 카카오T 등 여러 서비스와 연계할 만큼 활용가치가 높기 때문입니다. 모르는 길을 찾거나 맛집을 검색할 때, 교통상황을 확인하거나 인근 주유소 휘발유 가격을 알고 싶을 때도 꼭 필요한 지도 서비스는 이동과 관련된 모든 서

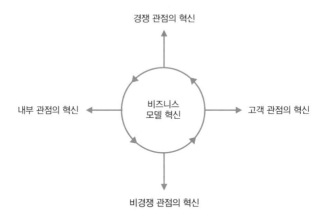

비즈니스모델을 혁신하는 5가지 길
(5BM-Innovation Ways)

비스의 기반이니까요.

사업단위 간 상호 관련성이 증가하는 요인은 바로 '기술'입니다. 그중에서도 정보통신기술은 많은 산업에 활용되면서 산업 간에 기술을 공유하게 만드는데요. 자동주문처리 시스템, 자동재고 관리 시스템, 자동창고관리 시스템처럼 기술이 한번 적용되면 사업단위의 내용을 손쉽게 공유할 수 있습니다. 그리고 이는 다시 원가절감과 비효율 제거 등으로 이어지죠. 이처럼 기술은 복잡성을 관리해 줄 뿐만 아니라 가치활동의 공유작업을 더 단순하고 적은 비용으로 해낼 수 있게 해줍니다.

비즈니스모델을 혁신한 기업들

비즈니스모델 관점의 혁신에는 다양한 방법이 존재합니다.

애플은 아이팟과 아이튠즈, 아이폰과 앱스토어로 이어지는 생태계를 만들어내면서 업계를 재편했을 뿐만 아니라 앱스토어를 통해 수많은 개발자를 협력자로 끌어들였습니다.

제품이나 서비스를 대체하는 방법도 있습니다. 마블코믹스가 만화책에서 '캐릭터와 스토리'로 사업을 재정의하면서 기사회생하고, 후지필름이 필름 재료로 사용되던 콜라겐과 사진변성을 막는 열화방지 기술 등을 활용해 노화방지에 효과적인 화장품을 출시하면서 헬스케어 회사로 변신하는 데 성공한 것처럼요.

또 디지털을 중심으로 새로운 비즈니스를 만들어내기도 합니다. 나이키 플러스는 애플의 디지털 기기와 결합된 상품으로 사용자가 자신의 운동행위를 측정하고, 그 데이터를 다른 사람과 공유할 수 있도록 해줍니다. 또 모바일 애플리케이션을 통해 고객과 소통함으로써 최고의 디지털 경험을 제공하죠.

가치전달 모형을 재구성하는 것으로도 새로운 비즈니스가 만들어지는데요. 와비파커는 홈 트라이온(Home try-on)이라는 시스템을 개발해 온라인으로 안경을 구매할 수 있도록 했습니다. 안경점에 방문해 시력을 검사하고 안경을 구입하는 가치전달 모델을 온라인 중심으로 재구성한 거죠.

가치제안을 재정의하는 방법도 있습니다. 한 달에 한 번 면도날 4~5개를 정기적으로 배송해 주는 달러쉐이브클럽은 '편리함'이라는 고객가치에 집중했습니다. 적당한 수준의 기술력에서 오는 '제품 선택의 편리함'과 배송 서비스를 통한 '제품 전달의 편리함'으로 질레트의 아성에 도전하는 중이죠.

앞서 말했듯 이처럼 각각의 기업이 처한 상황이 다 달라 정형화된 비즈니스모델을 내놓기는 어렵습니다. 그러므로 결국에는 창의적인 지식과 경험으로 스스로의 길을 찾아가야 합니다.

우리 사회는 수천 년 전부터 서서히 변화해 왔습니다. 수렵, 어로, 채집에 의존했던 원시사회에서 토지가 부의 원천이었던 농경사회로, 농경사회는 다시 소품종 대량생산으로 대변되는 산업사회로 바뀌었죠. 그리고 산업사회는 유동성과 유연성이 강조되는 지식사회에서 개인의 창의력이 중요해지는 사회로 변화하고 있습니다. "자본주의 사회에서 생산적인 곳에 자본을 배분할 줄 아는 자본가가 그랬던 것처럼, 지식사회에서는 지식을 생산성 있는 곳에 배분할 줄 아는 지식근로자가 경제 및 사회의 주역이 될 것"이라는 피터 드러커의 말을 곱씹어보아야 할 때입니다.

초거대 AI가 불러올 비즈니스의 변화

챗GPT를 가능하게 한 LLM(거대 언어모델) 기술이 다양한 종류의 생성형 AI 서비스를 만들어내고 있습니다. 웹3, 메타버스, NFT, 블록체인처럼 금세 사라지는 이슈 아닐까 하는 의구심도 들지만, 일반 사용자들이 쉽게 경험 가능하다는 점에서 다른 기술보다는 폭발력을 갖췄다고 생각합니다. 뒤돌아보면 기술은 기술 자체의 혁신성보다 사람들에게 얼마나 쉽게 활용되는가에 따라 기술의 미래가 판가름 났음을 알 수 있습니다.

생성형 AI는 AI 기술의 한 분야로 텍스트, 이미지, 음악 등 새로운 콘텐츠를 생성하는 데 중점을 둔 AI 모델 혹은 AI 애플리케이션(응용프로그램)을 의미합니다. 글로벌 벤처투자회사 '앤틀러 (Antler)'는 생성형 AI 생태계를 텍스트, 이미지, 오디오, 코드(프로 그래밍), 챗봇, 비디오, 머신러닝(ML) 플랫폼, 검색, 게임, 데이터 카테고리로 분류했는데요. 이 같은 제너레이티브 AI의 주요 수익 모델은 기술 사용료를 받는 라이선싱, AI가 만들어낸 결과물을 판매하는 방법, AI 시스템에 접속 권한을 제공하고 구독료를 받 는 방법 등입니다. 기업들은 이를 활용해 제품의 효율을 개선하 거나, 비용을 줄이거나, 매출을 극대화하는 일이 가능하죠.

LLM 기반 생성형 AI가 기존의 산업을 순식간에 대체하기는 어렵습니다. 다만, 스마트폰으로 인해 컴퓨터 사용시간이 감소했 듯, 페이스북이나 인스타그램으로 블로그와 카페 활동 시간이 감 소했듯 기존의 방식은 새로운 방식으로 조금씩 대체될 것입니다. 물론, 생성형 AI에 대한 지나친 낙관은 금물입니다. AI 모델을 만 들고 운영하는 데는 많은 컴퓨팅 자원과 자본이 필요할 뿐만 아 니라 AI를 통해 만들어낸 콘텐츠의 저작권 문제와 기업의 중요 기밀정보 유출 문제가 해결되어야 하기 때문입니다.

2

고객의 어떤 문제를
해결할 것인가?

비즈니스모델을 구체화하기 위한 첫 번째 질문은 '고객(시장)의 문제가 무엇인가?'입니다. 고객의 필요와 욕구가 존재하지 않는 제품이나 서비스를 만드는 건 시간 낭비일 뿐입니다. 하지 않아도 되는 일을 생산하는 것과 마찬가지죠.

하나의 제품과 서비스가 선택을 받으려면 고객(시장)의 필요를 꿰뚫은 제품을 잘 만들고 판매까지 할 수 있어야 합니다. 필요로 하지 않는 제품을 만들거나, 만들어진 제품이 기대한 수준에 못 미치거나, 만들어놓고 팔지 못한다면 의미 있는 비즈니스가 아닌 거죠. 이를 두고 에릭 리스는 책《린 스타트업》에서 제품 위험(Product Risk), 고객 위험(Customer Risk), 시장 위험(Market Risk)이라고 표현했습니다.

제대로 된 상품을 만드는 일

첫 번째, 제품 위험을 피하는 방법은 제대로 된 제품과 서비스를 만드는 일입니다. 이는 '우리가 할 수 있으니까'라는 마인드로 접근하는 게 아니라 '고객이 중요하게 생각하는 문제'에서 출발해야 함을 뜻하는데요. 예를 들어, 마켓컬리는 회사에서 늦게까지 일하다 퇴근한 젊은 여성을 대상으로, 마트에 가지 않아도 집에서 신선한 먹거리를 받아볼 수 있게 하자는 아이디어에서 시작되었습니다. 농산물이 있으니까 판매하겠다는 식의 접근이 아니라 늦거나 마트마저 문을 닫은 시간에 퇴근한 여성들이 식재료를 사기가 어렵다는 시각에서 출발한 것입니다. 그것에 바탕해 밤 11시 이전에 주문한 상품을 다음날 아침 7시 이전에 배송해 주는 샛별배송(새벽배송)이라는 시스템을 떠올린, 1인 가구와 맞벌이 가구가 절실히 느끼는 문제를 정확히 잡아낸 비즈니스모델이죠.

고객의 문제 해결을 위한 최소한의 해결책(솔루션)을 담은 제품을 MVP(Minimum Viable Product)라고 합니다. 고객의 피드백을 받아 최소한의 기능을 구현한 제품으로 '최소 기능 제품'이라고 해석할 수 있는데요. 소비자들에겐 밤 11시 이전에 주문하면 새벽에 받아보는 편리함을 얻는 정도에 불과했지만, 마켓컬리는 그게 가능하도록 주문 예측 알고리즘 고도화, 풀 콜드체인을 통한 재고 및 비용관리 효율화, 품질관리 최적화, 상생 파트너십 정착을 통한 상품성 극대화, '컬리 온리' PB 상품군 확대 등 다양한 MVP를 설정하고 고객의 문제를 해결해온 것입니다.

어떻게 도달할 것인가?

두 번째, 고객 위험을 피하는 방법은 고객에게 도달하는 경로를 구축하는 일입니다. 판매하려는 기업은 모두에게 팔 수 있다고 생각할지 모르나 구매하려는 사람(기업)들은 자신만의 문제를 해결하려 할 뿐입니다. '모두에게 판매할 수 있다는 말'은 '아무에게도 팔 수 없다는 말'과 같은 의미일 수도 있음을 알아야 합니다.

따라서 이 같은 고객 위험을 피하려면 고객을 명확하고 구체적으로 정의해야 합니다. 나이, 성별, 지역 등 인구통계학적 세분화도 좋고, '야구를 좋아하는 사람들' 또는 '만년필을 좋아하는 덕후들'처럼 취향과 라이프 스타일로 정의해도 좋은데요. 중요한 건 고객들의 페인 포인트(Pain Point)를 명확히 짚어낼 수 있어야 한다는 겁니다.

그런데 사전적 의미로 '불평, 불편함을 느끼는 지점 등'을 말하는 페인 포인트를 찾으려면 스스로가 고객이 되어보아야 합니다. 예를 들어, '20~30대 여성'은 추상적이지만 '서울에 거주하는 35세 김소영 씨, 3살 된 딸이 있는 주부'는 조금 더 구체적이죠. 이처럼 고객을 페르소나(Persona) 단위로 구체화하면 어떻게 해야 그들에게 접근할 수 있는지, 어떤 메시지를 제시해야 하는지 등을 제대로 잡아낼 수 있습니다.

지속 가능한 사업구조

세 번째, 시장 위험(Market Risk)을 피하는 방법은 지속 가능한 사업구조를 만드는 일입니다. 그러려면 제품과 서비스를 수익 달성 가능한 수준에서 판매해야 하고, 한 번 이상 구입한 고객들이 꾸준히 재구매나 추가 지불을 하도록 만들어야 합니다.

그렇다면 시장 위험은 어떻게 검증할 수 있을까요? 바로 현재 시장 내의 경쟁자 및 잠재적 진입자 그리고 대체재를 확인해야 합니다. '나이키의 경쟁자는 닌텐도'라는 말처럼 모든 제품과 서비스에는 대체재가 존재하는데요. '지금까지 이런 제품은 없었다'거나 '경쟁자가 존재하지 않는다'는 말이 나오는 이유는 같은 산업 내에서의 경쟁만을 놓고 이야기하기 때문입니다. 소비자들은 다른 방식으로도 얼마든지 문제를 해결할 수 있으며, 최악의 상황을 가정할 때 소비를 하지 않아도 그만이라는 걸 인정해야 합니다.

시장 위험을 진단할 때는 비용구조 또한 따져봐야 합니다. 얼마의 돈과 시간, 사람이 투입되어야 하고 그것을 어떻게 확보할지, 그래서 얼마나 돈을 벌 수 있을지 계산해봐야 하죠. 기업의 기본적인 책임은 돈을 버는 일입니다. 먹고살 수 있을 뿐만 아니라 직원들에게 충분한 보상이 가능해야 비로소 사회적 가치에 대한 논의가 가능해집니다. 그럴듯한 의미만을 내세우거나, 먼 훗날 규모를 키워 산업을 재편할 수 있다는 생각은 막연하고 무책임한 머릿속 가설일 뿐, 지속 가능한 사업구조는 재정의 측면인 돈과 연결되어야 합니다.

문제의 질과 솔루션의 질을 높이는 방법

앞서도 말했듯 질문이 좋아야 답변도 좋은 법입니다. 같은 의미로 문제의 질이 높아야 솔루션의 질도 좋은 법이죠. 비즈니스의 출발점은 고객입니다. 우리가 할 수 있으니까 시작한다면 정답을 정해놓고 그에 맞는 문제를 찾는 것이나 마찬가지인데요. 방법을 정해놓고 문제를 찾으면 실패로 이어지기 십상입니다.

《창업의 과학》이라는 책에는 문제의 질과 솔루션의 질의 관계에 관한 내용이 나옵니다. 많은 기업과 스타트업, 예비창업자들이 쏟아내는 아이디어들은 대부분 문제의 질이 낮은데요. 이는 고객이 중요하게 생각하지 않는 문제를 멋진 솔루션으로 해결해준다고 해서 비즈니스가 성립되는 게 아니라는 뜻입니다. 때론

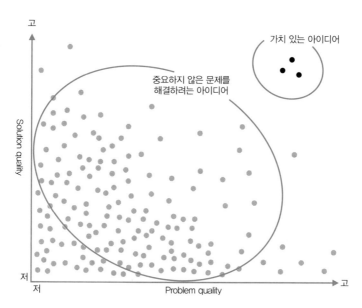

문제의 질과 솔루션의 질의 관계

운이 좋아 시장의 문이 열릴 때도 있지만 비즈니스를 운에 기대어 준비할 수는 없죠. 고객이 느끼는 문제의 질이 낮은데 기업이 멋진 솔루션을 내놓는 건 앞서 이야기한 것처럼 '하지 않아도 되는 일을 생산적으로 하는 것'과 같습니다. 그리고 아이러니하게도 이처럼 사람들이 중요하게 여기지 않는 문제를 검증도 안 해보고 무턱대고 시제품을 만드는 경우가 생각보다 많습니다.

이 문제를 해결하기 위해서는 고객의 관점에서 우리의 솔루션이 비타민인지 아스피린인지를 생각해보면 됩니다. 비타민은 일반적으로 먹지 않아도 큰 문제가 되지 않습니다. 먹으면 좋기는 하겠지만요. 해결하지 않아도 큰 문제가 안 되는 솔루션 관련 아이디어가 바로 비타민에 해당합니다. 반면, 아스피린은 먹지 않으면 아프거나 큰 불편을 초래하죠. 그래서 솔루션 관련 아이디어는 아스피린 같아야 합니다. 물론, 마케팅을 통해 더 많은 사람이 먹게 할 수도 있으나 그것은 마케팅에서 고민할 부분이고, 현재 단계에서는 문제의 질만을 놓고 평가해야 합니다.

문제의 질은 전문성이나 지식, 그동안의 경험 등에 따라 달라집니다. 만년필을 오랫동안 사용했던 사람들이 만년필의 문제를 알 수 있고, 운동화에 깊이 빠진 덕후들이 더 좋은 운동화를 만드는 법이니까요. 언론에서 말하는 보도자료나 트렌드 서적에서 제시하는 키워드만으로는 고객의 문제를 알 수 없습니다. 성장하는 산업에서는 평균치의 제품과 서비스가 먹히지만, 성숙된 산업에서는 특정 고객의 문제를 해결해 주는 뾰족함이 선택의 이유가 됩니다. 스스로가 페르소나(Persona)가 되어 시장의 문제를 해결하려 할 때 성공확률이 높은 게 바로 이 때문이죠.

외부환경에 대한 정확한 분석

특정 분야에 대한 경험과 이해가 높다는 것만으로는 비즈니스

가 성립되지 않습니다. 정치적, 경제적, 사회적, 기술적 요인들이
시장과 산업 전반에 영향을 미치기 때문입니다.

첫 번째, 정치적인 요인은 '시장의 규칙'을 만듭니다. 미국과
중국의 패권 경쟁, 러시아와 우크라이나 전쟁, 글로벌 공급망 재
편 등은 정치적 요인으로 발생한 사건입니다. 이렇게 지난 40여
년간 유지되었던 글로벌한 흐름이 자국 중심의 패권주의로 흘러
가고 있는데요. 미국은 중국을 견제하기 위해 반도체 같은 첨단
기술을 자국 중심으로 재편하려 하고, 중국은 국제사회에서 주도
권을 확보하기 위해 국가 역량을 총동원하고 있습니다. 러시아와
우크라이나의 전쟁은 원윳값과 곡물 가격을 상승시켰고, 미국과

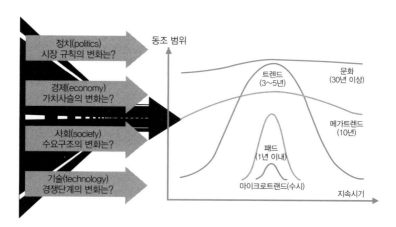

외부환경 분석요소

중국의 그 같은 패권 경쟁은 세계화 및 글로벌 공급망에 변화를 가져오기 시작했죠.

두 번째, 경제적인 요인은 '가치사슬을 변화'시킵니다. 온라인 쇼핑몰 시장의 성장이 대표적입니다. 코로나 이전까지만 해도 온라인은 오프라인을 넘어서지 못했습니다. 그런데 코로나가 정점에 달했던 2020년 10월 이후 온라인 유통 결제금액이 오프라인 유통을 추월했죠. 그 후 오프라인 결제금액은 온라인을 단 한 번도 넘어서지 못했는데요. 단순하게 온라인 이용자가 증가한 게 아니라 온라인에 익숙지 않은 사람들이 온라인으로 유입되었다는 점에 큰 의미를 부여해야 합니다. 이처럼 시장이 커지게 되면 가치사슬이 변화될 수밖에 없으니까요.

세 번째, 사회적인 요인은 '수요구조를 변화'시킵니다. 1인 가구 증가가 대표적이죠. 1인 가구가 증가하면서 농사짓기 과정에서는 과일이 작아지기 시작했고(1차산업), 유통과정에서는 소포장이 증가했습니다(2차산업). 또 소비과정에서는 상품의 기능적인 특징보다는 이야기와 스토리, 경험 등을 구매하는 비중이 커졌는데요(3차산업). 4인 가구 중심으로 판매하던 대형마트 시장은 축소되는 반면, 1인 가구 중심으로 다양한 상품을 제안하는 편의점은 꾸준히 성장 중인 사실이 이를 입증합니다. CU · GS25 · 세븐일레븐 편의점 3사가 이마트·롯데마트·홈플러스의 매출을 넘어선 데는 이처럼 1인 가구와 연관성이 큽니다. 1인 가구를 중심으로 다양한 전략들을 앞세운 편의점이 오프라인 유통시장에서 대형마트를 꺾은 것이죠.

네 번째, 기술적인 요인은 '경쟁의 단계를 변화'시킵니다. 예를 들면, 인공지능이 그렇습니다. 인공지능이 세상에 나온 지는 70년이 넘는데요. 꾸준히 발전하고는 있었지만, 일반인이 인공지능을 체감하게 된 것은 비교적 최근의 일입니다. 챗(Chat)GPT 같은 생성형 인공지능을 접했고, 열광하기 시작했죠. 많은 사람이 경험하고 가능성을 확인하게 되면 관련 산업에 돈이 몰리게 되어 있습니다. 그렇게 사람과 돈이 몰리면 그동안 가능성에 머물렀던 산업은 의미 있는 시장을 만들기 시작하죠. 기술을 통해 경쟁의 단계가 새로운 양상으로 전개되는 겁니다.

자동차를 소프트웨어로 정의한 테슬라가 대표적입니다. 테슬라 등장 전까지 소프트웨어는 자동차의 인포테인먼트를 지원하는 도구 정도로만 여겨졌습니다. 그러다 테슬라가 나타나면서 소프트웨어 중심으로 자동차의 경쟁 단계가 변화되었는데요. 자동차 소프트웨어에 스마트폰 OS처럼 네트워크를 통해 업데이트하는 개념을 도입하면서 판도가 바뀐 거죠.

고객과 시장의 문제를 해결한 카맥스

마커리 셰리든의 책《대답만 했을 뿐인데 회사가 살아났습니다》에는 미국에 본사를 둔 중고자동차 소매업체로 고객과 시장의 문제를 해결한 '카맥스'라는 기업의 사례가 나옵니다. 그러면 중고자동차를 구입하려는 사람들은 어떤 문제를 갖고 있을까요? 자동차에 대한 전문성이 없는 대다수는 하자 있는 자동차를 구매하는 건 아닌지, 시중가보다 비싸게 구매하는 건 아닌지, 구매 후에 차가 마음에 들지 않으면 어떻게 해야 하는지 같은 의심인데요. 이는 본질적으로 중고자동차를 판매하는 사람에 대한 신뢰가 없어 발생하는 문제들입니다.

사실, 중고자동차 시장은 오랫동안 정보의 비대칭성을 이용해 돈을 벌었습니다. 이전 사용자가 자동차를 어떻게 운행했는지 알 수 없을뿐더러 자동차에 대한 정보는 딜러의 말에 의존할 수밖에 없었죠. 그들이 알고 있는 정보를 말하지 않거나 축소해서 이야기해도 진위 확인이 불가능했고요. 또한, 중고차 딜러들이 자신에게 주어지는 수당이 큰 상품을 위주로 팔면서 중고자동차 시장에서는 진정성보다는 영업 스킬이 중요했습니다.

이 같은 시장의 문제 해결을 위해 카맥스는 90개 항목의 철저한 검사, 고정수당 지급, 5일 이내 환불 보장 프로그램, 흥정 없는 가격정책 등을 도입했습니다.

첫 번째, 카맥스는 영업팀에 '동일한 금액의 고정수당'을 지급했습니다. 비싼 차를 팔든 싼 차를 팔든 똑같은 수당을 지급하면 영업사원들이 자연스럽게 소비자에게 집중하게 됩니다. 판매 스킬이 아닌 고객 관점에서, 고객의 니즈를 채워주어야 더 많은 자동차를 판매하고 수당을 받을 수 있으니까요.

두 번째, '5일 이내 환불 보장제'를 도입했습니다. 중고자동차를 사고 나서 실제 이용해 보니 마음에 들지 않거나 차에서 새로운 문제가 발견될 수도 있는데요. 이에 카맥스는 구입 후 일주일 안에 환불을 신청하면 받아주는 '5일 이내 환불 보장제'로 '내가 차를 잘못 사는 건 아닐까?'라는 구매자의 의심을 제거했습니다.

세 번째, 90개 항목에 달하는 꼼꼼한 검사를 진행했습니다 '믿을 수 있는', '신뢰할 수 있는', '최고의', '최상의'와 같은 그럴듯한 슬로건은 넘쳐나지만 실제로 증명하는 기업은 많지 않은 게 현실입니다. 하지만 카맥스는 그럴듯한 슬로건이 아닌, 90개 항목에 달하는 차량 검사 시스템을 구축해 신뢰감을 높였습니다. 판매하는 모든 차량에 카맥스 차량 이력 보고서를 제공함으로써 의심의 여지를 없애고 구매자에게 확신을 주었는데요. 이를 통해 하자 있는 중고차 구입에 대한 우려를 말끔히 씻어냈습니다.

카맥스의 사례는 사람들이 구매를 망설이는 이유를 찾아내는 일이 얼마나 중요한지를 보여줍니다. 그리고 그 문제를 해결해 나가는 것과 홈페이지, 블로그, 유튜브 등을 활용해 그 내용을 충분히 확인시켜 주어야 한다는 사실도 함께 알려주죠.

많은 기업이 구매자들의 두려움, 걱정, 우려, 의문점, 이의제기에 충분한 관심을 두지 않습니다. 누군가 문제를 제기하면 무시해 버리거나 다른 방식으로 문제를 해결하려 하죠. 그런데 명심해야 합니다. 고객의 문제를 받아들이고 그것을 투명하게 공개하면 이전에는 상상치도 못했던 혁신을 만들어낼 수도 있다는 걸 말입니다.

3

누가 고객인가?

비즈니스모델에서 이야기하는 고객을 정의하려면 비즈니스 형태(B2C, B2B)와 사용자인 유저(User), 돈을 지불하는 커스토머 (Customer)를 구분해야 합니다. 이후 가설 검증을 위해 고객을 페르소나(Persona)로 구체화하는 작업도 필요합니다.

비즈니스 형태는 무엇인가?

기업은 제품이나 서비스, 정보 등을 목표한 고객에게 판매합니다. 이때 일반 소비자에게 판매하는 방식을 B2C(Business to Customer), 기업에 판매하는 방식을 B2B(Business to Business), 조달

청 등을 통해 정부나 공공기관에 판매하는 방식을 B2G(business to Government)라고 하죠.

이렇게 비즈니스 형태를 먼저 말한 이유는 누구에게 판매하느냐에 따라 고객이 달라지기 때문입니다. 일반적으로 B2C는 사용하는 사람과 구매하는 사람이 일치하므로 고객을 정의하기가 쉬운데요. B2B와 B2G는 여러 이해관계자가 있는 데다 사용하는 사람과 구매하는 사람이 다를 때가 많습니다.

가격 체계가 다른 비즈니스 방식

가끔 "우리 회사는 B2C와 B2B를 모두 합니다"라고 말하는 기업도 있습니다. 하지만 내부적으로 요구하는 역량과 가격 체계가 다른 B2C와 B2B에 함께 동일한 제품과 서비스를 판매하려면 여러 가지 문제를 극복해야 합니다.

주식회사 비즈웹코리아가 주문자 상표 부착방식(OEM)으로 수분크림을 만들었다고 가정하고 예를 들어보겠습니다. 처음에는 제품에 대한 인지도가 낮으므로 자사몰(D2C) 중심으로 판매를 시작했습니다. 그러다 시간이 흘러 판매량이 늘어나고 입소문도 조금씩 나기 시작하면서 수분크림을 팔아보고 싶다는 유통업체를 만나게 됩니다. 자사몰에서도 판매하고, 다른 유통채널을 통해서도 판매한다면 전체적인 판매량이 증가하니 비즈웹코리아는 유통업체와 함께하지 않을 이유가 없습니다.

그런데 B2C와 B2B를 동시에 진행하려니 가격 체계에 혼돈이 생기기 시작했습니다. 자사몰에서 1만 원에 판매하는 상품을 중간 유통업체나 또 다른 소매상이 판매하게 되면 그들에게 마진을 보장해 주어야 하니까요. 그래서 판매가의 70% 수준인 7천 원에 공급하고, 최종 소비자 가격 1만 원보다 더 싼 값으로 판매하지 말 것을 계약이라는 형태로 약속합니다. 물론, 이 계약은 공정거래법 위반입니다. 소비자가 더 싸게 구매할 수 없도록 한 담합이거든요. 그럼에도 어찌 되었든 공급을 한다고 가정하고 계속 이야기해 보겠습니다.

제조사로부터 7천 원에 상품을 공급받은 유통업체는 고민에 빠집니다. 동일한 상품을 동일한 가격으로 판매한다면 소비자는 제조사를 신뢰할 테고, 그렇다고 가격을 내려 판매하자니 계약 위반이기 때문입니다. 그래서 소비자 가격을 유지하면서 판매를 촉진하는 쿠폰이나 적립 등의 방법을 활용합니다. 판매가격은 1만 원인데 첫 구매 고객에게 1천 원 할인권을 준다거나, 구매액의 5%를 적립하는 형태로 할인효과를 만들어내죠.

그러자 이제 제조업체인 비즈웹코리아가 곤란해졌습니다. 동일한 상품이 다른 채널에서 더 싼 가격에 판매된다면 소비자는 제조업체에서 구매할 이유가 없어지니까요. 그런데 계약은 벌써 체결되었고, 이미 유통업체를 통해 제조업체보다 더 싸게 판매되고 있습니다. 가격을 어떻게 해야 할지 몰라 딜레마에 빠집니다.

내부적으로 요구하는 역량 또한 달라

기업과 기업 간 거래인 B2B의 핵심은 ①높은 기술력, ②낮은 원가, ③업계 표준, ④유사 실적입니다. 우리의 기술력으로 거래 기업의 제품 경쟁력을 높여주거나, 낮은 원가로 거래 기업에게 가격

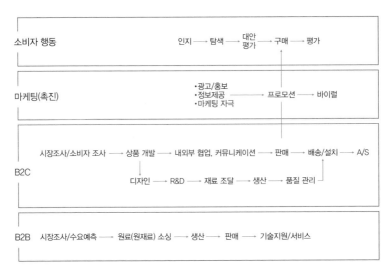

B2C 시장과 B2B 시장의 가치사슬

경쟁력을 줄 수 있어야 합니다. 기존 설비 교체나 추가적인 투입 없이도 바로 적용할 수 있는 업계 표준도 중요합니다. 정부를 대상으로 한 판매(B2G)일 때는 유사 실적이 중요한 요소가 되죠.

반면, B2C에서는 높은 기술력이나 낮은 원가, 업계 표준, 유사 실적 등이 선택에 큰 영향을 미치지 않습니다. 고객의 마음에 들면 됩니다. 기술적 우수성보다는 감성적 이익이 더 크게 좌우하죠. 그래서 B2C 기업들은 광고, 브랜드 관리, 감성적 요인 활용, 다양한 판촉활동 등에 더 초점을 둡니다.

위의 이미지에서 보듯 B2C와 B2B는 비즈니스 방식이 다릅니다. 기업이 추구하는 비즈니스 형태에 따라 목표 고객이 달라지고, 비즈니스를 구성하는 모든 요인이 바뀌니까요.

B2C와 B2B를 동시에 하는 기업

비즈니스모델 관점에서 '단순화'를 통해 B2C와 B2B가 모두 가능하도록 할 수는 있습니다. 코스트코(Costco)가 대표적입니다. 코스트코는 제조기업에게 낮은 가격만으로 상품을 납품하도록 하지 않고 '묶음'으로 조달하고 판매하도록 했는데요. 제조기업으로서는 한 번에 많은 양을 납품하니 생산과 재고관리 등에서 비용이 절감되고, 소비자는 묶음판매 방식이라서 단품으로 구매할 때와 가격을 비교하기가 어렵습니다.

코스트코는 지역의 소규모 사업자, 가족 수가 많은 가구, 그 밖에 연간 회비를 납부할 의사가 있는 사람들이라면 누구나 대량 구매가 가능하도록 시스템을 구축했는데요. 연회비를 통한 추가 수익, 단일 카드회사와의 거래를 통한 추가 수수료 등이 코스트코의 수익모델이지만, B2C로 판매되던 제품들이 가격의 충돌 없이 B2B가 가능하도록 했다는 점에서도 의미가 있습니다.

누가 고객인가? 유저와 커스토머

'고객'이라는 단어에는 사용자인 유저(User)와 구매자인 커스토머(Customer)가 포함됩니다. 그런데 유저와 커스토머에는 큰 차이가 있습니다. 예를 들어, 인스타그램을 이용하는 사람들은 인스타그램에 돈을 내지 않는 사용자(User)입니다. 인스타그램에 돈을 내는 사람들은 광고주(Customer)인데요. 그럼 인스타그램은 누구를 고객으로 정의해야 할까요?

B2C 시장에서도 사용자와 구매자가 일치하지 않을 때가 많습니다. 갓난아이가 사용하는 기저귀를 판매하려면 누구를 설득해야 할까요? 어린아이들이 갖고 노는 장난감을 팔려면 누구를 설득해야 할까요? 노인들 건강에 도움 되는 건강식품은 누구에게

파는 게 효과적일까요? 우리 집 막내인 강아지를 위한 간식은 또 누가 살까요?

몇 개의 예를 들었지만, 이처럼 일반 소비재 시장에서도 사용자와 구매자가 다른 경우는 종종 있습니다. 그래서 사용자에게 어필할 품질 못지않게 구매자 설득도 중요합니다. 돈을 내는 구매자를 움직이지 못하면 최종 사용자에게 도달할 수 없으니까요.

사용자가 아닌 구매자 공략은 비즈니스에서는 자주 사용되는 방법입니다. 다이아몬드가 대표적인데요. 다이아몬드 가공회사 드비어스는 "다이아몬드는 영원히"라는 카피로 남성들로 하여금 지구상의 물질 중 가장 단단한 다이아몬드를 구매토록 했습니다. 다이아몬드를 통해 영원히 변치 않는 사랑을 여성들에게 선물하도록 한 것이죠.

넥타이도 사용자와 구매자가 다를 수 있습니다. 넥타이의 주 사용자는 화이트칼라 남자 직장인이지만 실제 구매자는 주부나 여자친구일 때가 많습니다. 상품 자체는 실제 사용자들에게 맞추는 게 당연하나 비용을 지불하는 구매자를 전략적으로 공략하면 더 큰 수익을 낼 수 있다는 뜻입니다.

정관장에서 판매하는 '화애락'은 높은 면역력 및 피로 개선 효과를 지닌, 항산화가 필요한 액티브 시니어 여성 대상 건강기능식품인데요. 출시 초기에는 갱년기 여성을 메인 타깃으로 '내 몸을 챙기세요'라는 투의 메시지를 던졌습니다. 하지만 큰 인기를 얻지 못했죠. 구매자로서는 갱년기를 인정하는 것도 기분 나쁜 데다 자신을 위해 10만 원 넘는 돈을 쓰는 일이 쉽지 않았거든 요. 그러자 몇 년 후 구매대상을 바꿉니다. 제품의 기능적 특징이나 사용자는 그대로인 상태에서 구매자를 바꿔 "소중한 사람에게 선물하세요"라며 광고 캠페인을 벌이죠. 내 건강을 위해 10만 원 넘는 돈을 쓰는 건 부담스럽지만 엄마나 아내, 친구를 위해서는 기꺼이 쓰니까요.

하물며 B2B와 B2G는 어떤가요? 대부분이 사용자와 구매자가 다릅니다. 심지어 중간에 다양한 이해관계자까지 존재하죠. 예를 들어, 제조현장에서 사용되는 공구를 납품하려면 현장 사용자와 구매팀과 의사결정자 모두를 만족시켜야 하는데요. 현장 사용자에게는 가격보다는 일의 편리함이 중요하고, 구매팀에게는 제한된 예산에서 효율성이 높은 게 좋습니다. 그리고 최종 의사결정자에게는 가격이나 효율성보다 이것을 통해 어떤 성과와 경쟁력을 가질 수 있는지가 중요할 테고요. 그런데 어떻게든 이들의 니즈를 충족시켜 납품을 목전에 두었다고 치죠. 이때 공구를 유지보수하는 담당자가 관리의 불편함을 이야기한다면 어떻게 될까요? 납품은 없었던 일이 되어버릴지도 모릅니다.

아래 표에서 보듯 B2B(B2G)와 B2C는 시장세분화, 구매과정, 제품정책, 판매촉진, 유통채널, 가격, 구매자와의 관계, 주요 관심사에서 차이가 있는데요. 각각의 속성이 다르므로 어떤 시장에 집중할지에 따라 비즈니스모델과 내부역량 또한 달라집니다.

구글의 서비스모델은 검색이지만 수익모델은 광고입니다. 카카오톡의 서비스모델은 메신저지만 수익모델은 이모티콘 판매, 기프티콘 판매, 게임 중개죠. 그럼 구글을 검색 회사라고 해야 할까요, 광고 회사라고 해야 할까요? 카카오를 메신저 회사라고 해

구분	B2B 시장	B2C 시장
시장 세분화	산업 특성이나 기업 특성, 미시적 및 거시적 세분화	인구통계적 요인, 제품 사용형태, 심리 및 라이프 스타일이 변수
구매 과정	구매과정에 구매, 생산, 연구개발 등 다양한 조직 구성원 참여	개인 소비자의 단계적 의사결정 과정 또는 가족이 결정
제품 정책	Customization 기술적 특성 강조, 판매 후 서비스가 중요, 기술 개발에 주력해 기능에 초점 맞춤	표준화, 감성적 특성 강조, 심리적 속성에 포지션 의존
판매 촉진	인적 판매(영업), 세일즈 엔지니어 전시회, 기술 세미나 활용, 구매자와 공급자 관계가 중요	광고에 역점, 브랜드 관리, 감성적 요인들 활용, 다양한 판촉 활동
유통 채널	직접 거래 또는 단순화된 유통경로, 물류나 공급망 관리가 중요	도소매업자를 통한 단계적 유통경로, 소매상 관리가 중요
가격	협상, 입찰, 수량 할인, 고객 요구와 경쟁상황에 따라 다름	표준화된 가격, 정기적으로 판매촉진을 위한 할인 가격 적용
구매자와의 관계	지속적, 복잡, 상호 의존적	짧은 지속 관계, 일회성 거래
주 관심사	기술적성, 경제적 이익	기능적 성과, 감성적 이익

B2C 시장과 B2B 시장의 차이점

야 할까요, 중개 회사라고 해야 할까요? 이 같은 혼동이 발생하는 이유가 뭘까요? 바로 기업의 서비스모델과 수익모델이 다르기 때문입니다.

고객을 모아 놓고 광고를 통해 돈을 버는 비즈니스는 대부분 사용자와 구매자가 다릅니다. 네이버, 구글, 페이스북, 인스타그램 같은 플랫폼 비즈니스가 대표적이죠. 그런데 자세히 들여다보면 판매품목에 차이가 있는데요. 네이버는 검색 키워드, 구글은 네트워크 사이트의 공간과 방문자 흔적을, 페이스북(인스타그램)은 사람들의 관심사를 판매합니다. 광고 회사, 플랫폼 회사라고 간단히 정의하지만 판매품목은 조금씩 다르죠.

고객을 페르소나로 구체화

비즈니스모델 검증을 위해 구체화한 고객을 페르소나(Persona)라고 하는데요. 목표 고객을 설득하려면 추상적이 아닌 구체적인 페르소나가 필요합니다.

심리학에서 사용하던 용어인 페르소나는 겉으로 드러난 외적 성격을 말합니다. 한 사람은 여러 개의 페르소나를 갖고 살아가는데, 겉으로 드러난 페르소나를 통해 남들로부터 평가받고 대우가 달라지기도 합니다. 그래서 '인격의 가면'이라고도 불리죠.

페르소나는 물론 한계점도 존재합니다. 가설을 어떻게 세웠는지에 따라서 오류가 있을 수도 있고, 페르소나로 설정한 사람의 대표성에 대한 오류도 있을 수 있기 때문입니다. 따라서 유사한 페르소나를 여러 명 만나 인터뷰를 해보고 대표성을 띠는 페르소나를 잡아가는 과정이 필요합니다.

페르소나 활용방법과 사례

페르소나는 평균적으로 20~30명의 사용자를 대상으로 개별 리서치를 한 후 4~6가지를 작성하는 게 좋은데요. 단 하나가 아니라 몇 가지 가능성을 열어놓고 접근해야 합니다.

페르소나 작성 프로세스는 고객의 상황 및 요구사항 분석부터 시작됩니다. 그러려면 관계된 사람들이 모여서 '이런 사람들이 사용할 것'이라는 생각을 포스트잇에 적고 서로 의견을 주고받는 브레인스토밍을 진행해야 합니다. 이때 이름, 성별, 나이, 직업 등 기본적인 정보를 함께 적으면 보다 효율적인 브레인스토밍이 가능해집니다.

다음 그림은 오프라인 사진관을 스마트폰 중심의 앱으로 중개하려는 사업자가 설정한 페르소나입니다. 고객을 '30대 여성'으로 접근하기보다 '35세 김소영 씨, 여성, 맞벌이, 첫 돌을 맞는 딸의 사진을 찍기 위해 사진관 등을 고민하고 있음'처럼 페르소나를 구체화했습니다.

구분	페르소나 프로필
기본 프로필	● 이름: 김소영(여성) ● 나이: 35세 ● 거주 지역: 서울 ● 담당 업무: 마케팅 ● 소득: 4,500만 원
페르소나 스토리	● 홍보 업무를 수행 중인 7년차 직장인 ● 3년 전 결혼한 후 첫돌을 맞는 딸이 있음 ● 남편이 육아휴직을 통해 딸을 돌보고 있어요 ● 가정에도 충실하지만 자신의 전문성도 꾸준히 높여 나가기를 원해요
고객 행동 (Behavior)	● 인스타그램을 많이 사용하고 있어요 ● 필요한 정보는 블로그와 카페를 이용해요 ● 주변 친구들에게 육아정보를 묻곤 해요 ● 온라인 검색을 잘한다고 생각해요
고객 Wants, Needs 인터뷰	● 엄마로서: 초보 엄마입니다. 육아중입니다. 항상 시간이 부족합니다. 함께 해주시 못해서 미안해요. 아이가 커가는 과정을 남기고 싶어요. 곧 첫돌이랍니다. 친구들에게 육아 정보를 얻곤 해요. ● 직장인으로서: 직장인입니다. 전문성을 키우고 싶어요. 일은 포기하지 않을 거예요. 공부도 더 하고 싶어요. 남편도 육아에 적극적입니다. 친정 엄마가 근처에 살아요.
고객의 문제	● 첫돌을 맞은 딸의 사진을 남기고 싶어요 ● 아이가 편하게 촬영할 수 있는 분위기가 중요해요 ● 사진작가의 콘셉트와 프로필을 확인해 보고 싶어요 ● 꼭 필요한 것들 중심으로 서비스가 제공되길 원해요 ● 다양한 콘셉트가 있는 실내 촬영장을 원해요
원하는 결과	● 실력 있는 사진작가에게 맡기고 싶어요 ● 가격이 터무니없이 비싸지 않았으면 좋겠어요 ● 우리가 원하는 것에 꼼꼼히 귀기울여 줬으면 좋겠어요 ● 평범한 것보다는 아이와 함께 재미있게 촬영하고 싶어요 ● 주중에는 시간이 없어서 주말에 촬영하고 싶어요.

"첫돌을 맞은 딸의 사진을 의미있게 기록하고 싶어요."

페르소나 작성 사례

이렇게 페르소나가 구체화되었다면 그다음은 이를 검증해봐야 합니다. 아직까지 페르소나는 우리의 가설일 뿐이니까요. '서울에 사는 35세 김소영 씨'는 주변 사람들을 통해서 만나는 방법도 있고, 페이스북이나 인스타그램, 블로그 등에서 찾아보는 방법도 있는데요. 적절한 절차를 밟아 연락하고 인터뷰 비용 등을 지급하면 의외로 많은 사람이 참여합니다. 고객을 만나는 일은 생각보다 어렵지 않습니다.

거짓말에는 세 가지가 있다고 합니다. 첫 번째는 거짓말, 두 번째는 새빨간 거짓말, 세 번째는 설문조사입니다. 농담이지만 한편으론 기업에서 진행하는 소비자조사에 대해 생각하게 만드는 말이기도 하죠. 기업에서는 신제품 출시나 서비스를 개선하려 할 때 소비자조사를 하는데요. 실제로 이를 통해 의사를 결정하기에는 여러 가지 함정이 존재합니다.

첫 번째 함정은 의도된 질문입니다. 제품과 서비스를 무료로 제공하면서 "이런 제품이 나오면 사용하겠습니까?"라는 식으로 질문하면 조사대상자는 긍정적으로 답변할 가능성이 큽니다. 사람은 사회적 동물이라 호의를 받으면 긍정적으로 답변하게 되니까요. 또 "이것의 가격은 얼마가 적당하다고 보십니까?"라고 질문하면 높은 가격대의 대답이 나올 가능성이 농후합니다. 자신이 돈이 없는 사람이라고 생각할 것을 우려해 높여서 이야기하는 거죠. 소비자조사에는 이처럼 문항을 설계하는 시점부터 특정 의도가 반영되어 있을 때가 많습니다.

두 번째 함정은 왜곡된 해석입니다. 왜곡된 해석은 '의도된 질문'과 연관성이 깊습니다. 조사설계부터 오류가 있고, 그 오류가 조사방법 측면에서 문제가 있음에도 이를 알지 못하면 왜곡된 결과가 나올 수밖에 없죠. 또한, 전체 중 일부분만을 사용해서 정보가 왜곡되기도 하고, 분석하는 사람의 경험과 능력에 따라 왜곡되기도 합니다.

세 번째 함정은 미래 예측에 대한 한계입니다. 과거 환경 속에서 조사했기 때문이죠. 미래를 예측하는 질문, 소비자들의 니즈를 찾는 질문, 소비자의 경제력이나 구매력 등이 전제되지 않은 질문은 엉뚱한 결과로 나타납니다. 게다가 소비자는 적당히 대답하는 경향이 있습니다. 사고 싶지 않거나 살 수 없어도 긍정적으로 대답하고, 맛이 없는데도 미안한 마음에 맛있다고 대답하기도 하거든요.

그렇다고 소비자조사가 필요 없다는 말은 아닙니다. 조사의 한계를 인식하고 의사결정에 참고해야 한다는 뜻이죠. 고객은 항상 옳다는 생각은 바람직하지 않습니다. 고객의 의견만 따라가다 보면 상상력이 결여되어 새로운 시장개척과 혁신을 이루어내기 어렵습니다. 애플의 '아이폰', 테슬라의 '모델 S' 같은 혁신적인 기업과 상품은 모두 다 고객의 부정적인 의견을 극복하고 시장을 개척한 결과입니다.

새로운 시장이나 혁신적인 상품은 소비자조사로 찾아지지 않습니다. 소비자조사를 통해 그동안은 몰랐던 새로운 사실을 발견해 낸 예는 가뭄에 콩 나듯 드뭅니다. 만약, 새로운 뭔가를 발견할 수 있다면 경쟁회사도 이미 조사해 관련 정보를 알고 있거나 알게 될 것입니다.

아무리 뛰어난 조사기술을 사용하더라도 감춰져 있는 정보는 쉽게 밖으로 드러나지 않습니다. 특히, 소비자의 의식구조는 그렇게 단순하지 않다는 사실을 인식해야 합니다.

페르소나 인터뷰와 관찰을 통한 검증

설문조사 같은 소비자조사가 의미 없지는 않지만 제대로 활용하기는 쉽지 않은데요. 정성적 조사인 인터뷰와 관찰을 함께 활용해야 정확도가 높아집니다. 페르소나와의 인터뷰 과정에서 핵심과 상관없는 질문을 하거나, 인터뷰어(질문자)의 시각으로만 질문하거나, 정확한 가설 없는 장황한 질문은 피해야 합니다. 이런저런 이야기를 하다 보면 뭔가 의미 있는 정보를 찾지 않을까 생각하지만, 그런 경우는 많지 않습니다.

다도코로 마사유키의 책 《창업의 과학》을 보면 인터뷰에 참고할 만한 내용이 나옵니다.

첫 번째는 미래가 아닌 '지금'에 주목하는 것입니다. "앞으로 어떻게 할 예정입니까?"라는 질문보다는 "지금 어떻게 하고 있습니까?"라고 질문해야 하며, "이 제품이 나오면 돈을 얼마나 낼 수 있습니까?"라고 묻기보다 "현재 이 문제를 해결하는 데에 돈을 얼마나 쓰고 있습니까?"라고 물어야 한다는 거죠. 미래는 상상과 예측의 영역으로, 빗나갈 수 있으니까요.

두 번째는 구체적으로 질문하는 겁니다. 예를 들면, "어느 정도 자주 사용하십니까?"라는 질문보다는 "지난달에 실제로 몇 번이나 사용했습니까?"라고 질문해야 하는 거죠. 추상적인 데이터가 아닌 구체적인 데이터라야 의미 있는 솔루션이 나오기 때문입니다.

세 번째는 결과가 아닌 과정을 질문하는 것입니다. '온라인에서 구매했다'라는 말은 결과지만, '네이버에서 찾아보고 쿠팡에서 구매했다'에는 과정이 포함되어 있습니다. '어디에서 정보를 찾고, 어떠한 대상과 비교를 하는지, 구매를 결정하는 단계에서 애로사항이 무엇인지' 등 과정을 확인하면 문제의 배경 파악이 원활해집니다.

네 번째는 솔루션이 아닌 문제를 질문해야 한다는 겁니다. 예를 들어, "1인 가구로 생활하시면서 느끼는 식료품 구매의 애로 사항은 무엇입니까?"는 문제에 대한 질문이고, "밤 11시 이전에 주문한 상품을 새벽에 배송해 준다면 이용하시겠습니까?"는 솔루션에 관한 질문인데요. 고객의 문제에는 귀찮은 일, 비효율적인 일, 만족스럽지 않은 일, 고민되는 일 등이 포함됩니다.

다섯 번째는 비언어적 표현에의 집중입니다. 인터뷰에 진지하게 참여하고 있는지, 고민할 때의 표정이 절실한지, 스마트폰을 들여다보는 등 부정적인 몸짓을 하지는 않는지 등을 체크해야 합니다. 물론, 인터뷰를 진행하다 보면 도중에 목표로 한 페르소나가 아님을 알게 될 때도 있습니다. 하지만 고객의 니즈를 밝혀내는 일은 기업의 역할입니다. 사용자가 언어화한 표현을 분석하고, 깊이 숨은 불완전한 상태에 대한 심정을 읽어낼 수 있어야 합니다.

페르소나 고객을 인터뷰하다 보면 4~6개 중 1~3개 정도로 고객이 좁혀집니다. 그러면 각각의 페르소나를 대상으로 고객의 문제와 구매여정 분석이 가능해지는데요. 옆 표는 페르소나를 바탕으로 구매여정 및 단계별 감성적 경험과 터치 포인트를 찾아보고 작성한 내용입니다.

페르소나의 구매여정 구체화

	탐색 및 문의		서비스 진행				샘플 출고 및 수령			사후
Phases of The Journey	정보탐색	세부사항 문의	매장방문 협의	촬영조건 확정	사진 등 촬영	추가사항 협의	목안검사 출고	추가사항 제작	고객 샘플 수령	AS 등
Thoughts & Feelings	'셀프도 할 수 있지만, 남을 사진인데 평생 남길 사진인데 전문가에게 맡겨야지, 주말에 촬영 가는 한 곳 같이 있지.'		'이이가 편안하게 촬영하는 게 중요하고, 회사 일 때문에 저녁시간이나 주말이면 좋겠어.'				'사진 예쁘게 나왔네, 인스타그램에도 올리고, 이이의 성장과정 추가적으로 기록으로 남기면 좋을 것 같이해!'			'가족이 최소한 고야, 사람 간에 한 해!'
Good			평생 남을 사진인데 어디가 좋을까?				사진 예쁘게 나왔네~.			잘 간직 하 지.
Emotional Experience	다음엘 주말에 동사진을 찍어야지, 이이가 편안하게 찍었으면 좋겠는데~		이이가 편안하게 찍었으면 좋겠는데~				인스타그램에도 올래야지~.			
Bad	어디에서 찾아봐야 하나? 검색부터?		역시 전문가는 다르구나~.				성장과정을 꾸준히 남기는 것도 좋겠는데~.			
Customer Experience	• 이이가 편안한 분위기에서 촬영했으면 좋겠는데 • 주말이나 야간 촬영이 가능한가? • 다양한 연출 공간, 소품 등이 준비되어 있나? • 가격은 비싸지 않았으면 좋겠는데		• 오프라인 스튜디오를 둘러보고 어떻게 서비스가 진행되는지 설명을 듣는다. • 촬영 의상 및 시간, 주말 및 저녁시간 촬영 여부, 사진 촬영 수, 편집방식, 액자, 액세서리 등 추가 서비스에 대해 확인한다. • 조건이 충족되면 촬영 당일 약속된 서비스를 받는다. • 촬영이 끝난 후 이후 일정에 대해 설명을 듣는다.				• 사진 예쁘게 나왔네, 이렇게 소중한 순간인 • 이이의 성장과정을 꾸준히 남겨 동으면 좋을 것 같이. • 시적 부모님과 친정 부모님에게도 조그마한 액자 하나 마음에 드리면 좋겠어.			• 도움 조금 오래했지만 기분 좋음, • 소중한 순간에 함께 함니다.
Touch Point	• 검색포털 지도정보, 블로그, 인가페 등을 촬영해 오프라인 매장 홍보 • 산부인과, 산후조리원 등과 연계한 홍보		• 백일사진, 돌사진 등 평생 간직되므로 전문가와 함께해야 한다는 것을 설명한다. • 준비된 스튜디오와 소품, 이이가 편안하게 찍을 수 있는 공간, 사진 촬영 등 제공하는 사람의 전문성 등을 설명한다. • 계획된 일정에 촬영을 진행하고 부가서비스 등을 설명한다.				• 액자로 출력된 사진 외에 휴대전화 과정을 거진 사진을 이메일 등으로 추가 제공한다. • 소형 액자, 치용 가치는 사진 등 이가지한 소품을 제공한다. • 마을한 점이 있으면 추가 보완을 해준다.			• 소중한 순간에 함께 함니다.

매력적인 시장이 될 수 있는가?

목표 고객을 설정하는 단계라면 몇 가지 질문을 꼭 해봐야 합니다. 이는 의사결정에 꼭 필요한 부분입니다.

첫 번째는 '목표 고객의 지불능력이 충분한가?'입니다. 고객이 지불능력이 없다면 기업이 성장하는 데 한계가 있을 수밖에 없습니다. 두 번째는 '목표로 한 고객을 만날 수 있는가?'입니다. 고객을 만나야 그들의 문제점을 알 수 있고, 제품과 서비스가 업그레이드되는 과정에서도 피드백을 받을 수 있기 때문입니다. 세 번째는 '고객이 구매할 수밖에 없는 이유는 무엇인가?'인데요. 반드시 구매해야 할 이유가 없다면 판매가 안 될 가능성이 큽니다. 네 번째는 '협력업체 또는 파트너들과 함께 목표한 시간 내에 제품과 서비스를 출시할 수 있는가?'입니다. 시속 500km로 달릴 수 있는 자동차를 만들어도 달릴 만한 도로가 없다면 의미가 없듯 협력업체 및 파트너라는 인프라를 확보해야 합니다. 다섯 번째는 세분시장을 바탕으로 다른 시장으로 확장할 수 있는지 검토해봐야 하고, 여섯 번째는 기업의 가치관과 목표에 부합하는지 확인해야 합니다.

고객(Customer)들이 모여 고객군(Customer Segment)을 형성하고, 고객군들이 모여 시장(Market)이 만들어집니다. 그런데 페르소나 검증 단계에서 매력적인 시장을 찾았더라도 규모가 작거나 확장성과 성장성이 없다면 다시 처음으로 돌아와야 합니다.

시장성이란 시장의 규모는 얼마나 되는지, 시장에서 경쟁하는 플레이어(player)는 어떤 곳들인지 등을 말합니다. 고객의 문제를 해결하기 위한 솔루션 제작에 10억 원이 투입됐는데 전체 시장 규모가 10억 원이라면 어떻게 될까요? 문제가 해결된 고객에게는 의미가 있을 수 있으나 기업은 손해를 입습니다. 동네에 커피숍을 차릴 때도 상권을 분석하고 유동인구를 분석하는 것처럼 시장규모가 충분한지 확인해야 합니다.

성장성은 지속 가능성에 관한 이야기로, 성장성이 중요한 이유는 수익률 개선에 도움이 되기 때문입니다. 맥킨지 실리콘밸리 사무소 이사인 에릭 커처(Eric Kutcher)가 〈동아비즈니스리뷰〉에 보낸 기고에 따르면, 성장률이 높은 기업들은 성장률이 중간 정도인 기업에 비해 주주 총수익률이 5배 이상 높은 편이었다고 합니다. 또한, 성장률이 높으면 장기적으로 성공할 가능성도 큰데요. 매출 1억 달러를 돌파한 시점에 60%가 넘는 성장률을 달성하는 슈퍼 성장기업들은 같은 시점에서 성장률이 20% 이하인 기업에 비해 매출 10억 달러를 돌파할 가능성이 8배 정도 높았다고 합니다. 한 번 반짝하고 사라지는 아이템으로는 투자 금액을 회수하기 어렵습니다. 처음 구입한 고객이 두 번, 세 번 구입해야 하고, 친구와 가족들에게 추천해 줄 수 있어야 한다는 뜻입니다.

눈으로 확인할 수 있는 제품과 서비스의 수익모델은 비교적 간단합니다. 반면, 오늘의 집이나 당근(마켓)처럼 사려는 사람과 판매하려는 사람을 중개해 주는 비즈니스의 수익모델은 복잡합니다. 사용자에게는 돈을 받지 않고 광고나 커머스로 돈을 벌어야 하는데 이를 전환시키기가 쉽지 않습니다.

일반적으로 플랫폼 비즈니스는 콘텐츠(Content)로 유입시킨 뒤 커뮤니티(Community)로 발전시킬 수 있어야 합니다. 그런데 제품과 서비스를 구매하는 방법은 무수히 많습니다. 꼭 이곳이어야만 하는 이유가 필요하죠. 하지만 그 이유는 특정 집단이 커뮤니티화될 때 만들어집니다. 그 후라야 광고(AD)와 커머스(Commerce)로 수익모델 창출이 가능한데요. 커뮤니티화할 때 사용되는 방법이 바로 게임화(gamification)로, 무신사의 레벨, 아이디어스의 금손/은손/곰손/아이손, 당근의 매너온도가 그것입니다.

유저와 커스토머를 어떻게 바라보느냐에 따라 서비스 기획도 달라지는데요. 예를 들어, 오늘의 집이 광고로 돈을 번다면 돈을 지불하는 한샘 같은 가구회사가 커스토머일 것입니다. 그러면 오늘의 집은 한샘이 선호하는 고객집단을 모아 놓아야 협상력이 생깁니다. 가구에 관심이 없는 10대나, 향후 가구를 구매할 것으로 보이지 않는 60대 이상이 주 이용자라면 한샘은 광고를 안 주겠죠. 결국, 가구의 주 구매자가 될 20대 후반에서 40대 정도의 집단을 위한 콘텐츠가 필요한데, 이를 구현하는 게 바로 서비스 기획입니다.

　반면, 커머스(전자상거래)로 돈을 번다면 앞서 이야기한 콘텐츠를 바탕으로 커뮤니티화할 수 있어야 합니다. 제품과 서비스를 판매하는 곳은 차고 넘칩니다. 꼭 이곳에서 구매해야 할 이유가 있어야 하는데, 그것은 서비스 안에서 커뮤니티가 형성될 때 가능해집니다. 무신사의 구매후기 같은 시그니처 콘텐츠와 다른 곳에서는 볼 수 없는 매거진 형태의 패션정보 등이 고객을 유입시키고 구매로까지 연결하는 데 도움이 된 것처럼 말입니다.

4

왜 구매하는가?

사람들에게는 다양한 대체재가 존재하고 구매 이유도 각각의 상황에 따라 다릅니다. 이런 환경에서 기업은 자사 제품과 서비스를 선택해야만 하는 이유를 제시해야 하는데요. 이를 '가치제안(Value Proposition)'이라고 합니다.

가치란 무엇인가?

가치(value)의 사전적 의미는 '사물이 지니고 있는 쓸모'입니다. 시계의 가치는 시간을 정확히 표시해 주는 것이고, 노트의 가치는 무엇인가를 기록하는 것에 있죠. 이처럼 사물은 쓸모가 있을 때 '가치가 있다'고 표현합니다.

그런데 사물에 다양한 감정과 상징들이 투영되면 가치는 더 높은 차원으로 올라갑니다. 몰스킨에 메모하는 사진이나 스타벅스에서 커피 마시는 사진을 소셜미디어에 올리는 게 대표적인데요. 사람들은 제품의 기능적 특징이 아닌 브랜드가 가진 상징성을 통해 자신을 표현하곤 합니다. 이런 관점에서 가치란 '소비자가 비용을 지불하고 받는 혜택'이라고 정의할 수 있습니다

절대가치에 해당하는 '품질'

가치제안에서 가장 중요한 것은 '품질'입니다. 스탠퍼드대학 경영대학원 이타마르 시몬슨 교수는 《절대가치》라는 책에서 "제품 자체의 사용가치가 중요해지는 절대가치의 시대가 오고 있다"고 주장했습니다. 여기서 절대가치란 제품과 서비스에 대한 선입견 없는 진짜 가치를 말합니다.

과거 기업들은 자신이 가진 많은 정보를 오픈하지 않았기 때문에 소비자는 구매를 결정할 때 브랜드나 가격 같은 부수적인 조건들에 의존할 수밖에 없었습니다. 하지만 스마트폰과 소셜미디어 등의 발달로 소비자가 상품과 서비스에 대한 정보를 전보다 더 많이 가지게 되면서 진짜 가치인 절대가치를 가늠할 수 있게

되었는데요. 그 결과 과거처럼 경쟁상품보다 약간 높은 우위 또는 별 차별성이 없는 상황에서 유통의 힘으로 푸시하거나 자극적인 콘텐츠로는 고객을 설득하기가 어려워졌습니다. 일부 마케터들의 공정하지 못한 활동도, 다른 상품 대비 상대적으로 좋아 보이게 만드는 꼼수도 더 이상은 통하지 않는 세상이 된 거죠.

'대륙의 실수'라고 불린 샤오미 제품이 선풍적인 인기를 끈 이유도 절대가치를 충족했기 때문입니다. 소비자들은 샤오미 브랜드를 선호하지도, 고객 충성도를 가지지도 않았습니다. 가성비, 즉 가격 대비 품질이 좋다는 평가들이 나오자 '대륙의 실수'라는 별명이 붙으면서 불티나게 팔리기 시작한 건데요. 페이스북과 블로그 등 소셜미디어에 매일같이 샤오미에 대한 글이 올라왔고, 궁금증이 생긴 사람들은 검색으로 추가 정보를 취득하며 옥션, 지마켓, 11번가 등에서 구매후기를 확인했죠. 그렇게 빠르게 품질평가를 끝낸 소비자들이 망설임 없이 구매하기 시작하면서 싸구려라는 중국산 제품의 인식을 바꿔놓았습니다.

뉘앙스가 좀 다르기는 하지만 아마존 CEO 제프 베이조스도 절대가치를 이야기했습니다. 그는 "과거에는 만드는 데 30%, 상품이 좋다고 떠드는 데 70%의 시간과 비용을 투자했다면 이제는 그 반대가 되어야 한다"라고 했죠. 고객에게 사랑받을 만한 제품을 만들면 마케팅 비용의 한계로 인해 시장에서 사라지는 일이 줄어든다는 의미입니다.

물론, 제품만 잘 만들면 잘 팔릴 것이라는 접근도 위험합니다. 기술이든 마케팅이든 큰 혁신을 이루고도 실패한 사례는 무수히 많으니까요. 좋은 제품을 만드는 것, 시기 등과 더불어 마케팅이 기여해야 할 부분 또한 여전히 존재합니다. 비슷한 시기에 비슷한 혁신을 이루었음에도 성공한 기업은 일부에 지나지 않습니다.

수단과 목적을 구분하는 것

사람들이 구매하는 것과 실제 얻고자 하는 혜택에는 차이가 날 수 있습니다. 예를 들어, 세탁 후 찌꺼기가 남지 않는 액체 세제는 세척력 향상→깨끗한 옷→주위의 시선→자부심(자신감)으로 가치 확장이 가능한데요. 이를 '수단 목적 사슬(Means-End Chain)'이라고 합니다. 제품의 구체적 속성들은 수단이고, 소비자가 얻고자 하는 결과나 혜택은 가치인 거죠.

노트북을 구매할 때 '가벼운 무게'는 구체적 속성으로, 최종적으로 '성공'이라는 가치로 연결될 수 있어야 합니다. 노트북을 구매하는 궁극적인 이유는 가볍기 때문이 아니라 휴대하면서 언제 어디서나 효과적으로 업무를 마무리하기 위함이니까요. 많은 사랑을 받았던 제품들을 분석해 보면 기능적 속성보다는 이렇게 고객이 얻게 되는 최종 가치를 강조했다는 사실을 알 수 있습니다.

이 같은 수단 목적 사슬 관점으로 해석한다면 스타벅스는 커피가 아닌 장소를, 오리온은 초코파이가 아닌 정(情)을, 할리데이비슨은 오토바이가 아닌 남성성과 저항정신을 판매하고 있는 것입니다. 눈에 보이지 않는 편익, 즉 고객이 제품을 사용함으로써 느끼는 감성적 경험을 판매하는 거죠.

고객이 추구하는 가치는 기능가치, 사용가치, 정서가치로도 구분되는데요. 기능가치는 제품 또는 서비스가 고객에게 제공하는 물리적인 속성을, 사용가치는 이러한 물리적 속성으로부터 고객이 얻는 구체적인 혜택을 의미합니다. 그리고 정서가치는 사용가치를 통해 개인의 가치관과 생활에 변화를 주는 심리적 가치를

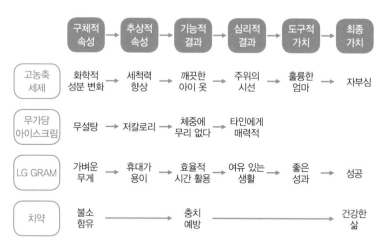

수단 목적 사슬

말하죠.

예를 들어, 유기농 농산물이라면 '유기농'이라는 물리적 속성은 기능가치에 해당합니다. 또 고객은 유기농이라는 속성으로 인해 건강한 음식을 먹을 수 있다는 사용가치를 제공받죠. 그리고 건강한 음식을 먹음으로써 몸이 건강해질 수 있다는 정서가치를 얻습니다. 이처럼 고객이 추구하는 가치, 즉 고객 니즈는 상호연계되는 피라미드 형태를 띠는데요. 여기서 주목할 점은 상위의 가치는 하위 가치를 추구하는 원인이 된다는 것입니다. 고객이 왜 유기농 농산물을 먹으려고 할까요? 이는 몸에 해롭지 않은 음식을 먹고 싶기 때문으로, 고객이 추구하는 사용가치가 기능가치의 원인이 된다는 뜻입니다.

그럼 고객은 왜 해롭지 않은 음식을 먹고 싶어 할까요? 그것도 마찬가지입니다. 음식을 통해 건강해지고자 하는 정서가치가 원인이죠. 따라서 고객의 '잠재 니즈'를 분석할 때에는 이 같은 니즈의 구조를 이해하고, 상위 가치 관점에서 하위에 더 추가할 가치는 없는지 고민해야 하는데요. 파악되지 않은 잠재 니즈는 우연히 찾아지기도 하지만, 전체적인 구조에 대한 이해를 바탕으로 논리적인 관점에서 바라보아야 파악이 가능합니다.

가치(value)를 찾아가는 방법들

　필립 코틀러(Philip Kotler)가 제시한 핵심제품, 유형제품, 확장제품도 비슷한 맥락을 갖고 있습니다.

　'핵심제품'이란 제품을 구입함으로써 얻게 되는 구매자의 이익을 말합니다. 핵심제품은 눈에 보이는 구체적 속성이라기보다는 감성적 특성일 때가 많은데요. 예를 들어, 나이키의 슬로건 'Just do it(그냥 해봐)'에는 제품의 기능적 특징이 포함되어 있지 않습니다. 그런데도 스포츠의 열정과 투지를 상징하는 말로 통용되면서 오늘날의 나이키를 만들었죠.

　'유형제품'은 제품 자체를 말합니다. 크기, 무게, 디자인, 스타일, 포장상태 등을 포함해 고객이 구매하는 게 바로 유형제품으로, 눈으로 실제적인 특성 파악이 가능한 품질적 요소가 여기에 해당합니다.

　'확장제품'은 A/S, 보증, 배달, 설치, 대금결제 방식 등 추가적으로 소비자에게 제공되는 서비스나 혜택을 의미합니다. 최근에는 기능적 특징인 '유형제품'이 상향 평준화되면서 '확장제품'에서 차별화를 시도하는 경우가 많아지고 있습니다.

　애플에서 판매하는 제품을 들여다보면 핵심제품, 유형제품, 확장제품으로 설득하는데요. 고객이 얻게 되는 가치를 감성적으로 설득한 후(핵심제품), 유형제품에 해당하는 크기, 용량, 배터리 지

고객 가치	세부 내용
핵심제품	● 완전히 새로운 디자인 ● 막강한 성능의 M2 칩 ● 가볍게만 볼 수 없는 이유 ● 가뿐하지만 더욱 든든하게 ● 은빛, 별빛, 우주와 한밤. 꿈 같은 네 가지 마감
유형제품	● 무게 : 1.24kg ● 두께 : 1.13cm ● 속도 : M1 모델 대비 1.4배 ● 배터리 사용시간 : 최대 18시간 ● 동영상 편집 : 듀얼 코어 Intel Core i5 탑재 MacBook Air 대비 15배
확장제품	● 금융 혜택 : 무이자 할부를 통해 애플 제품을 부담 없이 구매하실 수 있습니다 ● 무료 익일 배송 : 오후 3시 이전에 주문된 제품은 업무일 기준 무료 익일 배송 ● 도움 : 080-330-8877

애플 제품의 핵심제품, 유형제품, 확장제품

속시간 등을 제시하며, 이후 부가서비스에 해당하는 확장제품으로 상세설명이 구성되어 있습니다.

제품과 서비스 품질이 상향 평준화되다 보니 이제 감성이 논리를 이기기 시작했습니다. 예를 들어, 사람들이 많이 지나다니는 강남역에서 꽃을 파는 두 사람을 가정해 보겠습니다. 한 사람은 지나가는 연인들에게 "장미꽃 사세요! 한 송이에 천 원입니다."라며 꽃을 팔았고, 다른 한 사람은 "사랑 한 송이에 천 원입니다."라며 꽃을 팔았습니다. 두 사람 중 누가 더 많이 팔았을까요? 당연히 뒷사람입니다. 앞사람은 꽃이라는 제품을, 뒷사람은 꽃이 주는 물리적인 이익 혹은 심리적인 이익까지 포함했습니다. 앞사람은 판매자, 뒷사람은 소비자 입장에서 꽃을 판 거죠.

가치제안은 장미꽃 판매와 같습니다. 기업 입장에서 상품을 일방적으로 강요하는 게 아닌, 고객 입장에서 고객의 문제를 해결해 줄 수 있어야 합니다. 옷을 팔기보다는 멋진 스타일과 매력적인 외모를 팔아야 하고, 책을 팔기보다는 즐거운 시간과 유익한 지식을 팔아야 합니다. 비행기 티켓을 판매하기보다는 목적지에 빠르고 안전하게 정해진 시간에 도착할 수 있다는 믿음과 약속을 팔아야 하죠.

고객 관점의 접근이 필요

사람들 대부분은 익숙한 방식으로 살아가기 때문에 현재의 방식에 큰 문제를 제기하지 않지만, 일부 예민한 고객은 문제를 제기합니다.

"이거 불편해요. 개선해 주세요."

"더 좋은 방법이 있을 것 같은데 당연하다고만 생각하는 것 같아요."

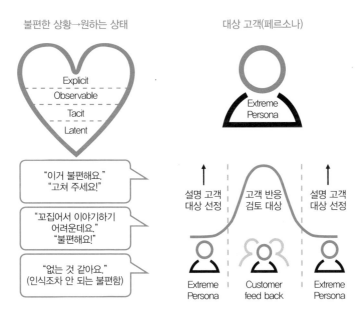

예민한 고객을 페르소나로 설정

이처럼 현재의 방식에 불편함을 이야기하는 예민한 고객에게서 해답이 나오는데요. 예민한 고객을 만족시키면 평균적인 고객집단도 만족시킬 수 있으므로 예민한 고객을 찾아야 합니다.

가치제안을 위해서는 고객 관점에서 문제를 바라봐야 합니다. 필립스가 개발한 키튼 스캐너(Kitten Scanner)가 고객 관점에서 문제를 해결한 사례입니다. 필립스는 MRI 촬영 시 공포감을 느끼는 아이들을 위해 우주선이나 보물선이 그려진 MRI를 선보였습니다. 공포감을 낮추려 새로운 기술을 연구하거나 진정제 같은 약물을 사용한 게 아니라 놀이터처럼 만들어진 대기실에서 놀이를 통해 기계가 안전하다고 믿게 만든 거죠. 기술자나 판매자 관점이 아닌 고객 관점으로 생각하는 게 얼마나 중요한지를 일깨워준 사례입니다.

불편을 해결해 주는 가치제안

훌륭한 가치제안은 모두를 만족시키려 하지 않습니다. 에어비앤비(Airbnb)가 대표적인데요. 사람들에겐 또 다른 호텔이 필요치 않았습니다. 다양한 가격대와 숙박 서비스는 충분히 존재하고 있었으니까요. 하지만 에어비앤비는 기존의 숙박 서비스에서 충족시켜 주지 못한 틈새를 찾아냈습니다. 가족들과 근사한 호텔에서 숙박하고 싶은 사람도 있을 테고, 비즈니스를 목적으로 숙박하는 사람도 있으며, 현지인 집에서 현지인이 해주는 밥을 먹고 숙박하면서 깊이 있는 경험을 원하는 사람들도 있는 법입니다. 에어비앤비는 현지의 특별한 경험을 원하는 사람과 여유 방을 제공해 추가적인 수익을 얻으려 하는 사람을 연결했습니다. 그 결과 자체적으로 단 한 개의 방도 보유하지 않고 전 세계 최고의 숙박 서비스를 제공할 수 있게 되었죠.

사람들의 불만은 다양한 형태로 존재합니다. ①시간이나 비용, 노력을 절감시켜 주는 것, ②짜증이나 절망감 등 고객이 불편해하는 문제를 해결해 주는 것, ③더 나은 성능이나 품질로 미진했던 부분을 개선하게 해주는 것, ④좀 더 쉽게 만들거나 장애물을 제거함으로써 고객의 도전을 도와주는 것, ⑤체면이나 영향력, 신뢰 등 사람들이 두려워하는 사회적 결과를 도와주는 것, ⑥금전적, 사회적, 기술적으로 일이 잘못될 가능성을 제거해 주는 것, ⑦자주 저지르는 실수를 줄이도록 해주는 것, ⑧초기 투자비용을 낮춰 실패에 대한 두려움을 낮춰주는 것, ⑨당연하다고 생각했던 것을 더 쉬운 방법으로 개선하게 해주는 것 등 고객의 불만을 다른 식으로 생각해보는 데에서 가치제안이 만들어집니다.

혜택을 제공하는 가치제안

불만을 해결해 주는 것과 혜택을 창출하는 것 사이에는 연관성이 있습니다. 예를 들어, 에버노트와 노션 같은 생산성 관련 서비스들은 정보관리의 어려움을 해결해 줌으로써 고객의 시간과 노력을 절감시키는 가치를 제안했습니다.

혜택 관점의 가치제안을 위해서는 '고객에게 제공되는 가치제안(제품, 서비스, 가치)은 무엇인가? 왜 고객은 이렇게 제품, 서비스, 가치에 관심을 가지는가? 고객은 왜 그에 대한 대가를 지불하는가? 남과 다르게 제공하는 특별한 부가가치(value-added)는 무엇인가?' 등의 질문이 필요합니다.

이에 대한 대답으로는 새로움, 성능 향상, 커스터마이제이션(Customization), 무언가를 '되게' 만드는 것, 디자인, 브랜드 지위, 가격, 비용 절감, 리스크 절감, 접근성, 편리성, 유용성 등이 있는데요. 이것이 바로 가치제안에 해당합니다. 고객 관점에서 혜택으로 인식되기 위해서는 더 저렴한 비용, 더 적은 투자, 더 낮은 위험, 더 좋은 품질, 더 향상된 성능, 더 좋아진 디자인을 등을 통해 좀 더 쉽게 수용할 수 있도록 해야 하는 거죠.

가치제안을 숫자로 표현하면 고객 설득이 더 용이한데요. 이때도 판매자가 아닌 고객 관점이 필요합니다. 예를 들어, "우리의 새로운 설비는 분당 200번 작업을 할 수 있다" 또는 "우리의 새로운 설비는 부품을 25% 덜 사용한다"라는 표현은 판매자의 언어입니다. 반면, "우리의 새로운 설비는 고객의 시간을 25% 절약해 준다"는 고객 관점의 언어죠. 고객에게 의미 있는 제안(value proposition)을 하고, 독특한 가치(unique value)를 제시해야 사업화가 가능하다는 뜻입니다.

벨킨의 가치제안 사례

1983년 캘리포니아 호손의 차고에서 2명의 직원으로 시작한 벨킨(Belkin)은 전체 예산의 20% 이상을 디자인에 투자하면서 사용자의 라이프 스타일에 관한 연구와 통찰력을 바탕으로 40년간 수만 개의 IT 주변제품을 출시한 독보적인 기업입니다.

IT 기기를 직접 제조하지 않는 벨킨에게는 삼성, 애플 같은 전자업체와의 관계가 중요합니다. 그러면서도 단순 하청업체나 카피캣(Copycat, 모방) 제품으로 인식되지 않아야 합니다. 그래서 벨킨은 헐리우드에 혁신디자인그룹 IDG(Innovation Design Group)를 설립하고 엔지니어링 시설과 연구 및 디자인 개발에 집중적으로 투자했습니다. 그리고 벨킨의 혁신적인 제품은 모두 이곳에서 탄생했죠.

벨킨은 갑과 을의 수직적 방식이 아닌 파트너 같은 수평적 관점으로 IT 기기 주변제품을 출시합니다. 예를 하나 들어보겠습니다. 애플 제품을 다른 제품과 호환해서 사용할 수 있도록 호환용 케이블을 만들던 벨킨은 아이팟 출시를 앞두고 '아이팟 액세서리'를 만들어 볼 것을 제안받습니다. 그러자 아이팟을 충전하면서 차 안에서도 음악 감상이 가능한 차량용 충전기를 만들어 큰 호응을 얻었죠. 그 후 아이폰 케이스와 암밴드(ArmBand), 음악을 믹스해 들을 수 있는 튠스튜디오(TuneStudio) 등 다양한 애플 관련 제품을 출시했는데요. 그러면서 애플 외에도 대형 소매점, 기업, 정부, 교육기관, 대리점, OEM 공급업체 등과 함께 다각적인 판매망을 구축하는 등 모두와 돈독한 파트너십을 유지하고 있습니다.

벨킨이 IT 주변기기 시장에서 40년 넘게 성장하고 있는 이유는 이처럼 사용자 환경을 이해하고, 디자인에 집중하면서 시장을 지속적으로 확장해 왔기 때문입니다. IT 기기의 주변제품은 사용자의 요구가 매우 다양한 시장으로, 사용자가 불편함을 느끼는 부분이나 당연하게 받아들이던 사소한 불편함을 해결해 줄 때 호응을 불러오는데, 벨킨은 이를 충족시켜 왔습니다.

눈부신 성장에도 불구하고 벨킨의 초심은 여전합니다. 소비자에 주목하면서 와트(W), 볼트(V) 등 어려운 기술적 용어보다는 아이콘 중심으로 제품을 만들어 누구나 쉽게 사용하도록 하죠. 어떻게 하면 소비자들이 제품을 어렵지 않게 사용할 수 있을까에 초점을 맞춘 '단순함'을 판매하는 것입니다. 주변기기를 만드는 기업이지만 본질적 핵심이 무엇인지를 알고 있기 때문에 가능한 일입니다.

IT 기기 주변제품 분야는 제품군이 다양하고 가격이 비싸지 않아 사용자들이 높은 충성도를 갖기 어렵습니다. 사용하다 마음에 들지 않으면 언제든지 바꿀 수 있다는 뜻이죠. 결국, 글로벌하게 통하는 기능에다 세련되고 질리지 않으면서 사용자들이 각각의 개성을 드러낼 수 있는 디자인이 중요합니다. 디자인은 이제 더 이상 제품의 주변요소가 아닌 거죠.

빠르게 변화되는 환경에서 디자인의 정체성 확보는 현재 시장을 지켜내고 잠재시장 점유율까지 확대해 나가는 전략에 해당합니다. 이 부분에서 벨킨은 타의 추종을 불허하는데요. 그들은 IT 기기 주변제품 커넥터(Connector) 대표 브랜드로 고유의 정체성을 성공적으로 유지하고 있습니다.

요즘은 한 가정 내에서도 다양한 브랜드의 IT 기기를 여러 대 사용합니다. 게다가 기술의 발전으로 불과 몇 년 전에 구매한 제품조차 수명을 다해 버리고 말죠. 따라서 그동안 만들어온 경쟁력을 유지하면서 고객을 놓치지 않으려면 확장성이 필요합니다.

벨킨은 케이블과 커넥터에서 시작해 케이스, 가방 등의 영역으로 시장을 확장하면서도 여전히 케이블, 커넥터 분야에서 높은 시장 점유율을 자랑합니다. 사물인터넷 시장이 확대됨에 따라 '커넥션(Connection)'이라는 핵심가치를 놓지 않으면서 홈 네트워킹 분야에서 앱세서리(App Enabled Accessory) 영역으로 시장을 확대하고 있는 건데요. 이는 기업의 핵심가치(Core Value)를 명확히 하고 시장 가능성을 모색하는 게 연구개발(R&D) 비용을 줄이면서도 경쟁력을 유지하는 방법이라는 사실을 분명하게 보여줍니다.

시장성과 성장성은?
시장매력도

시장성과 성장성을 분석하는 이유는 사업의 성공 가능성을 높이기 위함입니다. 기술적으로 뛰어난 제품과 서비스일지라도 고객이 존재하지 않거나, 시장규모가 매우 작거나, 향후 성장성이 없다면 사업화하기 어려우니까요.

산업과 시장을 분석하는 것

동네에서 커피숍을 창업할 때도 시장성과 사업성을 분석합니다. 시간대별로 이동하는 사람 수와 연령대, 성별 등을 분석하고 유사 매장의 내점률을 계산해 대략적인 매출액을 추정하죠. 이처럼 판매하려는 제품과 서비스의 판매 가능성을 검토하고, 팔린다면 시장의 규모는 어느 정도인지, 시장의 성장 가능성은 어떤지 등을 분석하는 일이 시장성 분석입니다.

천재적인 기업가는 자신의 직관을 따르기도 하지만, 다양한 이해관계자로 구성된 기업은 의사결정을 위한 데이터가 필요한데요. 가장 기초적인 데이터 중 하나가 시장성에 대한 내용으로, 여기에는 환경 분석, 경쟁 분석, 시장규모 분석 등이 포함됩니다. 환경 변화를 통해 수요와 공급의 변화를 전망하고, 경쟁기업(제품) 분석을 통해 사업화 주체의 경쟁력 및 시장점유율 등을 판단할 수 있죠. 또 시장규모 분석은 수요 예측을 위한 것으로 초기 사업화 단계에서 의사결정의 기준이 됩니다.

시장 찾기에 대한 어려움

아이디어의 사업화 과정에서 시장(Market) 찾기는 생각보다 쉽지 않습니다. B2C보다는 B2B일 때가 더 어려운데요. 예를 들어, 이차전지에 들어가는 음극소재 합성기술을 가진 기업을 가정해 보겠습니다. 음극소재 합성기술은 배터리 제조회사를 통해 최종 사용자인 '시장(Market)'과 연결됩니다. 음극소재 합성기술이 소비자를 직접 만나는 게 아니라 특정 산업에서 배터리를 생산 또는 사용하는 기업을 통해 소비자와 만나게 되는 것이죠. 이를 B2B2C라고 합니다.

B2B2C 관점에서 음극소재 합성기술은 스마트폰, 태블릿, 노트북 같은 'IT 기기', 전동공구나 정원공구 같은 'Non-IT 기기', 무선이어폰이나 스마트워치 같은 '웨어러블 기기', 전기자전거나 전동킥보드 같은 '퍼스널 이동장치', 무인 비행체인 '드론', 발전소와 변전소 등에서 사용하는 '에너지저장장치(ESS)', 테슬라 등에서 만드는 '전기자동차' 등에 적용될 수 있습니다.

그렇다면 음극소재 합성기술을 가진 기업은 시장을 어떻게 정의해야 할까요? 기업 입장에서는 이차전지가 생산 또는 사용되는 모든 곳이 시장이라고 주장할 수 있습니다. 하지만 전방산업과 후방산업에 큰 영향을 받으며 높은 안정성과 신뢰성이 필요한 전기자동차 시장은 진입이 쉽지 않습니다. IT 기기, Non-IT 기기, 웨어러블 기기 같은 소형 IT산업도 가전회사가 더 큰 힘을 가졌기 때문에 진입이 쉽지 않은 건 마찬가지입니다.

이처럼 세분화된 시장을 놓고 산업의 특성과 우리 기업의 역량을 체크하다 보면 어떤 시장에 진입해야 하는지에 대한 고민이 생길 수밖에 없는데요. 시장을 정하기가 쉽지 않은 이유는 아이디어에 대한 명확한 정의와 산업에 대한 이해가 부족해서일 수도 있고, 기술 발전으로 산업 간 융합(Convergence)이 빠르게 진행되면서 시장이 만들어지고 쇠퇴하는 속도 또한 빨라지기 때문일 수도 있으며, 기업이 가진 기술이나 네트워크가 제한적이라 그럴 수도 있습니다.

어떤 방식으로 분석할 것인가?

제품(서비스)을 개발할 때 전통적인 시장조사가 좋은지, 아니면 구성원의 통찰력에 의존하는 게 좋은지는 상황에 따라 다를 수 있습니다. 지금까지 없었던 제품은 전통적인 시장조사보다는 구성원의 통찰력에 의존하는 게 좋고, 반대로 기존의 제품을 개선하는 경우라면 상상력이나 직관보다는 전체를 고려하되 그 중요도를 달리하는 방식이 좋습니다.

그런데 통찰력을 활용하는 경우든 시장조사를 진행하는 경우든 '가설'은 꼭 필요합니다. 가설이란 문제에 대한 잠정적 해답인데요. 경험을 통해 검증된 이후에만 그 가설의 진위를 알 수 있어 '잠정적 추측'이라고도 합니다. 많은 데이터 속에서 의미를 찾아내는 빅데이터(Big Data) 기술이 발전 중이지만, 데이터 자체로는 한계가 있으므로 가설을 검증하는 형태로 접근해야 합니다.

예를 들어, 몇 가지 맛있는 케이크를 놓고 고객들에게 좋아하는 케이크를 고르도록 했을 때 많은 고객이 치즈케이크를 골랐다고 해보죠. 그러면 치즈케이크를 중심으로 메뉴를 구성하면 되겠다고 의사를 결정할 수 있습니다. 그런데 치즈케이크를 고른 사람들에게 물어보니 정작 부드러운 화이트초콜릿 생크림이 들어간 케이크를 원했습니다. 자신이 선호하는 케이크가 없어서 그와 비슷한 치즈케이크를 선택했을 뿐인 거죠.

빅데이터는 그동안 확인이 어려웠던 것들을 눈으로 확인할 수 있다는 점에서 의미가 있지만, 위의 예처럼 데이터 자체로만 의사결정을 하기에는 한계가 뚜렷합니다. 수집된 데이터와 함께 고객을 관찰하고, 설문조사를 진행하고, 유사 고객들을 모아 직접 이야기를 해보고 데이터를 구조화해야 합니다.

시장조사란 무엇인가?

시장조사란 시장을 구성하는 각각의 요인들에 대한 자료를 수집해 가공, 분석한 후 현재를 진단하고 미래를 예측하는 일입니다. 여기서 말하는 시장이란 수요(Demand)와 공급(Supply) 그리고 이 둘을 연결해 주는 유통(Channel), 시장에 영향을 주는 정부(Government)로 구성되어 있습니다.

고객수요 조사, 시장전망 조사, 경쟁사 벤치마킹 조사, 사례 조사, 신제품 콘셉트 조사, 유통망 확보 조사 등의 시장조사는 ①트렌드 정보 등을 활용한 '시장 흐름 파악', ②제품의 라이프 사이클, 계절성, 유통 특성 등 '상품특성 파악', ③누가(목표고객), 무엇을(구매대상), 왜(구매동기), 어디서(유통경로), 언제(구매시기), 어떻게(구매조건)에 대한 '소비자 조사', ④산업 내 직접적인 경쟁자와 대체재를 포함한 '경쟁자 조사', ⑤시장수요, 시장규모, 성장률 등에 대한 '수요 예측' 등의 단계를 거칩니다.

편의상 순서를 구분했으나 시장조사는 전체적인 관점에서 진행됩니다. 상대적으로 자원을 많이 투입할 수 없는 기업들은 대부분 검색포털 및 전문 연구기관에서 발행한 2차 자료 정보와 창업자의 직감으로 제품과 서비스를 만들어 가는데요. 고객 인터뷰 과정을 통해 사업의 방향성이 바뀌기도(Pivot) 하고, 스스로 사업을 접기도(Drop) 합니다. 또한, 순서상 앞부분에 위치할 뿐 시장조사를 통해 얻은 자료들은 사업계획서 작성과 투자제안서 작성에도 도움이 됩니다.

시장규모를 추정하는 방법

시장규모를 추정하려면 먼저 진입하려는 시장을 결정해야 합니다. 위에서 사례로 들은 음극전지 합성기술은 이차전지 산업에 속하지만 시장은 전기자동차, 드론, ESS, IT 기기, Non-IT 기기, 퍼스널 이동장치, 웨어러블 기기 등으로 세분화될 수 있는데요. 산업의 속성이 다르고, 경쟁 주체가 다르므로 전체 산업을 놓고 시장규모와 성장성을 평가해서는 안 됩니다. 물론, 산업이 성장하면 수직적·수평적 통합으로 산업 간 경계가 옅어지긴 하나 먼 미래의 이야기입니다. 지금의 시점으로 훗날을 일반화해서는 안 된다는 뜻입니다.

이 같은 시장규모 추정은 4단계로 나뉘는데요. 먼저 톱다운(Top down) 방식으로 자료를 분석한 다음 충족시킬 수 있는 최종 사용자의 규모를 추정합니다. 이어서 추정한 사용자 규모를 바텀업(Bottom Up) 방식으로 검증합니다. 이후 1인당 발생 가능한 매출액을 산정하고, 마지막으로 사용자 수와 한 사람당 매출액을 곱하면 시장규모를 추정할 수 있습니다.

톱다운이란 통계청이나 연구기관 같은 곳에서 발표한 전체 시장규모를 기초로 해당 세부시장을 분석하는 방식인데요. 역시 일반적으로 검색, 통계청 자료, 전문 연구기관의 분석 보고서 등 2차 자료가 바탕이 됩니다.

예를 들어, 제조사마다 차이가 있지만, 20만 대 수준으로 집계되고 있는 국내 전동킥보드에 탑재된 배터리 가격을 평균 30만 원이라고 가정해 보겠습니다. 그렇다면 전동킥보드에 탑재되는 이차전지 시장규모는 '20만 대×30만 원'으로 600억 원 수준입니다. 그런데 이차전지에는 음극소재 외에도 다른 구성요소가 있으므로 원가구조를 분석해 보아야 합니다. KB증권의 보고서에 따르면 이차전지 배터리 모듈의 원가비율은 재료비가 70%, 그 외가 30%인데, 그중 재료비는 양극재 37%, 음극재 18%, 분리막 19%, 전해액 13%, 기타 13%로 구성되어 있습니다. 그렇게 계산하면 음극소재 합성기술을 소유한 기업의 수익시장 규모는 75억 원 수준이라고 추정할 수 있죠. 이처럼 위에서 아래로 시장을 좁혀 분석하는 방식이 톱다운 분석입니다.

톱다운 분석은 통계청이나 연구기관에서 발표한 자료로 시작하지만, 검증이 쉽지 않은 데다 최종 사용자 수를 과장하는 경향이 있습니다. 예를 들면, 앱 개발회사가 스마트폰 사용자 5천만 명이라는 규모를 제시하거나, 반려견을 위한 IoT(사물인터넷) 기기를 개발하는 회사가 반려동물 시장규모로 5조 원을 이야기하는 것 등이 톱다운 방식에 적용되는 과장된 사례인데요. 톱다운 방식은 이처럼 최종 고객보다는 시장규모의 함정에 빠질 가능성이 큽니다.

그래서 바텀업 방식의 검증이 필요합니다. 위에서 말했던 전동킥보드의 이차전지 시장규모를 600억 원으로 추정했다면, 해당 산업에 속한 상위 사업자의 매출을 전자공시시스템을 통해 밑에서부터 분석해 보는 게 바텀업 방식인데요. 전자공시시스템에 공개되지 않은 다른 기업의 매출은 홈페이지나 보도자료 등을 참고하면 대략적인 추정이 가능합니다. 물론, 완벽한 결과는 아닙니다. 그럼에도 이 과정의 의미는 추정과정에서 경쟁기업의 비즈니스모델 및 마케팅 전략 등을 분석해 볼 수 있다는 점에 있습니다. 향후 사업화 과정에서 전략을 수립하고 실행방안을 계획할 때 가이드 역할을 해주거든요.

B2C와 B2B 모두 최종 사용자를 기반으로 한 매출 예측도 필요합니다. B2C는 우리의 매출액을 추정하기 위함이고, B2B는 B2B2C 관점에서 사업을 제안해야 하기 때문입니다. '우리 것이 이렇게나 좋습니다'라며 기술을 강조하기보다는 '우리의 제품을 도입하면 연간 5억 원의 원가를 절감할 수 있습니다'라고 말할 수 있을 때 B2B는 성사 가능성이 큽니다.

예를 들어, 보스턴컨설팅그룹(BCG)의 분석에 의하면(2019년 5월 기준) 미국에서 전동킥보드 1대당 하루 5회의 탑승이 발생한다고 가정할 때 하루 매출은 3.5달러, 비용은 2.85달러 수준으로 0.65달러의 공헌이익(Contribution Margin)이 발생한다고 합니다. 전동킥보드 공유업체는 1대당 4개월을 운영해야 손익분기점에 도달할 수 있는데, 문제는 대부분 4개월을 운영하지 못한다는 데 있습니다. 그럼 전동킥보드 공유업체는 ①소비자들의 이용 가격을 높이거나, ②전동킥보드 도입 비용을 낮추거나, ③전동킥보드 운영의 효율성을 높여야 수익 달성이 가능해지죠.

만약, 이런 문제들이 파악되었다면 이차전지 음극소재 합성기술을 소유한 기업은 배터리 사용시간을 늘려 수거, 충전, 관리 등에 있어 비용이 절감된다며 구체적인 수치를 넣어 제안할 수 있습니다. '우리의 기술력이 이렇게 뛰어나다'가 아니라 '우리를 통해 배터리 효율을 30% 개선하면 전체적인 운영 효율성을 50% 개선할 수 있다'라고 이야기하는 거죠.

물론, 잠재고객의 예산을 고려하고, 동일한 가치를 얻는 데 현재 지출 중인 비용을 체크해 봐야 합니다. 그리고 과거 신제품 등을 출시했을 때 돈은 얼마나 지불했는지, 잠재고객에게 제공하는 가치는 어느 정도인지 등에 대한 질문도 필요합니다.

높은 기술력을 가진 기업은 기술적 우위성을 이야기하지만 기존의 기업들은 지금의 방식을 바꿀 이유가 없습니다. 지금의 방식을 바꾼다고 해도 다른 대안들이 많습니다. 중국산 제품을 수입해 사용할 수도 있고, 비용이 다소 높더라도 신뢰도와 안정성 높은 대기업 제품을 선호할 수도 있으니까요.

유효시장 확장을 통한 성장성 제시

기술이든 아이디어든 모든 차별화는 동질화되게 되어 있습니다. 예를 들어, LG전자의 스타일러는 의류관리기 시장을 개척한 제품으로, 의류를 걸어두면 미세한 증기를 내뿜으며 옷을 좌우로 흔들어 구김을 펴고 먼지와 냄새를 없애주는 기능을 갖추고 있는데요. 월 판매량이 1만 대가 넘어서기 시작하면서 삼성전자와 코웨이가 시장에 진입하기 시작했습니다. 그리고 대기업에 이어 중견 가전업체까지 뛰어들면서 LG전자 스타일러는 동질화되고 말았습니다. 거의 모든 제품과 서비스가 기존에는 제공되지 않았던 부분을 차별점으로 내세우면서 고객에게 어필하지만, 이처럼 차별화는 시간이 흐름에 따라 동질화될 수밖에 없습니다.

물론, 동질화가 나쁜 것만은 아닙니다. 유사한 카피캣 제품이 나오기 시작했다는 말은 그만큼 해당 시장이 커지고 있다는 의미이기도 하니까요. 예를 들어, 다이슨이 처음 선보인 '날개 없는 선풍기'는 확실히 경쟁업체와 차별화된 제품이었는데, 주목을 받기 시작하자 경쟁기업에서 유사제품을 쏟아내기 시작했습니다. '날개 없는 선풍기'의 동질화가 시작된 거죠.

재미있는 점은 동질화의 가장 큰 수혜자가 다이슨이라는 것인데요. 경쟁기업이 일명 짝퉁을 만들어내기 시작하면서 '날개 없는 선풍기'를 구매하는 사람들이 큰 폭으로 증가했습니다. 그렇게 시장규모가 커지자 다이슨은 경쟁기업에게 시장을 잠식당하지 않으면서도 프리미엄 브랜드로 포지셔닝되었죠. 다이슨의 '날개 없는 선풍기'는 50만 원이 넘지만 샤오미의 '날개 없는 선풍기'는 10만 원에 판매되는데요. 비슷한 제품의 가격이 두 배 이상 차이 난다는 건 그만큼 다이슨의 수익률이 높다는 사실을 보여주는 증거이기도 합니다.

'차별화는 동질화된다'는 관점으로 보면 유효시장으로의 확장성과 성장성이 필요해집니다. 우리의 제품을 역설계(Reverse Engineering)해서 유사한 제품을 출시하는 일은 어렵지 않습니다. 결국, 경쟁제품이 출시된다는 가정하에 어떤 시장으로 확장 가능한지, 경쟁제품이 나타나더라도 성장세가 지속될 수 있는지, 지속된다면 그 기간은 얼마나 될지를 알아낼 수 있어야 합니다. 또는 다이슨의 사례처럼 프리미엄 브랜드로 포지셔닝해서 더 높은 수익을 달성할 수 있음을 수치로 보여주어야 합니다. 차별화된 제품으로 한두 번 히트상품을 출시할 수 있을지는 모르나 지속적이면서 안정적인 성장은 결국 내부역량이 바탕이 될 때 가능해지는 것입니다.

페르미 추정방식 활용

시장규모 추정에 많이 활용되는 방법이 페르미 추정(Fermi Estimate)입니다. 페르미 추정은 물리학자 엔리코 페르미가 제안했는데요. 단시간에 제한된 방법으로 대략적인 답을 알아내는 방식으로, 정확한 수치를 구하기보다는 대략적인 수치를 산출하는 데 의미를 둡니다.

페르미 추정에는 TAM-SAM-SOM을 활용합니다. 기술이나 방식이 사용될 수 있는 전체 시장을 '총 유효시장(Total Addressable Market, TAM)'이라 하고, 추구하는 비즈니스모델이 차지하는 시장을 '유효시장(Service Addressable Market, SAM)', 유효시장 내에서 기업이 초기 단계에 확보 가능한 시장을 '수익시장(Serviceable Obtainable Market, SOM)'이라고 하죠.

그럼 오토바이 같은 이륜차의 시장규모를 페르미 방식으로 추정해 보겠습니다. 국토교통부에서 매년 발표하는 이륜차 신고현황 통계 데이터에 의하면 등록된 이륜차는 220만대 수준(2023년)입니다. 미등록 이륜차는 20여만 대, 배달 라이더 종사자는 30만 명으로 추산됩니다.

국내 이륜차 제조시장은 혼다, 야마하 등의 일본 브랜드와 KR모터스(구 효성오토바이)와 디앤에이모터스(구 대림오토바이)가 산업을 형성하고 있으며, 제조시장 규모는 4천억 원 수준입니다. 이후 오토바이 수리점 등 유지보수 시장이 8천억 원 수준으로 형성되어 있는데요. 이렇게 제조와 유지보수 시장으로 한정하면 1조 2천억 원이 비즈니스 도메인의 크기입니다. 하지만 전기 이륜차가 기존의 휘발유와 같은 화석에너지 시장(1조 1천억 원 규모)을 대체할 수 있다면 전기 이륜차 비즈니스 도메인의 총 유효시장(TAM)은 2조 3천억 원으로 추정할 수 있습니다.

물론, 한 기업이 이륜차와 배터리 제조, 유통망 구축, 유지보수 등 모든 시장에 진입할 수는 없습니다. 그래서 비즈니스모델을 적용할 수 있는 시장을 결정해야 하는데요. 이를 유효시장(SAM)이라고 합니다. 이 같은 유효시장 결정을 위해 이륜차를 용도별로 보면 배달음식점용, 배달대행용, 퀵 배송 같은 탁송용과 자영업자 업무용, 출퇴근용, 여가 및 레저용 등으로 세분화할 수 있습니다.

이렇게 세분화한 시장 중에서 배달음식점용, 배달대행용, 퀵 배송 등 탁송용 시장에 진입한다고 가정해 보겠습니다. 국내에서 이용되는 이륜차의 60%가 배달용임을 고려하면 시장규모는 132만 대로 1조 3,800억 원 수준임을 알 수 있습니다. 그런데 기존에 출시된 이륜차는 구조를 변경하거나, 유지보수 업체를 바꾸기가 쉽지 않습니다. 따라서 기존에 나와 있는 이륜차가 아닌 신규로 출시되는 이륜차로 시장을 좁혀 배달음식점용, 배달대행용, 퀵 배송 등 탁송용으로 매년 출시되는 이륜차를 9만 대 수준으로 보면 시장규모는 940억 원으로 추정됩니다. 이게 바로 세분화된 시장 중 목표로 하는 시장인 유효시장(SAM)인 거죠.

그런데 기업은 가용 가능한 시간, 사람, 비용 등으로 인해 모든 시장을 공략할 수가 없습니다. 따라서 매년 새롭게 출시되는 9만여 대의 이륜차 중 초기에 공략 가능한 수익시장(SOM)을 구체화해야 하는데요. 배달시장의 경우 고정비와 변동비를 낮추는 방식은 특정 지역에 집중하는 것입니다. 만약, 기업이 배달수요가 밀집한 서울지역을 수익시장으로 설정했다고 가정하면, 3만여 대, 320억 원 수준이 됩니다.

이렇게 시장을 구체화했다면 이후에는 구체적인 설득의 대상인 고객을 바라봐야 합니다. 예를 들면, 37세, 김진영 씨, 남성, 서울 마포구에 거주하는 전업 배달 라이더, 월수입 500만 원으로 프로필 정보를 구체화한 후, 인터뷰와 관찰 등을 통해 고객의 문제를 검증해 보아야 하죠.

고객 인터뷰 결과 배달업을 시작하려는 사람들은 이륜차의 성능이나 소모품 교체 비용 등을 쉽게 비교해 보기를 원했다고 가정해 보겠습니다. 이륜차는 보통 판매점이나 AS센터를 통해 구매하는데, 그곳에는 정보가 제한적입니다. 그러면 구매여정이 어떻게 될까요? 동료들로부터 정보 탐색→동료 제품 체험→인터넷

시장구분	TAM	SAM	SOM
시장현황	국내 출시된 이륜차 220만 대 수준	신규로 출시되는 이륜차 중 배달용도 9만 대 수준	신규로 출시되는 이륜차 중 배달용도 3만 대 수준
세분화	가솔린 이륜차 제조 4천억 원, 에너지 서비스 1조 1천억 원, 유지보수 등 서비스 8천억 원	배달음식점, 배달대행, 퀵배송, 자영업자 업무용, 출퇴근용, 여가 및 레저용 도 등	인구 밀집도가 높은 서울지역을 1차 수익시장으로 설정
시장규모	2조3천억 원	940억 원	320억 원

전기 이륜차의 TAM-SAM-SOM 시장규모 추정

검색→네이버 배달 라이더 카페 검색 등을 거칠 가능성이 크므로 그 사실을 확인해야 합니다.

또 페르소나 인터뷰를 통하면 '1일 평균 주행거리 100km, 근무시간 10시간, 1개월간 평균 매출 500만 원' 같은 정보를 확인할 수 있는데요. 이후 매월 지출해야 하는 감가상각비 5만 원, 유류비 25만 원, 소모품 교체비 15만 원, 유상 운송보험 20만 원 등 지출비용을 확인하면 매월 순이익이 계산됩니다.

이처럼 TAM-SAM-SOM 방식으로 시장을 구체화해 보면 시장규모가 너무 작은 건 아닌가 하는 우려가 생깁니다. 하지만 기업은 가용자원인 시간, 사람, 돈 등에 제약을 받을 수밖에 없습니다. 그러므로 모두를 설득하려 하기보다는 특정 고객에 집중하는 게 보다 성공확률을 높이는 방법입니다. 기업의 성공과 실패는 작은 시장을 선택해서라기보다는 매력적이지 않은 제품과 서비스 그리고 많은 고객에게 선택받을 수 있다는 착각에 의할 때가 많다는 걸 알아야 합니다.

6

어떻게 문제를
해결할 것인가?

기술이나 아이디어가 시장에 진입해 선택받으려면 우리만의 문제 해결 방식, 즉 '솔루션(solution)'이 필요합니다. 이는 기술일 수도, 아이디어일 수도, 혹은 네트워크일 수도 있습니다.

문제를 해결하는 방식들

문제를 해결하는 대표적인 방법이 '기술'입니다. 기술은 경쟁의 단계를 변화시키는 요인일 뿐만 아니라 여러 형태로 응용되고 확장되면 더 적은 에너지로 더 많은 일을 하게 해줍니다. 물론, 연구개발(R&D)에는 많은 시간과 돈이 들어가는 데다 기술개발에 성공했다고 해서 꼭 사업으로도 성공한다는 건 아니어서 R&D에 대한 무용론도 제기되고 있습니다. 그럼에도 불구하고 기업이 본질적인 경쟁력을 갖추기 위해서는 R&D를 통한 경쟁력과 효율성이 확보되어야 합니다.

기술은 제조과정에서 활용되는 생산·공정기술과 소비자 관점에서 접할 수 있는 차별화 기술로 구분할 수 있는데요. 샤오미는 저렴한 인건비와 생산·공정기술로 '더 싸게' 만들어내는 데에 탁월한 기업이 되었고, 애플은 최신 기술을 특유의 감성으로 녹여낸 깔끔한 제품을 선보이면서 '더 비싸면서도 유니크한' 기업이 되었습니다. 기술의 지향점은 더 싸게 만들거나 더 비싸도 사고 싶게 만드는 것인데요. 오랫동안 사랑받는 기업은 이처럼 더 싸게 만들거나 더 비싸지만 사고 싶게 만드는 기업이었습니다.

기술로 문제를 해결하는 것

기술은 기업이 가진 능력을 고차원적 수준으로 끌어올려 줍니다. 높은 기술력으로 시장을 선점 중인 기업으로는 아웃도어 제품의 대명사인 고어(Gore)를 들 수 있는데요. 고어에서 개발한 고어텍스는 방수, 방풍, 투습 기능을 모두 갖춘 천으로, 기능성 유니폼이 필요한 운동선수는 물론 일반인들에게까지 널리 애용되고 있죠. 이처럼 고어가 글로벌 기업으로 성장 가능했던 이유는 소재를 다양한 분야에 활용하며, 전 세계에 걸쳐 2천여 개 이상의 특허를 취득할 만큼 뛰어난 기술력을 갖추었기 때문입니다.

고어텍스 원단의 핵심 기술은 멤브레인입니다. 원단을 1평방인치(in²) 당 80억 개 이상의 미세한 구멍으로 이루어지도록 만들었는데, 구멍 한 개의 크기가 물방울 입자보다 2만 배 이상 작고, 수증기 분자보다는 700배 이상 크다고 합니다. 그래서 외부의 비나 눈 같은 물방울 입자인 액체는 침투하지 못하고, 몸에서 나는 수증기 분자인 땀은 밖으로 배출시키는 거죠. 밖에서 안으로 들어가는 물질을 차단하는 방수와 방풍, 안쪽에서 바깥으로 내보내는 투습의 원리는 그렇게 태어났습니다.

고어텍스처럼 누구도 넘볼 수 없는 독자 기술을 갖게 되면 하나의 산업을 평정할 수 있는데요. 특허권과 같은 지적재산권으로 인해 해당 제품 복제가 불가능한 데다 기업은 학습곡선을 통해 더 높은 수준의 기술을 끊임없이 개발해 나가기 때문입니다. 아무것도 없는 상태에서 가치 있는 뭔가를 만들어내면 그 가치의 증가폭은 이론상으로는 무한대입니다.

고어는 또 다양한 변형 기술로 고부가가치 제품을 생산하는데요. 아웃도어 시장뿐 아니라 전기전자, 의료, 액체·고체·미립자를 함유한 필터, 스마트폰 음질을 보호하는 벤트 제품, 우주복에 사용되는 섬유제품, 임플란트 의료기구, 코 성형에 사용되는 보형물 등으로 시장을 확대해 나가고 있습니다.

더 새롭고 나은 방식으로 만드는 것

기술은 IT, 전기, 전자, 기계 같은 것만을 의미하지 않습니다. 새롭고 더 나은 방식으로 무언가를 가능하게 해주는 모든 게 기술입니다. 오늘날 성공한 기업들의 스토리를 들어보면 일상에서 느끼는 사소한 뭔가를 더 나은 방식으로 개선하려는 노력에서 시작되었음을 알 수 있습니다.

에어비앤비는 '비어 있는 방을 활용할 방법이 없을까?'라는 단순한 질문에서 출발했다가 잠잘 곳 해결이라는 본질에 집중하면서 세계적인 기업이 되었는데요. 나아가 현지인의 집을 공유하면서 단순히 잠을 자는 정도에서 새로운 경험을 창출하는 것으로 숙박업을 재정의했습니다.

ST유니타스는 '온라인 강의가 너무 비싼 것 아닌가?'라는 질문에서 시작해 수강료 환급제를 도입했습니다. 예를 들면, 40강으로 구성된 강의를 신청한 수강생이 40강을 모두 들으면 수강료를 100% 환급해 주는 방식입니다. 강의를 제공하는 데다 수강료까지 환불하면 회사가 손해를 보게 되지 않을까 생각하지만, 사실 인터넷 강의를 끝까지 듣기는 쉽지 않습니다. ST유니타스는 인터넷 강의를 끝까지 들을 확률을 분석해 수강료 환급제를 도입한 거죠. 그리고 마침내 수강료 환급이라는 이슈를 통해 크게 성장하면서 미국의 대표적 교육기관인 '프린스턴 리뷰'를 인수하기도 했습니다.

달러쉐이브클럽은 '면도기는 왜 이렇게 비싸지?'라는 질문으로 시작해 질레트의 아성에 도전했는데요. 한 달에 한 번 면도날 4~5개를 정기적으로 배송해 주는 '편리함'이라는 고객가치에 집중했죠. 그 결과 적당한 수준의 기술력에서 오는 '제품 선택의 편리함'과 배송 서비스를 통한 '제품 전달의 편리함'이 큰 호응을 얻으면서 유니레버에 10억 달러에 인수되었습니다. 유니레버는 그렇게 달러쉐이브클럽을 인수함으로써 P&G의 질레트가 장악한 면도기 시장에 진입했죠.

야놀자는 음성적이고 부정적이던 모텔의 이미지를 긍정적으로 개선하면서 숙박업을 새롭게 정의했습니다. 모텔의 겉모습만 보고 숙박 여부를 결정해야 했던 이용자들에게 객실 내부를 사진으로 보여주고 선택하게 했고, 업주들에게는 이용자들의 후기와 별점을 투명하게 보여줌으로써 변화를 이끌어냈죠. 더 나아가 모텔을 '신개념 여가 공간'으로 확장하기 위해 2011년에는 모텔 디자인·시공을 전담하는 계열사도 설립했습니다. 그리고 단순 숙박 장소로만 여겨졌던 모텔은 야놀자를 통해 파티룸, 스터디룸 같은 다양한 콘셉트를 간직한 공간으로 확장되었죠.

플랫폼으로 수요와 공급을 제공하는 것

대로변에서 택시를 잡으려는 사람과 빈 차로 뒷골목을 지나가는 택시는 만날 길이 없었습니다. 하지만 스마트폰으로 택시를 호출하게 되면서 수요자와 공급자가 만나게 되었는데요. 언제 어디서든 접속 가능하다면 소유하지 않고 필요할 때만 빌려 쓰는 일이 가능해집니다. 이를 두고 시장의 주인, 즉 소비의 방식이 소유에서 접속으로 바뀌었다고 표현하죠.

소유의 시대에는 재산을 장악한 공급자가 재산을 빌려주거나 사용료를 받는 방식으로 돈을 벌었습니다. 입장료, 회비, 가입비를 받고 단기간만 사용할 수 있는 권리를 주기도 했죠. 하지만 현재의 비즈니스에서는 뭔가를 소유한 사람이 아니라 접속 가능한 네트워크를 점령한 사람들에게 점점 더 큰 힘이 쏠리고 있는데요. 이를 플랫폼이라고 합니다.

플랫폼 비즈니스의 핵심은 양면 네트워크 효과(two-sided network effect)입니다. 우버가 승객 중에서 운전자를 모집하고, 에어비앤비가 쿠폰이나 할인을 통해 게스트를 모으는 이유는 양쪽 시장이 함께 성장해야 네트워크가 확장되기 때문인데요. 새로운 시장을 만들어내는 기업들은 이처럼 양면 네트워크 효과를 적극적으로 활용합니다. 네트워크가 록인(lock-in) 효과를 만들고, 선순환을 끌어내고, 영구적인 사용자 네트워크를 구축하니까요.

언제든 사용 가능한 '접속'으로 시장의 흐름을 바꾸고 있는 기업으로 에어비엔비와 우버가 있습니다. 에어비엔비는 단 하나의 방도 소유하지 않으면서 가장 큰 숙박업체가 되었고, 우버는 자체 운영 차량 없이도 가장 큰 택시회사가 되었죠. 사람과 사람(SNS), 온라인(O2O)과 오프라인, 기계와 기계(IoT)가 하나로 연결되면 플랫폼을 소유한 기업에게 더 많은 기회가 생기기 마련입니다.

다만, 사람과 사람, 오프라인과 온라인, 기계와 기계를 연결하는 플랫폼 비즈니스가 의미 있으려면 시장규모를 따져봐야 합니다. '플랫폼'이라는 단어를 많이 사용하나 네이버, 카카오, 구글, 페이스북, 샤오미 등 글로벌하게 추려도 플랫폼으로 성공한 기업들은 제한적입니다. 이처럼 플랫폼을 지향하는 기업 대부분이 수익을 만들지 못하는 이유는 시장규모가 작기 때문인데요. 사용자와 공급자를 모아놓기만 하면 '기-승-전-광고', '기-승-전-커머스'로 수익모델을 만들어낼 수 있다거나 먼 훗날 시장에서 최종 승자가 되어 전체를 가져올 수 있다는 생각은 희망사항일 뿐입니다.

상징성을 구매토록 하는 것

사람들에겐 사회적 지위를 드러낼 만한 간접적인 도구나 매개체가 필요합니다. 이때 중요한 게 브랜드인데요. 브랜드는 기업이 소비자에게 하는 차별적 약속으로, 소비자들은 해당 브랜드가 이야기하는 신뢰, 혁신, 우아함, 튼튼함, 건강함 등의 상징성을 구매합니다.

제품과 서비스가 넘쳐나는 시대에는 그것을 구매해야 하는 이유가 명확해야 합니다. 단순히 독특하다거나 디자인이 예쁘다는 정도로는 더 이상 통하지 않습니다. '산다'는 행위가 자신의 삶 속에서 그 의미를 찾을 수 있어야 하죠.

스토리의 상징성으로 가치제안을 한 기업으로 엠제미(M.GEMI)를 들 수 있습니다. 엠제미는 100년의 기술을 축적한 이태리 구두 장인들과 소비자를 직접 연결하는 사업모델을 구상했습니다. 불황이라고 고가 제품에 대한 수요가 없는 게 아닙니다. 만약, 어떤 제품이 품질은 그대로인데 가격이 저렴하면 어떻게 될까요? 많은 사람이 관심을 가지겠죠. 구두를 생산하는 장인 입장에서는 판로만 확보된다면 가격을 조금 낮춰서라도 생산에 나설 겁니다. 여기에 중간유통 과정을 없애 재고를 최소화할 수만 있다면 소비자, 생산자, 연결자 모두에게 이익이 됩니다. 이게 바로 엠제미의 '포스트 럭셔리(Post luxury) 비즈니스모델'입니다.

포스트 럭셔리란 '합리적인 가격으로 명품의 품질을 경험하는 것'을 의미합니다. 엠제미는 15개 이탈리아 공방과 직거래를 통해 장인이 만드는 명품 수준의 수제 신발을 100~300달러 선에서 살 수 있게 했습니다. 500~2,000달러에 달하던 이태리 명품구두를 저렴하게 구매하도록 만든 거죠.

엠제미는 또 희소성 전략으로 프라다, 지미추, 마놀로 블라닉 같은 명품구두와 경쟁합니다. 프라다 등 명품 브랜드가 높은 가격으로 아무나 가질 수 없는 희소성을 유지하는 반면 엠제미는 한정된 디자인으로 희소성을 유지합니다. 매주 월요일 신상품을 소개하고 3개월이 지나면 기존 디자인은 폐기하는데요. 한정된 기간에만 구매토록 함으로써 구매를 미루는 고객을 설득하는 전략입니다. 또한, 신상품 출시 한 달 전에 디자인을 미리 공개해 사전 예약을 받는데, 이를 통해 엠제미 상품에 관한 관심을 지속적으로 유도하고 있습니다.

엠제미는 럭셔리한 경험도 제공합니다. 쇼핑몰을 패션 잡지처럼 구성하고, 스토리 중심으로 상품을 전시하며, 주문한 제품은 고급스럽게 포장해 이름이 적힌 카드와 함께 배송하죠. 이처럼 럭셔리 이미지를 기반으로 여성 신발뿐 아니라 남성 신발, 벨트로까지 상품군을 확장했습니다.

취향과 경험을 콘텐츠와 커뮤니티로

취향과 경험에 대한 콘텐츠 제공으로도 고객의 문제는 해결 가능합니다. 운동화 덕후들로 시작한 '무신사', 다양한 인테리어 정보를 접할 수 있는 '오늘의 집'이 대표적입니다.

콘텐츠→커뮤니티→커머스(전자상거래)로 성장한 기업이 바로 무신사입니다. 초기에 다른 곳에서는 찾아보기 어려운 한정판 스니커즈 사진 및 스트리트 패션 자료로 패피(패션 피플)들을 끌어모았죠. 이후 게시판 형태로 운영하던 서비스를 피드형으로 구성했는데요. 무신사가 선정한 패션 크리에이터(무신사 크루)가 참여해 다양한 스냅 사진을 공유함으로써 커뮤니티 기능을 강화했습니다. 그리고 개인의 관심과 취향에 맞는 크리에이터를 '팔로우'하거나 '좋아요'로 관심을 표현하고 '댓글'로 소통하는 기능을 추가하면서 콘텐츠→커뮤니티→커머스로 이어지는 비즈니스모델을 만들어낸 거죠.

오늘의 집도 콘텐츠와 커뮤니티로 성장한 곳입니다. '집들이' 코너에서는 자신만의 감각과 스타일로 꾸며놓은 방과 집을 구경할 수 있고, '노하우' 코너에서는 인테리어에 대한 다양한 꿀팁을 배울 수 있는데요. 오늘의 집 이용자가 직접 꾸며 올린 '온라인 집들이'는 큰 인기를 얻었습니다. 이처럼 사람들이 열광하는 무궁무진한 콘텐츠를 통한 커머스와 광고로 수익모델을 확장해 나갔죠.

콘텐츠 비즈니스에서 중요한 것은 '팬을 모으고 그들의 충성도를 끌어올리는 일'입니다. 음악, 영화, 영상, 소설, 웹툰, 출판 등 콘텐츠를 표방하는 수많은 비즈니스도 팬덤을 만들지 못하면 성립하기 어렵습니다. 일명 '터지는 콘텐츠'가 확보되어야 상표나 디자인 등 지적재산권을 활용하는 IP(Intellectual Property) 비즈니스로의 확장이 가능해집니다.

가치사슬을 새롭게 정의

가치사슬(Value Chain)이란 기업이 제품 또는 서비스를 생산하기 위해 원재료, 노동력, 자본 등의 자원을 결합하는 과정을 말합니다.

맥도널드는 '레시피 개발→구매→생산→마케팅→판매→서비스'의 가치사슬을 갖고 있는데요. 신메뉴는 R&D 센터에 근무하는 전문인력을 통해 개발하고, 재료는 본사 차원에서 일괄적으로 구매합니다. 생산은 반제품 매뉴얼에 매장별 즉시 제조방식을 택하고 있으며, 마케팅은 TV 등 매스미디어를 활용해 본사에서 대중을 대상으로 홍보를 진행합니다. 개별매장은 판매와 고객 응대만 담당하죠.

맥도널드 가치사슬의 특징은 전국 어디를 가든지 동일한 맛과 서비스를 경험할 수 있도록 본사 중심으로 맛과 서비스를 통일했다는 것입니다. 이처럼 제품과 서비스가 제공되는 과정을 세분화

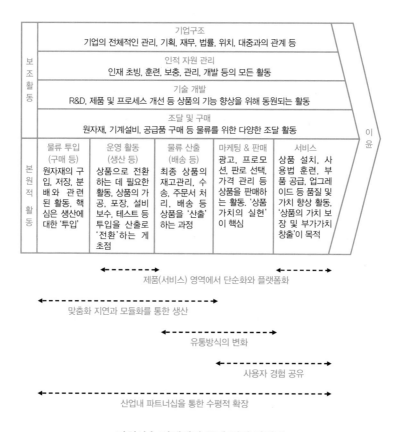

가치사슬 단계에서 문제 해결 방법들

해 사슬(Chain)처럼 엮여 가치(Value)를 창출하는 과정이 바로 가치사슬입니다.

시간이 흐르면 기업은 가치사슬 전반을 통제할 수 있습니다. 하지만 문제 해결 단계에서는 특정 단계에 집중하는 게 효율적인데요. 이를 위한 방법으로는 제품과 서비스 영역의 단순화와 플랫폼화, 맞춤화 지연과 모듈화를 통한 생산 및 유통방식의 변화, 사용자 경험 공유, 산업 내 파트너십을 통한 수평적 확장 등이 있습니다. 물론, 기업이 특정 방식으로 비즈니스모델을 결정하면 이를 실행할 기업구조, 인적자원관리, 기술개발, 조달 및 구매의 지원활동이 함께 설계되어야 합니다.

제품과 서비스 영역의 단순화와 플랫폼화

단순함은 소비자를 붙잡는 힘이 있습니다. 애플의 아이폰은 수많은 조작 버튼을 홈버튼 하나로 단순화했는데, 심지어 아이폰 X부터는 이마저도 없애버렸습니다. 애플 광고는 기능에 대한 긴 설명이나 문구 대신 감성과 느낌만으로 메시지를 전달하죠.

리처드 코치는 자신의 책《무조건 심플》에서 단순함을 다음과 같이 설명합니다.

"상품 단순화의 핵심은 제품이나 서비스의 전면적 재설계다. 단순화는 제품의 편의성과 유용성, 예술성을 증대할 만큼 과감하고 근원적이어야 한다."

그다음 이를 달성하는 방법으로 불필요한 기능과 요소를 제거하는 것, 제품을 직관적으로 만드는 것, 더 빠르게 만드는 것, 더 작고 가볍게 만들거나 더 휴대하기 간편하게 만드는 것, 접근의 용이성을 증대하는 것이라고 말합니다.

단순화는 또 비즈니스모델로도 사용되는데요. 이디야커피는 테이크아웃에 초점을 맞춰 좋은 입지와 고급스러운 인테리어에 드는 비용을 절감시키는 방식으로 성장했고, 영국기업 프라이마크(Primark)는 사용 원단의 종류를 줄여 저렴한 가격에 판매하는 단순화로 젊은층을 사로잡는 패션 리테일러가 되었습니다. 물론, 앞서도 말했듯 차별화는 동질화되기 마련이고, 외부환경요인 또한 영향을 미치기 때문에 이디야와 프라이마크가 영원할 수는 없습니다. 하지만 그럼에도 단순화를 통하면 고객이 중요하게 생각하는 요소를 직관적으로 제공하고, 상대적으로 중요하게 생각지 않는 것을 제거함으로써 고객의 문제를 해결하는 게 가능하다는 얘기입니다.

제품과 서비스 제공을 위해 플랫폼을 만드는 기업들도 있습니다. 플랫폼이라고 하면 구글이나 카카오 등이 연상되지만 제조업 관점에서도 활용됩니다. 미국 최대 가전 기업 월풀(Whirlpool)의 브랜드인 키친에이드(KitchenAid)는 스텐드 믹서의 모터와 부착볼만을 직접 생산합니다. 용기와 결합되는 여러 도구와 액세서리 등은 외부 협력업체가 만들어서 부착하도록 하고 있죠.

농기계를 제조 판매하는 존디어(John Deere)도 플랫폼 방식으로 비즈니스를 확장 중입니다. 존디어는 다양한 농업기술, 농장 운영 및 토질자료를 디지털화해 '마이 존디어'라는 플랫폼을 구축했는데요. 농민들이 구입한 농기계에 달린 센서를 통해 작업할 때 입수된 기후와 토양 등의 데이터를 분석해 새로운 가치를 제공합니다. 농기계 제조, 판매 외에도 유통업자와 농민 등 이해관계자와 긴밀한 관계를 맺으면서 플랫폼 비즈니스로 확장하고 있는 것이죠.

맞춤화 지연과 모듈화를 통한 생산방식

제품을 만드는 과정에서 맞춤화 지연과 모듈화로도 고객의 문제를 해결할 수 있습니다. 맞춤화 지연이란 품질의 차이가 크지 않을 때 맞춤화 공정을 가장 뒤에 배치함으로써 비용을 최소화하는 전략이며, 모듈화란 모듈방식으로 제품을 만듦으로써 시간과 관리비용을 낮추는 전략입니다.

맞춤화 지연 전략으로 성장한 브랜드가 이랜드 그룹의 애슐리(애슐리퀸즈)와 SPC그룹의 파리바게트입니다. 애슐리와 파리바게트는 센트럴키친(Central Kitchen) 방식으로 기존의 문제점을 해결했는데요. 뷔페에서 가장 큰 문제는 요리하는 사람(주방장 등)의 영향력이 크다는 사실입니다. 실력 있는 요리사는 손님을 끌어들이는 힘이 되지만, 사업주와 갈등이 생기면 품질에 문제가 발생할 수 있죠. 그리고 그런 일이 여러 매장으로 확대되면 동일한 맛을 만들어내기가 어렵습니다.

애슐리는 이 같은 문제를 '중앙 공급형 주방'으로 해결했는데요. 메뉴를 반조리 또는 완전조리해 급속 냉각 후 매장으로 배송합니다. 이후 각각의 매장에서는 이를 데우거나 끓이는 정도의 최소한의 조리방식을 거쳐 내보내죠. 중앙에서 전처리와 (반)조리를 해주므로 개별매장들은 주방의 크기를 최소화할 수 있을 뿐만 아니라 숙련된 요리사를 채용하지 않아도 되니 인건비 절감도 가능해집니다. 또 매장별 맛의 품질도 균일해져 입소문과 브랜딩에도 효과적이죠. 물론, 그러려면 센트럴키친 운영을 위한 위생관리 시스템, 전국으로 상품 공급이 가능한 유통망, 수요를 예측해 낭비를 최소화할 수 있는 역량 등이 꼭 필요합니다.

모듈화 전략은 미리 만들어놓은 제품을 현장에서 조립하는 방식입니다. 제품을 만드는 과정에서 모든 개별 부품을 조립하는 게 아니라 모듈이라고 부르는 부품들을 모아 완제품을 만드는 거죠. 자동차를 연상해보면 이해가 쉬운데요. 예전에는 자동차 정비과정에서 개별 부품들을 교체했지만, 최근에는 모듈이라는 특정 장치를 통으로 교체하는 방식으로 운영됩니다.

모듈화는 건축 분야에서도 사용되고 있습니다. 모듈러 건축은 프리패브(Pre-fabrication) 건축의 하나로, 공장에서 사전에 제작한 부품과 자재 등을 모듈 형태로 만들어 현장에서 조립하는 방식입니다. 이렇게 만든 곳이 시티즌엠 호텔(CitizenM Hotel)로, 뼈대만 세운 건물에 각 객실을 모듈화해 설치했는데요. 이로써 공사 기간 단축 및 공사비를 절감했으며, 객실 구성 또한 모듈화시켜 운영비와 관리비도 크게 절감했습니다.

그들이 이 같은 모듈러 건축을 택한 이유는 뭘까요? 목표고객이 5성급 호텔이 아닌 3성급으로도 충분한, 주로 출장 등으로 숙박하는 사람들이었기 때문입니다. 또 키오스크 설치, 체크인 간소화 등으로 전체 비용은 낮추면서도 중요한 공간에는 특색을 부여함으로써 고객들에게 특별한 경험을 제공하는데요. 미국 뉴욕 맨해튼의 타임스퀘어점은 사용자들이 서로 교류할 수 있도록 로비를 리빙룸으로 개조했고, 영국 런던의 쇼디치 호텔은 24시간 요리할 수 있게 키친룸을 개방했습니다. 영국 런던의 뱅크사이트 호텔은 객실 크기를 줄이는 대신 침구와 샤워시설을 고급스럽게 구성했고, 네덜란드의 하풀공항 호텔은 사교를 위해 미팅룸을 설치했죠.

제품 유통방식의 변화

제조는 관련 기술과 노하우, 시설을 바탕으로 짧은 시간에 많이 만들 수 있는 표준과 생산성이 중요한 영역이고, 유통은 고객과 만나는 다양한 접점에서 사람들이 사고 싶게 만드는 마케팅 역량이 중요한 영역이었습니다. 이런 이유로 제조와 유통은 수십 년 동안 서로의 영역을 침범하지 않았죠.

그런데 비즈니스의 많은 부분이 디지털화되면서 유통방식에 큰 변화가 일어나고 있습니다. 이마트 노브랜드, 쿠팡의 PB 상품처럼 어느 순간 유통이 제조의 영역을 침범하기 시작했고, 제조는 유통기업을 거치지 않고 소비자에게 직접 판매하는 D2C(Direct to Consumer) 채널을 구축하기 시작했는데요. 제조가 유통기업을 거치지 않고 직접 판매하게 되면 유통비용을 절감시킬 뿐만 아니라 제품가격 통제가 가능해집니다. 뿐만 아니라 소비자 구매 특성 데이터를 확보함으로써 브랜드 관리와 고객경험 개선에 활용할 수 있게 되죠. 하지만 이처럼 D2C 방식으로 판매하려면 최적화된 물류시스템, 페이스북, 인스타그램, 유튜브 등의 다양한 채널 활용이 가능한 내부역량을 갖추어야 합니다.

사용자 경험 공유

제품과 서비스를 판매하는 영역에서는 사회적 증거인 사용자 경험 공유도 효과적인데요. 에어비앤비는 빈방을 빌려 쓴 이용자들이 후기를 남기도록 함으로써 다른 사람들이 그 후기를 보고 선택할 수 있도록 했습니다. 또 빈방을 제공하는 사람들에게도 손님에 대한 평가를 남길 수 있게 만들어 일명 '진상 고객'을 필터링할 수 있게 했죠. 그리고 이 같은 사용자 경험 공유로 에어비앤비는 서비스의 질을 향상시키는 효과를 거두었습니다.

사용자 경험이 중요해진 이유는 스마트폰을 통해 언제 어디서나 연결이 가능해졌기 때문으로, 한 사람의 소비 경험이 공유되고 확산되면 또 다른 가치가 만들어집니다. 이를 기업 측면에서 바라보는 것이 바로 UX(User Experience, 사용자 경험)죠. 여기서 경험이란 사용자 경험과 브랜드 경험을 모두 포함하는 말인데요. 상품 고유의 특징인 품질, 디자인, 성능 등이 사용자 경험에 해당하고, 브랜드 전반에 걸친 공통적 맥락이 브랜드 경험에 해당합니다.

이때 제품과 서비스는 브랜드 경험에 포함됩니다. 사용자 경험보다 브랜드 경험이 더 넓은 의미의 개념이죠. 사람들은 제품과 서비스를 탐색하고 구매하고 사용하고 폐기하는 모든 접점에서 브랜드를 느끼고 인식하고 기억합니다. 게다가 브랜드 경험은 온라인과 오프라인을 구분하지 않으며, 반드시 어떤 물리적인 결과를 도출해내지도 않습니다. 스마트폰을 판매하는 삼성전자와 애플의 오프라인 체험매장 운영을 예로 들 수 있는데요. 온라인에서 주문한 후 오프라인 매장에서 픽업하고, 스마트폰을 중심으로 워치와 노트북 등을 연계해 사용하기도 하죠. 뭔가의 경계는 흐릿해지는 반면 경험은 통합되는 중입니다.

이처럼 통합된 경험을 제공하기 위해서는 '맥락(Context)'이 필요합니다. 소비자의 구매, 브랜드 충성도 형성, 나아가 브랜드 추천까지를 목표로 한다면 단순한 재미와 흥미가 아닌, 전체적인 흐름을 고려한 콘텍스트가 있어야 하죠. 제품과 서비스에 대한 사람들의 기대치와 경험은 상황마다 다른 데다 주관적이므로 순간순간의 맥락을 고려치 않은 고객경험 제공은 실패로 이어질 가능성이 큽니다.

산업 내 파트너십을 활용한 수평적 확장

파트너십으로 고객의 문제를 해결할 수도 있습니다. 2011년 설립된 와이즈는 실시간 환율 적용과 적은 수수료로 해외 송금을 가능하게 하는 플랫폼입니다. 국내에서는 관련 법령의 문제로 사용이 제한적이나 금융업이 발달하지 않은 나라에서는 많은 사람이 사용하는 서비스인데요. 와이즈에서 제공하는 트랜스퍼와이즈(Transferwise)는 서로 반대 국가의 외화 환전을 원하는 사용자들을 연결함으로써 비용을 절약하게 해줍니다.

또 파트너십을 활용하면 서로의 고객을 공유하면서 비용도 절감하는 효과를 볼 수 있습니다. 국내 편의점에서 많이 사용되는 반값 택배가 대표적으로, 세븐일레븐은 중고나라와 함께 '세븐픽업' 서비스를 제공합니다. 세븐픽업은 중고거래 판매자와 구매자가 서로 만나지 않고 세븐일레븐 점포를 통해 거래하는 서비스로, 이 같은 방식을 O4O(Online for Offline)라고 하는데요. 판매자가 편의점 픽업으로 상품을 등록하고, 중고나라 페이를 통해 거래를 성사시킨 후, 생성된 입고 교환권을 편의점에서 스캔하고 물건을 맡기면, 추후 구매자가 자신의 픽업 교환권을 점포에 제시하고 상품을 수령하는 방식입니다.

파트너십으로 유통채널을 확장하고 있는 곳으로는 hy(옛 한국야쿠르트)를 들 수 있습니다. hy는 전국 11,000여 명의 프레시 매니저(야쿠르트 아줌마)와 대용량 냉장고를 탑재한 코코를 활용해 물류대행 서비스를 제공하는데요. 전국에 600여 개의 물류 거점과 냉장카트를 활용한 전국 단위 콜드체인 배송망을 보유함으로써 신선함을 유지하면서 고객의 집 앞까지 배달하는 역량을 충분히 갖춘 것이죠.

7

경쟁우위는 무엇인가?

비슷한 시기에 비슷한 아이디어를 떠올리는 사람들이 있죠. 그런데 그것을 실행해서 성공으로 이끄는 일은 또 다른 차원의 이야기인데요. 경쟁우위를 달성하려면 사업전략과 함께 그것을 실행할 수 있는 사람(팀)이 있어야 합니다.

가치(Value) > 가격(Price) > 원가(Cost)

다른 기업들보다 월등한 성과를 지속적으로 달성할 때 경쟁우위에 있다고 말합니다. 경쟁우위는 다른 기업보다 더 낮은 가격에 판매하거나 같은 조건에서 더 높은 가격으로 판매할 수 있을 때 발생하죠.

고객은 어떨까요? 고객이 느끼는 가치(Value)는 지불한 가격 (Price)보다 높아야 하고, 제품을 만드는 데 들어가는 원가(Cost)는 고객이 지불한 가격(P)보다 낮아야 합니다. 따라서 고객이 느끼는 가치에 의해 가격의 상한선이 결정되고, 제품을 만드는 데 들어간 원가에 의해 가격의 하한선을 결정하죠. 이때 가치와 가격의 차이를 '소비자 효용'이라 하고, 가격과 원가의 차이를 '생산자 효용'이라고 합니다.

이런 관점에서 보면 기업이 나아갈 방향은 둘 중 하나입니다. 더 저렴한 가격에 판매하거나 더 높은 가격에 판매할 수 있어야 하는 거죠. 물론, 가치를 높이면서 원가를 낮출 수 있다면 좋겠지만, 두 가지를 모두 달성하기는 생각보다 쉽지 않습니다. 가장 큰 이유는 요구하는 역량이 각각 다르기 때문입니다. 원가우위를 위해서는 생산과 공정관리 등에 관한 역량이 필요하고, 차별화를 위해서는 브랜딩과 마케팅에 관한 역량이 필요하니까요.

싸게 팔면서 품질이 좋을 수 있을까요? '싼 게 비지떡'이라는 속담처럼 싸게 파는 데는 이유가 있겠죠. 그런데 좋은 품질의 상품을 저렴한 가격에 판매하는 기업도 있습니다. 바로 일본의 이탈리아 패밀리 레스토랑 체인인 '사이제리아(サイゼリヤ)'입니다. 사이제리아는 30여 년 이상 지속되는 장기불황 속에서도 꾸준히 성장 중이며, 일본을 중심으로 중국, 대만, 싱가포르 등에 1,500

개 이상의 매장을 보유한 기업입니다.

사이제리아의 핵심은 시스템 혁신입니다. 본사 차원에서 양질의 식재료를 가장 싸게 구매하고, 중앙 공급형 주방 시스템인 센트럴키친으로 조리방식을 단순화시켰죠. 이를 통해 주방에는 요리사 없이도 조리가 가능해졌고, 매장은 최소한의 인력으로 운영할 수 있도록 했는데요. 단순하게 싸게 파는 게 아니라 싸게 팔수 있는 공정과 시스템을 만들어 경쟁자를 압도하는 곳이 바로 사이제리아입니다.

국내에서도 원가우위 비즈니스모델을 선보인 기업이 있습니다. 바로 남성헤어컷 전문점 '블루클럽'이죠. 블루클럽은 미용실 가기를 쑥스러워하는 연령대의 남성층을 목표고객으로 삼았는데요. 주목할 점은 원가구조입니다. 일반적으로 남성들은 기다리기 싫어하고, 빨리 해줘야 하고, 가격도 저렴하면 좋겠다는 니즈를 갖고 있습니다. 이러한 니즈에 맞추기 위해 블루클럽은 공정을 혁신했습니다. 커트 서비스를 중심으로 회전율을 높이면서 소비자가 직접 머리를 감도록 함으로써 가격을 낮춘 것이죠. 그 어떤 기술이 아니라 새로운 관점에서 바라보고 공정혁신을 해낸 것입니다.

비즈니스모델의 성공은 고객의 가치제안을 달성할 수 있는 활동체계 구축에 달려 있습니다. '그건 안 되는 거야'라거나 '그건 가능하지 않아' 같은 기존 사고방식의 틀에서 생각하지 말고, 새로운 관점에서 고객이 중요시하는 가치를 제공할 방법을 모색해야 하죠. 블루클럽처럼 고객이 저렴한 가격을 중요한 가치로 두고 있다면 그것을 달성할 방안을 찾아야 한다는 뜻인데요. 이 같은 원가우위 전략은 높은 시장점유율, 뛰어난 생산관리 능력, 공급자와의 협상력, 양질의 원재료, 뛰어난 구매 기술, 높은 수준의 기술이나 품질관리 능력을 갖춰야 실현 가능합니다.

상징성을 구매하는 사람들

우리는 일상에서 '가성비'라는 단어를 많이 사용합니다. 품질이 좋으면서 가격이 낮으면 '가성비가 좋다'고 표현하고, 품질에 비해 비싸다고 생각되면 '가성비가 나쁘다'고 하죠. 그런데 가격과 만족감은 주관적이라 확실한 기준을 들이댈 수 없습니다. 예를 들어, 10만 원짜리 운동화를 보고 어떤 사람은 '가성비가 좋다'는 반면, 다른 누군가는 '가성비가 나쁘다'고 하니까요. 이런 관점에서 '가성비'는 동일한 상품군에서 다른 상품들에 비해 상대적으로 가격이 높지 않으면서 품질도 기대 수준을 달성하는 상태를 의미한다고 볼 수 있습니다.

품질이 좋은데 가격까지 저렴한 '가성비' 좋은 상품을 싫어하는 사람이 있을까요? 브랜드 같은 외적인 것들이 영향을 미치지 않는다면 동일한 상품을 비싸게 구매할 이유가 없습니다. 그러므로 낮은 가격에 높은 품질의 제품과 서비스를 제공할 수 있는 기업이 가성비로 접근하는 건 매우 뛰어난 전략이죠.

문제는 기업들이 제시하는 차별점이 소비자들이 인식할 정도의 수준이 아니거나 경쟁상품군의 품질이 모두 좋다는 데 있습니다. 이는 기능적인 특징만으로 차별화하기에 한계가 있음을 의미합니다. 따라서 기업은 결국 기능적 특징보다는 감성적 특징으로 차별화를 시도하게 되는데요. 이때 브랜드는 기능적 가치 그 이상을 제공하는 데 중요한 역할을 합니다.

예를 들면, 스타벅스나 애플, 나이키 같은 브랜드 안에는 제품의 기능뿐만 아니라 다양한 감정과 상징들이 숨어 있습니다. 그리고 소비자들은 자신이 원하는 감정과 상징을 소비하기 위해 기꺼이 더 많은 비용을 지불하죠. 특정 브랜드를 사용함으로써 되고 싶은 모습으로 변모할 수 있다고 생각하니까요. 이처럼 브랜드는 현재의 내 모습을 반영하는 동시에 되고자 하는 미래의 내 이상형을 반영하기도 하는데요. 기업들도 이런 사실을 이미 알고 브랜드에 다양한 감성적 요인들을 넣기 위해 노력 중입니다.

차별화를 통해 설렘을 주는 기업들

차별화를 시도하지 않는 기업이 있을까요? 모든 기업이 '차별화'를 고민합니다. 그런데 어떤 기업은 차별화에 성공하고 어떤 기업은 매일매일 가격경쟁에 내몰립니다. 이유는 여러 가지겠지만 가장 큰 차이점은 본질에 접근을 못 하기 때문입니다. 프로모션을 통해 시장점유율을 높이고, 제품의 라인을 확장해 종류를 넓히고, 광고로 인지도를 확대하는 일은 얼마든지 예측 가능하며, 누구나 쉽게 따라 할 수 있는 것들입니다. 차별화라고 볼 수 없죠. 차별화는 1회적인 광고 캠페인이 아닙니다. 전술이 아닌 전략의 차원에서 접근해야 합니다. 또한, 현재 상황을 더욱 진지한 시선으로 바라봐야 하며, 새로운 생각의 틀로 사람들을 이해하고, 그들의 생각과 행동을 인정하려는 태도가 필요합니다.

차별화에 성공한 기업으로는 업사이클링의 가능성을 보여준 프라이탁(FREITAG)이 있습니다. '쓰레기로 만든 가방'이라고도 불리는 프라이탁은 스위스를 넘어 전 세계 트렌드를 리드하는 브랜드인데요. 5년 이상 사용된 트럭의 방수천, 폐차한 차에서 가져온 안전벨트 등 그야말로 쓰레기라고 불려도 할 말 없는 것들로 만든 제품임에도 거칠고 낡은 질감에서 오는 독특성이 충분한 자랑거리가 되었죠.

공정은 복잡합니다. 트럭에서 방수천을 떼어내고, 색깔별로 조각내고, 세척하고, 재단을 하기까지 모두 사람의 손을 거쳐야 하는데요. 과정이 전부 수작업이다 보니 세상에 하나밖에 없는 가방이 되고, 그로 인해 가방 하나에 수십만 원이 넘어갑니다. 그리고 소비자들은 프라이탁의 이러한 가치에 돈을 씁니다.

물론, 가방 본연의 기능인 실용성도 충분히 갖추고 있습니다. 게다가 방수 소재로 제작되는데, 방수천 자체가 타폴린 소재로 만들어져 견고성 또한 뛰어나죠. 10년 이상을 사용해도 찢어지거나 물이 샐 염려가 거의 없습니다. 브랜드 홍보 영상에도 미사여구 같은 군더더기는 넣지 않는데요. 가방 이곳저곳을 훑으며 있는 그대로 보여줄 뿐 제품을 그럴싸하게 포장하려고 하지 않기 때문입니다.

그렇게 5년 이상 사용된 트럭의 방수천 스토리, 세상에서 단 하나뿐인 가방의 희소성에 소비자의 경험이 더해지면서 프라이탁은 밀레니얼 세대에게 가장 핫한 브랜드가 되었습니다.

차별화와 원가우위를 동시에 달성한 기업

차별화와 원가우위를 동시에 달성한 기업으로는 애플이 있습니다. 컴퓨터 회사였던 애플의 성장은 가치 경쟁에 최적화된 비즈니스모델을 바탕으로 이루어졌습니다. 아이폰, 아이팟, 맥북 등 제품 라인업을 지극히 단순하게 구성함으로써 복잡한 비용구조를 최소화시키고, 전문 역량을 기반으로 가치사슬을 통합했죠. 규모의 경쟁에 최적화된 비즈니스모델을 가치 중심으로 재정의한 건데요. 여기에 오프라인상의 애플스토어를 통한 자체 유통뿐만 아니라 액세서리 라이센싱을 포함함으로써 소비자 경험을 향상시키는 한편, 아이폰에서 창출되는 가치의 대부분을 내재화하는 비즈니스모델을 구축했습니다.

상품을 비싸게 파는 애플은 부품과 세트를 모두 보유한 삼성과 달리 핵심부품조차 보유하고 있지 않으며, 심지어 생산라인마저 폭스콘 등으로 아웃소싱을 합니다. 하지만 부품 등의 원가는 그만큼 높지 않습니다. 2012년 삼성과의 특허소송 재판을 위해 애플이 제출한 내용에 따르면 아이폰 판매 시 49~58%의 매출총이익(gross margin)이 발생하는 것으로 드러났습니다. 매출총이익은 매출액에서 제품원가를 공제한 차액만을 말하는 것으로, 이 정도는 믿기 어려운 이익률인데요. 다른 기업들이 자본적 지배, 즉 소유를 통해 핵심부품을 내재화하는 데 반해, 소유보다는 운영의 관점에서 수직적 통합을 이루어 가격경쟁력을 확보한 거죠.

지금은 '무엇을 만들 것인가?'가 '어떻게 만들 것인가?'보다 중요한 시대입니다. 애플이 이를 극명하게 보여줍니다. 아이폰, 아이패드, 맥북 등 애플 제품에는 "Designed by Apple in California Assembled in China"라는 표시가 있습니다. 이 표시는 기획, 설계, 개발 등 본질적인 가치를 만드는 곳은 캘리포니아의 애플 본 사이고, 조립은 중국에서 이루어졌다는 말인데요. '무엇을 만들 것인가?'에 대한 상상력은 애플 직원들의 노동이, '어떻게 만들 것인가?'에 대한 생산 및 양산에는 폭스콘 같은 중국 회사 직원들의 노동이 투입되었음을 뜻합니다.

화웨이, 오포, 비보, 샤오미 등 중국 스마트폰 제조업체의 생산량이 큰 폭으로 증가하고 있지만 실제 스마트폰 수익률의 80% 이상은 애플의 몫입니다. 이 사실은 무에서 유를 창조하는 가치가 유에서 유를 창조하는 부가가치보다 훨씬 이익이 크다는 걸 의미합니다. 소비자들은 스마트폰을 사지만 실상은 애플이 제시하는 이미지를 산다고 보아야 합니다.

어떤 것을 판매하는가?

어떤 것을 파느냐에 따라 전략도 달리해야 합니다.

화장품이나 의류처럼 현실에서 직접 만져보거나 확인할 수 있는 것들을 '물리적 상품'이라고 정의해 보겠습니다. 물리적 성질을 띠는 상품은 아무리 가볍고 작더라도 생산, 가공, 변형에 에너지와 비용이 들어갑니다. 또한, 소비자에게 배달될 때까지 시간이 걸리며, 배달과정에서 제품의 파손이나 분실 위험 등도 따르죠. 소비자의 기대에 제품이 일치되지 않을 수도 있고요.

물리적 상품은 이처럼 그 자체가 가치입니다. 예를 들면, 인테리어 소품인 장식장은 물리성을 가진 물체인 동시에 가치를 지닙니다. 디자인, 색상, 사용된 재료, 크기, 편리성 같은 물리적 속성이 중요하죠. 그리고 일정한 공간을 차지하며 폐기할 때도 비용이 듭니다. 게다가 싸게 판매한다고 해서 수요가 무한히 늘어나지도 않으며 다른 상품과 결합한다고 가치가 상승하지도 않습니다.

반면, '디지털 상품'은 생산, 유통, 소비가 모두 디지털로 이루어지므로 소비자에게 전달되기까지 시간도 걸리지 않는 데다 판매 후에도 소멸되지 않으며, 제품에 대한 수정이 용이할 뿐만 아니라 재생산 또한 얼마든지 가능합니다.

모바일 게임, 애플리케이션, 웹툰, 전자책 등의 디지털 상품은 일단 생산되면 그 형태와 품질을 영구히 유지할 수 있습니다. 지금은 찾아보기 힘든 카세트 테이프 같은 물리적 상품은 반복해서 듣거나 오랫동안 보관하면 음질이 떨어지지만, 디지털 형태로 제작된 음원은 시간이 흐른 후에도 음질이 떨어지지 않는 것처럼 말이죠. 또 상황에 따른 콘텐츠 수정도 쉽습니다. 인쇄물 형태로 출간된 책을 수정하려면 많은 시간과 비용이 들어가지만, 전자책 형태로 제작된 디지털 파일은 언제든 손쉽게 수정 가능하죠.

여기서 물리적 상품과 디지털 상품을 구분한 이유는 각각에 따라 사업전략이 달라지기 때문인데요. 화장품, 의류, 운동화 같은 제품부터 호텔 같은 사람 중심의 서비스 등으로 대표되는 물리적 상품의 사업전략으로는 원가우위, 차별화, 집중화(틈새시장)가 있습니다. 전통적인 비즈니스는 이처럼 대부분 물리적인 상황에서 이루어졌죠.

원가우위 전략은 말 그대로 원가를 낮추어 경쟁우위를 만들어 내는 일입니다. 이때의 낮은 원가란 절대적이라기보다는 상대적인 원가를 말합니다. 예를 들어, 애플은 아이폰, 아이패드, 아이팟 등 몇 가지 제품군으로 원가우위를 실현하고 있으며, 사우스웨스트 항공사는 모든 기종을 보잉 737기로 통일해 비행기 운행과 유지보수에 들어가는 원가를 최소화하고 있습니다. 최저가로 원가를 낮추는 것만이 원가우위가 아니라는 뜻입니다.

물리적 상품은 또 규격, 강도, 내구성, 디자인 같은 제품의 물리적 특성에 의해 가치가 결정되는데요. 물리성 때문에 제품을 생산하는 데 반드시 변동비가 들어갑니다. 생산기술이 발전 및 대량 매입 등을 통해 얼마간의 원가를 낮출 수는 있지만, 기본적으로 변동비를 없앨 수는 없습니다. 원재료 또는 노동력을 싼 가격에 조달하거나 생산단위를 크게 해서 규모의 경제를 추구하는 이유가 거기에 있습니다.

차별화 전략은 자사의 상품을 타사의 상품이나 서비스와 구별되는 독특성을 가진 제품으로 인식시키는 것을 말합니다. 이를 위해 기업은 기술, 디자인, 상표, 편리한 유통망, A/S 체계, 대고객 서비스를 강화하는 방법을 활용하곤 하는데요. 다른 제품 및 서비스와 뚜렷이 구별되는 차별화에 성공하면 기업은 산업 내에서 평균 이상의 수익을 올릴 수 있고, 고객은 기업과 브랜드를 신뢰하게 되면서 가격을 크게 중요시하지 않게 됩니다. 기업으로서는 경쟁적인 대결에서 벗어나고 수익이 증가하게 되죠.

차별화 전략은 품질이나 기능, 브랜드 이미지 같은 다양한 부분에서 펼칠 수 있습니다. 하지만 물리적 상품의 특성상 기능이나 품질을 차별화하는 데는 대개 비용이 추가됩니다. 만약, 어떤 먹거리 상품의 재료를 유기농으로 변경한다고 생각해보죠. 당연히 비용이 더 드는 데다 유기농이라는 특성에 맞는 물리적인 공간이나 생산공정이 필요할 수도 있습니다. 이런 이유로 물리적인 제품의 차별화를 진행할 때는 그 비용을 충분히 상쇄하는 방법으로 제한할 때가 많습니다.

틈새시장 전략은 특정 성격을 지닌, 상대적으로 작은 규모의 시장을 공략할 때 사용합니다. 산업 내에서 전반적인 경쟁우위를 획득하지는 못하더라도 목표로 하는 시장에서는 경쟁우위를 얻으려는 전략인데요. 예를 들어, 과거 식용유의 종류는 콩으로 만든 것 하나뿐이었지만, 건강과 다양한 맛을 원하는 소비자들이 많아지면서 시장이 세분화되었죠. 그렇게 올리브유, 포도씨유, 카놀라유 등 종류와 가격이 다양해지면서 소비자들 선택의 폭도 넓어졌습니다.

그런데 이 같은 틈새시장 전략에는 몇 가지 제약조건이 있습니다. 첫 번째로 고객이 무엇을 원하는지 알아내기가 쉽지 않습니다. 고객 또한 어떤 기업이 자신의 독특한 니즈를 충족해 줄 수 있는지 알기 어렵죠. 즉, 서로를 필요로 하는 접점은 분명 있으나 이를 매치시키기는 어렵다는 뜻입니다. 두 번째는 대중적인 시장으로 확장하는 데 한계가 있습니다. 고객층을 찾고 그들이 필요로 하는 것을 알아낸다 하더라도, 물리적인 제품의 특성상 대중의 니즈를 모두 충족시킬 수는 없기 때문입니다. 그러려면 생산과 가공, 변형에 들어가는 비용이 너무 커지므로 한계가 있다는 얘기죠. 그래서 틈새시장은 중소규모의 마켓 세분화 전략에 해당합니다.

틈새시장 전략은 또 '원가 집중화'와 '차별적 집중화'로 다시 구분되기도 하는데요. '원가 집중화'에서는 목표로 하는 세분화된 산업에서 원가우위를 추구하는 반면, '차별적 집중화'에서는 목표로 하는 세분화된 산업에서 차별화를 추구합니다. 또한, 원가 집중화는 세분화된 산업에서 원가행동의 차이를 이용하는 반면, 차별적 집중화는 특정 세분화 시장에서 구매자의 특별한 욕구를 이용합니다.

물리적인 것과 가상적인 것의 결합

우리는 지금 물리적인 것과 가상적인 것이 결합된 시대를 살아갑니다. 오프라인 중심이던 신세계와 롯데도 온·오프라인을 넘나드는 옴니채널(Online for Offline)을 강화하고 있습니다. 백화점, 마트, 슈퍼, 홈쇼핑 등 유통채널을 하나의 통합 앱으로 만들고, 기존에 구축해 놓은 유통망을 활용해 온·오프라인 간 시너지 효과를 극대화하는 중이죠. 게다가 신세계는 이베이코리아(옥션, 지마켓)를 인수하면서 온·오프라인을 통합하는 기업으로 한층 더 변신하고 있는데요. 이런 시스템 구축으로 인해 고객은 온라인에서 최저가 제품을 주문한 후 배송을 기다리지 않고 인근 편의점이나 마트에서 주문한 제품을 찾을 수 있게 되었습니다.

이처럼 물리적인 것과 가상적인 것이 결합되면 비즈니스모델 자체가 변합니다. 예를 들어, hy(한국야쿠르트)는 유통채널이자 방문판매 조직인 '프레시 매니저(야쿠르트 아줌마)'를 활용해 비즈니스모델을 혁신하고 있습니다. 소비자들이 스마트폰용 앱을 통해 자신의 위치 기준으로 야쿠르트 아줌마를 찾거나 연락처 등을 확인 가능토록 만들었죠. 가까운 프레시 매니저에게 주문함으로써 배송비가 들지 않으면서 신선식품을 바로 받을 수 있게 된 것으로, 이는 오프라인에서 활동하는 프레시 매니저와 온라인 플랫폼 연결만으로도 비즈니스모델이 다양하게 확장된다는 사실을 보여줍니다.

그럼 카카오택시, 우버, 에어비앤비처럼 온라인과 오프라인이
결합된 비즈니스는 온라인 전략을 구사해야 할까요, 오프라인 전
략을 구사해야 할까요? 온라인과 오프라인은 별도 세상이 아님
을, 온라인과 오프라인 구별이 더 이상 의미가 없음을 알면서도
우리는 아직도 이렇게 온·오프라인을 구분합니다. 기술의 발전
으로 산업 전반에서 가상의 정보와 물리적 상품이 결합되고 있는
이때 비즈니스 전략은 더욱 복잡해질 게 뻔합니다. 그러니 기업
의 전략이 바뀌는 것도 당연합니다.

오프라인과 온라인의 충돌

온라인과 오프라인의 사업전략이 충돌하는 이유는 근본적
인 메커니즘이 달라서입니다. 예를 들어, 오프라인에서 성공한
백화점이 온라인에 제대로 대응하지 못하는 이유는 무엇일까요?
오프라인 백화점과 대형마트는 고급화 또는 원가우위를 주요 전
략으로 삼기 때문입니다.

물론, 온라인에서도 원가우위와 차별화를 시도합니다. 단, 온
라인은 오프라인과 다른 고려사항이 있습니다. 대표적인 게 온라

인에서는 검색이 가능할 뿐만 아니라 상품을 추가한다고 해서 그만큼 비용이 커지는 건 아니라는 점입니다. 디지털 정보의 특성상 상품의 종류와 판매자가 늘어나도 비용이 늘지 않습니다. 판매 제품의 종류가 늘어나면 오히려 가격이나 상품의 특징을 손쉽게 비교할 수 있어 그에 따라 구매자가 느끼는 가치가 커지게 되죠. 반면, 오프라인 매장은 판매물품의 종류를 무한정 늘릴 수가 없습니다. 판매물품이 늘어나면 공간을 늘려야 하므로 비용이 증가하고, 소비자가 상품 간 차이를 비교하는 시간도 증가합니다. 상품의 수를 지나치게 늘리면 가치의 증가보다 비용의 증가가 더 커지는 거죠.

오프라인 중심 기업은 이처럼 온라인에서 취급하는 상품의 종류를 늘리거나 외부 판매자를 끌어들이는 데 한계가 존재합니다. 또 온라인에서 판매할 때는 오프라인보다는 싸게 팔아야 하는데, 동일 상품을 온라인에서 할인해서 판매하면 오프라인 판매가 감소하게 됩니다. 외부 판매자를 끌어들이면 서비스나 품질관리에 문제가 생길 수도 있고요. 오프라인 중심의 시스템을 온라인으로 전환하는 일에는 생각보다 더 어려운 여러 가지 이슈를 고려해야 합니다.

8

비용구조는 어떻게 되는가?

성장 중심의 비즈니스모델들

시중에 자금이 풍부했던 시절, 스타트업은 수익성보다는 성장성을 중요하게 생각했습니다. 투자를 받아 플랫폼을 고도화하거나 공격적인 마케팅으로 회원 수를 늘리면 수익모델을 만들 수 있다고 보았죠. 아마존이 이런 방식으로 성장한 걸 본 쿠팡은 아마존을 따라 했고, 마켓컬리는 쿠팡을 따라 했습니다. 그리고 수많은 스타트업들이 이러한 방식을 공식처럼 활용했죠.

그러나 대내외 환경이 바뀌면서 이제 성장성보다는 수익성이 중요하다고 이야기합니다. '그때는 맞았지만 지금은 틀린 것'이 되었는데요. 이런 상황을 기다렸다는 듯 "것 봐. 내가 그럴 줄 알

았어"라며 냉소적으로 말하는 사람들도 있습니다. 2021년 감사보고서를 기준으로 토스를 운영 중인 비바리퍼블리카, 이커머스 플랫폼인 위메프, 컬리(마켓컬리), 티몬, 부동산 플랫폼인 직방, 버킷플레이스(오늘의집), 그리디, 시프트업, 에이프로젠, 쏘카 등이 영업손실을 기록했거든요.

기업의 경영활동은 수학공식처럼 딱 떨어지는 정답이 존재하는 게 아닙니다. 시중의 자금을 지렛대(leverage) 삼아 성장했다고 해서 폄하할 수는 없죠. 하지만 시중에 자금이 부족해지면 투자를 받기 어려워지는데요. 결국, 수익을 만들어내지 못하는 기업은 힘들어질 수밖에 없습니다. 기업을 둘러싼 외부환경이 변하면 기업의 전략도 변해야 한다는 뜻입니다.

수익성 분석을 위해 파악해야 하는 것들

기본적으로 기업은 수익을 만들어내지 못하면 생존할 수 없으므로 돈을 버는 방식과 돈의 흐름을 이해해야 합니다. 간단한 사례로 유재석 씨가 성수동에 카페를 오픈했다고 가정하고 수익성을 분석해 보겠습니다.

성수동은 워낙 핫한 곳이다 보니 임대료가 높겠죠. 물론, 유동

인구가 많으므로 임대료를 감당할 만큼의 판매는 예상할 수 있습니다. 커피와 디저트 메뉴를 파는 일반적인 카페에, 커피 한 잔 가격을 5,000원이라고 가정해 보겠습니다. 그럼 유재석 씨는 하루에 최소 몇 잔의 커피를 팔아야 이익을 남길 수 있을까요?

이를 계산하려면 변동비와 고정비를 알아야 하는데요. 변동비(원가)는 매출에 비례해 발생하는 비용입니다. 커피 한 잔에는 커피 원두, 일회용 컵, 빨대, 각종 첨가물 등 원가가 들죠. 주문량이 많아질 때도 원재료를 적게 사용할 수는 없으므로 커피 1잔의 변동원가가 10이라면 10잔의 변동원가는 100이 됩니다. 이처럼 판매량과 함께 증가하는 비용을 변동비라고 하는데요. "조업도에 비례한다"라고 표현하기도 합니다. 유재석 씨가 판매하는 커피의 변동원가를 커피 원두 600원, 각종 첨가물과 일회용품 400원, 합계 1,000원이라고 가정할 때 5,000원짜리 커피를 팔면 4,000원이 남습니다.

그런데 매장 임차료(월세), 급여(직원, 아르바이트, 대표자 등)처럼 판매량과는 무관하게 고정적으로 지출되는 고정비(원가)도 계산되어야 합니다. 매장 월세가 400만 원이고, 주 1회 쉰다고 하면 한 달에 1,000잔, 하루에 40잔 이상의 커피를 팔아야 합니다. 여기에 직원과 아르바이트, 대표자의 급여가 월 600만 원 지출된다면 하루에 60잔 이상을 추가로 팔아야 하죠.

아직 끝이 아닙니다. 카페를 오픈할 때 투자된 인테리어, 커피

머신, 테이블, 의자, 소품 등의 비용도 있습니다. 초기 투자된 비용이 2억 원이었다면 4,000원이 남는 커피를 몇 잔을 팔아야 원금을 회수할 수 있을까요? 50,000잔입니다. 앞서 설명한 변동비, 고정비, 초기 투입비용 등을 감안하면 하루에 180잔 이상의 커피를 팔아야 2년 후쯤 창업비용 회수가 가능한 거죠.

우스갯소리로 "회사 때려치고 카페나 할까?"라고 말하지만, 숫자로 계산해보면 창업은 만만한 일이 아님을 알 수 있습니다. 아이템 정하기부터 시작해 지속 가능한 비즈니스모델을 만들어야 하죠. 그리고 무엇보다 이익을 창출할 수 있어야 기업은 지속 가능하다는 사실을 기억해야 합니다.

언제쯤 돈을 벌 수 있을까? 손익분기 분석

기업의 첫 번째 책임은 돈을 버는 일, 즉 '이익을 만드는 것'입니다. 최근에는 '주주자본주의'에서 '이해관계자 자본주의'로 기업의 역할이 확대되고 있지만, 직원과 파트너들이 먹고사는 문제도 해결하지 못하는데 사회적 책임만을 들면서 존재 이유를 정당화할 수는 없습니다.

기업의 이익은 마케팅이나 영업활동을 강화해 판매량을 높이거나, 거래처와의 협상으로 매입비용을 낮추거나, 내부적으로 불

필요한 낭비요소를 제거해서 늘리는 등 다양한 방법이 있습니다. 다만, 지나친 원가절감은 품질에 영향을 미칠 수 있고, 장기적으로 볼 때 거래처와의 관계 손상이 발생하는 등 여러 요인을 고려해야 합니다.

기업의 모든 활동은 숫자로 설명될 수 있습니다. 또 숫자로 설명이 되어야 의사결정과 실행방법이 구체화됩니다. '영업활동 강화'라는 추상적 표현보다는 '10% 판매량 확대'처럼 숫자로 설명해야 행동을 구체화할 수 있다는 말인데요. 계획을 세울 때는 수익 창출이 가능한 계획인지, 끝난 뒤에 이익으로 연결될 수 있는지 등을 숫자로 검토해야 한다는 뜻입니다.

또한, 기업의 수익구조인 '손익구조(매출액-매출원가-판매비와 관리비=영업이익)'와 현금수지 구조인 '현금흐름 구조(현금 수입-현금 지출=현금 잔액)'를 이해하고 어떻게 이익과 현금을 늘릴지 동시에 생각하며 행동할 수 있어야 하는데요. 기업이 버는 돈을 숫자로 설명하려면 손익분기점, 고정비, 변동비, 공헌이익에 대한 이해가 필요합니다.

손익분기점(Break even point, BEP)은 기업이 손실을 입지 않는 매출액(또는 판매량) 지점을 의미합니다. 일반적으로 판매량과 가격, 고정비와 변동비라는 비용요소에 따라 결정되죠.

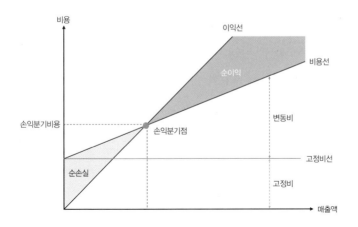

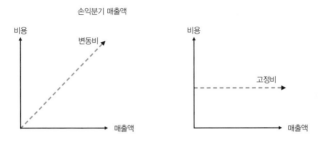

판매업은 매출총이익이 고정비보다 커야 한다.

매출총이익		변동비 ≒ 매입원가
이익	고정비	

제조업은 가공액이 고정비보다 커야 한다.

가공액		변동비 ≒ 재료비 + 외주가공비
이익	고정비	

손익분기점 분석, 고정비와 변동비

비용을 변동비와 고정비로 분해하면 이익이 플러스(+) 마이너스(-) 합쳐 제로(0)가 되는 매출액(손익분기점)이 얼마인지를 알 수 있습니다. 매출과는 상관없이 발생하는 고정비 그리고 매출액에 비례해서 발생하는 변동비로 비용을 분리하면 '매출 - (변동비 + 고정비) = 이익'으로 계산식이 만들어지는데요. 손익분기점 분석은 가격과 판매량의 결정, 판매목표와 생산계획 수립 등 다양한 분야에서 사용되며 관점도 다양합니다.

이처럼 모든 비용은 고정비와 변동비로 분해 가능합니다. 고정비는 인건비나 월세처럼 고정적으로 지출되는 비용을 말하고, 변동비는 조업도에 비례하는 비용을 말합니다. 예를 들어, 식당에서 판매하는 음식의 원가는 매출과 같은 비율로 증가하게 되어 있습니다. 누군가 10인분을 주문한다고 해서 원가를 9인분만큼만 사용할 수는 없으니까요. 이처럼 판매량과 함께 증가하는 비용을 앞서 말한 바와 같이 "조업도에 비례한다"고 표현합니다.

이 같은 고정비에는 인건비, 임차료, 수도광열비, 리스료, 광고선전비, 감가상각비 등이 있는데요. 용어상 고정된 비용으로 이해할 수 있지만, 엄밀한 의미로는 매출에 연동되지 않는 비용을 말합니다. 마켓컬리가 더 많은 사용자 확보를 위해 광고를 집행한다면 변동비가 되지만, 삼성전자가 매출 변화와는 관계없이 브랜딩 측면에서 지속적으로 집행하는 광고비는 고정비입니다. 따라서 변동비나 고정비를 완전하게 구분해서 계산할 수는 없습니다. 일반적으로 인건비는 고정비로 구분되지만, 업무량이 많아 야근이나 아르바이트생을 추가로 투입했을 때 발생하는 인건비는 변동비가 되니까요.

또 모든 원가는 고정비와 변동비로 분해할 수 있다고 했지만, 현실적으로는 명확한 구분이 어려울 때도 많습니다. 예를 들어, 쿠팡에서 오픈마켓 방식으로 매출이 발생하면 변동비는 발생하지 않습니다. 판매자가 쿠팡 플랫폼에 상품을 업로드한 후 소비자가 구매하고 결제하면 판매자가 배송하는 방식이므로 매출과 같은 비율로 비용이 증가하지는 않기 때문입니다. 반면, 로켓배송 방식으로 매출이 일어나면 변동비가 발생합니다. 쿠팡이 직접 상품을 사서 판매하고 직접 배송을 처리하므로 매출과 같은 비율로 비용이 증가하게 되는 거죠.

공헌이익이 얼마나 되는가?

공헌이익이란 매출액에서 변동비를 뺀 값으로 재료비처럼 매출에 비례해 변동하는 이익입니다. 앞서 사례로 제시한 유재석 씨의 경우를 보면, 커피 한 잔 가격이 5,000원이었고, 변동원가는 1,000원이었으므로 공헌이익은 4,000원이 됩니다. 공헌이익을 알아야 커피를 몇 잔 팔아야 이익이 남는지를 알 수 있는데요. 공헌이익은 외부 보고용 숫자가 아니라 기업의 내부 의사결정을 위해 사용되는 관리회계 용어입니다.

다음 그림에 표기된 ①번처럼 공헌이익이 확보된 경우라면

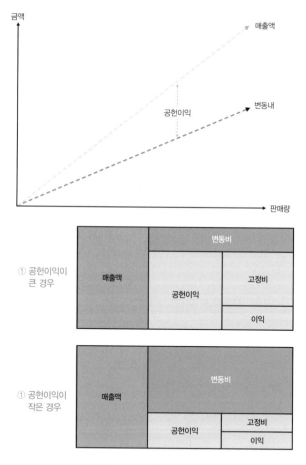

공헌이익이 큰 경우와 작은 경우

이익률이 떨어지더라도 판매량을 높여 이익을 확보할 수 있지만, ②번처럼 변동비가 높고 공헌이익이 적으면 저렴한 가격으로 판매하는 방식으로는 이익을 확보할 수 없습니다.

그래서 소프트웨어, 게임, 이러닝처럼 제작 단계에서는 높은 비용이 투입되지만 완성된 후에는 매출액 대비 변동비가 적은 산업에서 영업이익률이 높은 것입니다. 반면, 쿠팡이나 마켓컬리처럼 직접 생산하지 않고 중개만 하는 비즈니스는 매출 증가와 함께 변동비가 같은 비율로 증가하기 때문에 영업이익을 높이기가 상대적으로 어렵습니다.

영업이익을 높이는 방법들

기업의 영업이익을 높이는 방법으로 ①공헌이익 늘리기, ②고정비 줄이기, ③판매량 늘리기 등이 있습니다.

공헌이익을 늘리려면 변동비를 줄이거나 판매가를 올려야 합니다. 변동비 중 가장 큰 비중을 차지하는 게 원재료비(또는 매입비)입니다. 원재료비를 줄이는 데는 구매처와 협상하거나 단가가 낮은 구매처를 찾는 방법이 있습니다. 하지만 무리해서 변동비를 낮추면 품질이 떨어질 수 있으므로 주의가 필요합니다.

판매가격을 높이는 방법으로도 공헌이익을 높일 수 있으나 가격을 올린 후에도 소비자들이 계속 구매하는 브랜드는 생각보다 많지 않습니다. 따라서 단순히 가격을 올리는 방식의 접근보다는 새로운 고객가치를 제안해야 합니다.

고정비를 줄이는 대표적인 방법은 낭비 요소 제거입니다. 기업들은 복지라는 이름으로 다양한 서비스를 제공합니다만 조금만 살펴보면 불필요한 지출이 많이 발생한다는 사실을 확인할 수 있습니다. 그래서 수십조 원의 영업이익을 달성하는 기업들도 철저히 비용을 통제하죠. 토요타가 대표적인데요. 토요타는 정리(せいり), 정돈(せいとん), 청결(せいけつ), 청소(そうじ), 예의범절 훈육(しつけ)의 5S 운동을 바탕으로 불량 낭비, 재고 낭비, 과잉생산 낭비, 가공 낭비, 동작 낭비, 운반 낭비, 대기 낭비 등의 7대 낭비 요소를 철저히 통제합니다.

판매량을 늘리는 가장 일반적인 방법은 마케팅 활동을 강화하는 일이지만 이 또한 비용과 연결되어 있습니다. 그러므로 '매출 증대=마케팅'이라는 프레임에서 벗어나야 합니다. 기존 고객들과의 관계를 강화하는 형태로 재구매를 활성화할 수도 있고, 해외로 진출하는 방법도 있으며, 기존에 우리 제품을 사용하지 않았던 소비자에게 판매하는 방법도 있으니까요.

9

수익모델은 무엇인가?

앞서도 말했듯 기업의 첫 번째 책임은 돈 버는 일입니다. 사회적 약자를 배려하고 환경을 생각하는 것은 의미 있는 일이나 선한 마음만으로 비즈니스를 지속할 수는 없습니다. '어떻게 돈을 벌 것인가'라는 수익모델을 구체화해야 합니다.

고객가치를 어떻게 전달할 것인가?

의류 회사는 옷을 만들어 판매하고 돈을 법니다. 서비스모델과 수익모델이 일치하므로 소비자들이 선호하는 디자인, 컬러, 형태, 기능성, 실용성, 브랜드 등을 통한 가치창출이 가장 중요했죠. 유통채널, 가격 결정, 프로모션 등은 옷을 만든 후에야 고민했던 영역이었습니다.

그런데 만약 옷을 판매하는 방법이 달라진다면 어떻게 될까요? 예를 들어, 스티치픽스(Stitch Fix)는 소비자들이 입력한 데이터만으로 옷을 추천하고 배송해 줍니다. 데이터를 분석해 좋아할 만한 옷을 찾아낸 다음 전문 스타일리스트가 그중 5가지를 골라 고객에게 배송하죠. 고객들은 옷을 입어보고 마음에 들지 않으면 반품하면 되는데요. 스티치픽스 같은 기업들이 증가하면 전통적 기업은 고민이 깊어질 수밖에 없습니다.

가치를 전달하는 서비스모델과 돈을 벌어들이는 수익모델은 다를 수 있습니다. 세상이 네트워크로 더욱 촘촘하게 연결되고 있기 때문인데요. 사려는 사람과 판매하려는 사람을 실시간으로 연결하게 되면 거래 과정에서 발생하는 고정비의 크기가 줄어듭니다. 이는 서비스모델 자체가 수익모델로 이어지지 않을 가능성이 커진다는 뜻입니다.

고객이 느끼는 가치는 서비스모델과 수익모델의 합을 의미합니다. 서비스모델이 '어떤 가치를 창출해야 할까, 그것을 고객에게 어떻게 전달할까'에 대한 이야기라면, 수익모델은 어떻게 돈을 벌까에 대한 내용으로 '누구에게 돈을 받을 것인가, 어떤 방법으로 받을 것인가, 어떤 부분을 판매할 것인가'와 연관되어 있습니다.

판매를 통해 돈을 버는 방법

상품에 다양한 패키징이 가능하듯 돈을 받는 방법도 월정액, 건별, 고정가격, 변동가격 등 다양화되었습니다. 반면, 고객은 언제든 떠날 준비를 하고 있으므로 단기적이기보다는 장기적인 측면에서 수익의 극대화를 목표로 해야 합니다.

돈을 받는 전통적인 방식은 물품판매입니다. 상품의 소유권을 판매하는 것으로, 기업이 제품과 서비스를 만들어 소비자에게 제공하고 그 대가를 취하는 비즈니스죠. 다만, 소비자로서는 다양한 대체재가 있으므로 제품이나 서비스가 매력적으로 다가와야 합니다. 동종 제품이나 대체제와 비교해 우월해야 하죠.

소매도 전통적 판매방식 중 하나입니다. 인터넷 쇼핑몰, 대형마트, 백화점처럼 누군가 만든 제품을 매입해 판매만 하는 것으로, 누구나 시장에 쉽게 진입할 수 있어 어떻게 소비자를 확보하고 관리하는가가 핵심입니다. 따라서 내부광고, 이벤트 진행, 포인트 적립, 고객관리 등을 통해 방문자의 구매율을 높이면서 재구매를 이끌어내려는 노력이 필요합니다.

소비자에게 주목받는 제품을 판매하면서 다른 상품도 함께 파는 합계판매 방법도 있습니다. 유니클로는 세계적인 기업 및 유명 아티스트와 컬래버레이션한 유니크한 디자인의 옷을 저렴하게 파는데요. 매력적인 제품으로 고객을 유인한 후 다른 상품을 정상가격에 판매함으로써 매출을 높이는 유니클로의 비즈니스모델입니다. 이렇게 다이소나 유니클로처럼 합계판매 비즈니스모델을 적용하려면 소비자를 불러모을 수 있는 저렴한 가격의 제품과 서비스 제공력을 갖추어야 합니다.

프린터나 면도기처럼 제품의 본체 가격을 낮추어 소비자를 자사의 시장 안으로 끌어들인 다음 본체 사용에 필요한 소모품으로 수익을 창출하는 방식도 있습니다. 질레트나 HP가 대표적인데요. 이들은 함께 사용하는 두 제품 중 주력제품의 가격은 낮게 책정해 매출 규모를 늘리고, 부속 소모품의 가격은 높게 책정해 수익을 만들어냅니다. 다만, 이 같은 소모품 판매 비즈니스모델은 소비자가 제품을 사기 쉽도록 판로를 확보함으로써 고객의 이탈을 방지할 수 있어야 하며, 오랫동안 지속적인 소모품 공급과 유지보수가 가능해야 합니다.

또 상품과 서비스를 장기간에 걸쳐 정기적으로 사용토록 함으로써 일정하게 매출을 늘려가는 렌털 방식도 있는데요. 정수기나 노트북 등이 대표적으로, 렌털은 정해진 기일에 확신 가능한 수입을 기대할 수 있습니다. 그리고 이용자는 전체 금액을 치르고 소유하는 대신 사용하는 시간만큼만 비용을 부담하면 되죠.

제품이나 서비스에 대한 비용을(한 번 혹은 지속적으로) 미리 받음으로써 예측 가능한 현금흐름을 만들어내는 서브스크립션(구독) 방식도 있습니다. 이 같은 유료 구독 서비스는 우유와 잡지,

신문 등에서 한정적으로 활용되었는데요. 1인 가구의 증가, 모바일 환경의 개선, 규제 완화 등으로 플라워, 취미, 수제 맥주, 면도용품, 셔츠 등에 이르기까지 범위가 무한해졌습니다. 서브스크립션 업체들이 장소와 시간의 한계로 접근이 어려웠던 모든 아이템에 간편함과 전문성을 보태면서 온·오프라인 간 경계를 허물고 있죠.

중개를 통해 돈을 버는 방법

광고로 수익을 올리는 방식도 있습니다. 구글, 네이버, 다음 등의 검색포털이 주로 광고로 돈을 버는 기업들이죠. 그런데 이들은 광고 수주가 어려운 불황기에는 어려움을 겪을 수밖에 없습니다. 따라서 광고 외에 수익을 보장해 줄 부가서비스를 강구해야 하는데요. 광고로 수익을 올리는 비즈니스모델은 무엇보다 제공하는 콘텐츠가 명확하고 매력적이어야 광고주를 확보하기가 쉽습니다.

제품 및 서비스를 제공하는 공급자와 그것을 소비하는 소비자 사이를 중개함으로써 수익을 올리는 플랫폼 방식도 있는데요 이 비즈니스모델의 수익은 둘 또는 그 이상의 관계자들 사이에서 매개 역할을 해주는 서비스를 통해 생겨납니다. 카드 소유자와 사업자가 거래하는 과정에서 일정 비율의 수수료를 받아 수익을 창출하는 신용카드 관련 사업이 그 예로, 이 모델이 활성화되려면 정보 제공자와 수요자를 안정적으로 확보할 수 있어야 합니다. 둘 중 어느 하나라도 확보 못 하면 성공하기 어렵습니다.

촉진활동을 통해 돈을 버는 방법

기본 서비스는 무료로 제공하고 더 나은 서비스는 프리미엄 요금을 받는 방식도 있습니다. 에버노트, 구글드라이브, 드롭박스 등이 대표적으로, 먼저 기능이 제한된 무료 서비스를 제공하면서 서비스에 대한 친근감과 이해도를 높일 기회를 줍니다. 그렇게 접근성을 높여 충성고객을 확보하는데요. 고객들이 자발적으로 유료 서비스로 전환하도록 하는 차별화된 기능이 필요합니다.

또 회원만 접근 가능한 장소나 제품, 서비스를 제공하고 시간에 기초해 비용을 청구하는 멤버십 방식도 있습니다. 대표적인 기업이 사무실 공유 서비스 업체인 위워크(Wework)로 부동산업계 '우버'로도 불립니다. 그들은 좋은 곳에 위치한 임대료가 비싼 건물을 통째로 빌려 사무공간을 나눈 후 멤버십 형태로 재임대하는 방식으로 부동산 업계의 혁신을 이끌어냈는데요. 문화, 콘텐츠, 콘셉트, 인테리어, 디자인 등을 통해 '위워크'만의 브랜드 이미지를 구축했죠. 게다가 건물주 또한 건물 활용도를 높이는 동시에 수익이 보장되므로 손해 볼 게 없는 방식이었습니다.

다만, 위워크의 멤버십은 하나의 전술일 뿐 본질은 부동산업에 가깝습니다. 대형 사무실을 장기간 임차해서 공간을 잘게 쪼갠 후 여러 임차인에게 비싸게 빌려주는 것이 핵심이니까요. 위워크를 활용하면 접근성 좋은 지역임을 감안할 때 초기 투자금액을 최소화하면서 사무실과 부대시설을 이용할 수 있지만, 사무실을 임차하는 사업주들은 비용을 고려하지 않을 수 없습니다. 그래서 위워크를 이탈해 인테리어를 완비한 중소형 사무실로 이동하는 사람들이 증가하고 있습니다. 위워크 입주는 멋있어 보일지는 몰라도 중소형 사업주가 운영하는 쉐어 사무실보다 큰 비용을 지불해야 하기 때문입니다. 결국, 위워크는 공실을 최소화하기 위한 마케팅 및 프로모션을 진행하거나 임차 이외의 수익모델을 찾아야 하는데, 쉽지 않은 게 사실입니다.

카카오재팬의 만화 유통 플랫폼 픽코마는 '기다리면 무료'라는 비즈니스모델로 일본 내 메이저 만화 플랫폼으로 성장했습니다. 만화책 한 권 분량을 디지털화해 여러 편으로 나눠 플랫폼에 올린 뒤, 이용자가 한 편을 보고 일정 시간을 기다리면 다음 편을 무료로 볼 수 있도록 한 서비스입니다. 반면, 기다리지 않고 바로 다음 편을 보려면 요금을 내야 하는데요. 유료 서비스를 통해 수익을 얻거나 이용자로 하여금 사이트 방문을 유도하는 데 효과적인 방식입니다.

물론, '기다리면 무료'라는 방식이 전부는 아닙니다. 픽코마는 자체 인공지능(AI) 추천기술을 활용해 유저별 취향을 분석, 이를 토대로 한 맞춤형 서비스로 유료 판매비율을 높였습니다. 만화가 끝나는 부분에서 유사 작품을 추천하는 기술도 적용해 전체 작품의 열람률 또한 끌어올렸죠. 또 독자들이 만화를 보는 시간도 정밀하게 분석해 활용했는데, '통학시간' 및 '통근시간', '식사 중', '목욕 중'처럼 다양한 틈새 시간에 손쉽게 만화를 접할 수 있도록 홍보를 강화했습니다. 스마트폰으로 24시간 만화를 보도록 수요를 창출한 것이죠.

공항이나 놀이공원에 있는 '패스트트랙(fast track)'도 시간을 판매하는 방식의 비즈니스모델인데요. 미국 유나이티드 항공사는 덴버에서 보스턴으로 가는 승객이 39달러를 추가로 내면 보안검색대 통과와 탑승에 우선권을 줍니다. 또 영국항공은 비즈니스석처럼 비싼 항공료를 지불하는 승객이 여권과 입국심사를 통과하기 위해 줄을 설 필요가 없는 패스트트랙 서비스를 제공합니다.

소비자가 원하는 상품만을 구입해도 되는 가격 세분화 모델도 있습니다. 스타벅스는 크게 음료, 푸드, 상품을 판매하는데요. 가장 많이 찾는 에스프레소를 아메리카노, 카페모카, 카페라떼, 카푸치노 등으로 세분화했으며, 크기는 숏(short), 톨(Tall), 그란데(Grande), 벤토(Vento), 트렌타(Trenta)로 구성했습니다. 여기에 자신의 취향에 맞는 엑스트라를 추가하면 제품 조합이 수백 가지가 나오죠. 커피 한 잔을 파는 듯 보이지만 자세히 들여다보면 개개인의 취향에 맞는 세분화된 상품을 판매하는 것입니다.

라이선스로 돈을 버는 방법

프랜차이즈 비즈니스모델은 축적된 경험과 기술, 노하우를 일정한 대가를 받고 제공하는 방식으로 GM, 포드자동차, 코카콜라 같은 글로벌 기업들도 프랜차이즈 방식으로 성장했습니다. 이후 KFC, 맥도널드, 스타벅스 등이 이 방식으로 기업을 크게 키웠죠. 이 같은 프랜차이즈 방식은 일관성과 균일성을 기반으로 모든 가맹점에서 동일한 양질의 제품과 서비스를 고객에게 제공해야 합니다. 가맹본부와 가맹점 간의 공생구조를 이해하지 못하고 각자 자신들만의 이익을 추구하는 순간 모두에게 깊은 상처를 남기게 되는데요. 이 모델의 주요 수익구조는 원재료 등을 공급해 유통 마진을 가져가거나 매출액 또는 이익 기반의 로열티를 받음으로써 발생합니다.

게임, 소설, 웹툰, 드라마, 음악, 캐릭터, 출판처럼 지적재산권으로 돈을 버는 방법도 있습니다. 대표성을 띤 인물이나 캐릭터를 상품화해 수익모델을 만드는 건데요. 이 같은 IP 비즈니스에는 저작권을 기반으로 다양한 매체와 장르 등을 연결하는 원소스 멀티유저(One Source Multi Use) 전략과 상표권 기반의 라이선싱 전략이 있습니다. 다만, 이 모델은 '팬덤'이라는 핵심가치를 만들어내는 게 중요합니다. 많은 기업과 지자체 등에서 펭수와 같은 캐릭터로 IP 비즈니스를 꿈꾸지만 '팬덤'이 만들어지지 않으면 많고 많은 캐릭터 중 하나가 될 뿐입니다.

같은 업종, 다른 비즈니스모델

같은 업종에서 다른 전략을 취하는 사례로는 알라딘과 교보문고를 들 수 있습니다. 종이책을 구매하는 사람들이 줄고 온라인을 통한 도서구매가 일반화되면서 문을 닫는 오프라인 서점이 점점 늘어만 갑니다. 이러한 상황에서 알라딘은 오프라인 중고서점으로 비즈니스를 확장하고, 교보문고는 문구, 음반, 리빙, 키덜트, 만년필, 화방, 디지털, 여행, 뷰티, 패션 등의 감성 디자인 용품과 결합된 분야로 비즈니스를 확장하고 있죠.

알라딘은 온라인에서 구축된 브랜드를 활용해 사람들이 많이 찾는 번화가에 오프라인 서점을 늘려나가는 중인데요. 주요 포인트는 냄새나고, 낡고, 책이 어디에 있는지 알 수 없던 기존 중고서점의 혼잡스러움을 개선하는 일이었습니다. 실제 알라딘 중고

서점은 깔끔한 인테리어와 편리한 검색 시스템, 현금으로 책값을 쳐주는 매입정책, 환한 조명과 잘 정돈된 서가, 책이 어디에 있고 얼마에 사고팔 수 있는지 등 손쉬운 서비스를 제공하면서 오프라인 매장 수를 확대해 가고 있죠.

반면, 교보문고는 서점을 체험과 감성적인 공간으로 변신시키는 중입니다. 교보문고 광화문점은 리모델링을 하면서 5만 년 된 대형 카우리 소나무로 제작한 독서 테이블을 설치했습니다. 디지털에서는 느낄 수 없는, 아날로그적 즐거움을 체험할 수 있는 공간으로 바꾼 것입니다. 또한, 교보문고 합정점은 서점을 가운데 두고 서점과 시너지가 날 만한 식음료 업종으로 나머지 상가 매장을 직접 기획, 구성했는데요. 만년필, 스피커 등 다양한 상품을 파는 매대를 서가 사이사이에 둠으로써 서점과 상점의 경계를 흐리면서 라이프 스타일 공간으로 다각화했습니다.

알라딘과 교보문고를 통해 살펴보았듯 같은 산업이라도 경쟁하는 방식은 얼마든지 다를 수 있습니다. 즉, 기업이 경쟁하는 경기장을 어떻게 정의하느냐에 따라 비즈니스모델과 사업전략 등이 모두 달라진다는 뜻입니다. 기업은 각자 유리한 경기장을 선택하고 그 안에서 승리하기 위한 포지션을 결정해야 합니다. 경쟁이 치열한 업종에 진출한다거나 기존에 이루어놓은 것을 잃을까 봐 우물쭈물하는 건 전략이 아닙니다. 업계에서 작동 중인 경쟁요인을 깊이 이해한 후 자신의 계획을 실행하는 게 전략이죠.

같은 업종이지만 비즈니스모델이 다른 이유는 각각의 기업이 추구하는 방향이 다르기 때문입니다. 이게 바로 '경기장 선택의 문제'인데요. 어느 분야에서 사업을 할지 여러 가지 선택지 중에서 기업이 진정으로 집중해야 할 분야를 찾아내는 일입니다. 단 하나만의 정답이란 없습니다. 모든 것을 종합해 시대와 시장의 맥락을 읽어내야 합니다. 결국, 전략이란 어디에서 경쟁할지 그리고 그곳에서 어떻게 이길지에 대한 방안의 모색이라고 할 수 있습니다.

무엇이 되지 않을 것인가?

전략의 본질은 선택입니다. '어떤 사업에 참여하고 어떤 사업에 참여하지 않을지, 선택한 사업영역에서 어떻게 경쟁할지, 어떤 방법으로 승리해 나갈지, 어떤 역량과 강점을 핵심역량으로 취해야 하는지' 등을 알아낼 수 있는 내부 시스템 구축 방법을 선택하는 게 바로 전략입니다.

그리고 나서 '어떤 종류의 상품을 제공할 것인가? 어떤 소비자를 목표로 삼고 있는가? 소비자의 어떤 욕구를 충족시켜 줄 것인가? 어떤 유통채널을 이용할 것인가? 고객에게 어떻게 도달할 것인가? 가치사슬은 어느 지점인가? 어떤 국가나 지역에서 경쟁하려고 하는가? 온라인과 오프라인 중 어디가 좋은가?' 등 종합적인 질문을 통해 경쟁 장소인 경기장을 결정해야 합니다.

10

비즈니스모델 구조화 방법은?

아이디어를 사업화하기 위해서는 다양한 요인들이 고려되어야 합니다. 비즈니스모델을 어떻게 정의하느냐에 따라 비즈니스를 구성하는 요소가 달라지기 때문인데요. 쉽게 접할 수 있는 온라인 패션 커머스의 비즈니스모델을 살펴보겠습니다.

첫 번째는 동대문 같은 곳에서 의류를 사입해 네이버 스마트스토어, 오픈마켓, 자사몰 등에서 판매하는 형태입니다. 판매자의 감각으로 옷을 선별해 코디네이션(coordination)을 한다 해도 본질은 유통업에 가깝습니다. 판매채널이 온라인으로 바뀌는 것일 뿐 본질이 변하는 건 아니니까요. 따라서 적절한 상품 제안, 수요 예측과 재고관리, 저렴한 가격, 빠른 배송, 친절한 서비스 등의 체계를 갖추지 않고서는 성과를 낼 수 없는데요. 소자본으로 시작하는 대부분의 온라인쇼핑몰이 여기에 해당합니다.

두 번째는 옷을 직접 디자인해 제조, 판매하는 형태입니다. 에프앤에프(F&F), 코오롱인더스트리 FnC 부문, 신세계 인터내셔널 같은 전통적인 패션회사가 여기에 해당하는데요. 디자인, 컬러, 형태, 기능성, 실용성, 브랜드, 유통채널, 프로모션 등을 활용해 가치를 창출해야 하며, 그것으로 소비자를 얼마나 독점할 수 있느냐가 판매의 관건입니다.

소비자 독점을 통해 가격결정력을 확보한 기업으로는 '디스커버리'와 'MLB' 브랜드를 보유한 에프앤에프를 들 수 있습니다. 패션업은 특성상 제조원가보다는 판매관리비 비중이 높습니다. 옷 만드는 비용보다 유통과 프로모션 비용이 더 많이 든다는 말인데요. 에프앤에프는 30년 가까이 쌓아온 노하우로 제조원가(2021년 기준 매출원가 비중 28%)와 판매관리비(2021년 기준 매출원가 비중 43%)를 지속적으로 개선하고 있습니다. 영업이익률이 30%에 달하는 이유는 제조 및 운영에 대한 노하우와 브랜드 파워 등을 바탕으로 가격결정력을 보유했기 때문입니다.

세 번째는 옷을 사려는 사람과 판매하는 사람을 중개해 주는 플랫폼 형태입니다. 단순 중개라기보다는 편집숍에 가까운데요. 개성 있고 트렌디한 옷을 큐레이션해서 한 곳에서 구매할 수 있도록 하는 방식으로 성장한 무신사, W컨셉, 29CM, 카카오스타일(지그재그) 등이 여기에 해당합니다.

오픈마켓에서 소비자와 쇼핑몰을 연결해 주는 형태가 1세대 온라인 패션 커머스였다면 2세대는 스타일난다와 난닝구닷컴처럼 개인이 운영하는 독립몰이었습니다. 그 후 네이버 블로그, 인스타그램 등의 SNS 채널을 중심으로 상품을 판매하는 3세대 방식을 거쳐 무신사, W컨셉, 29CM 같은 플랫폼 방식이 많은 사랑을 받고 있죠.

가치사슬(value chain) 상에서 이처럼 플랫폼의 파워가 커질수록 고민이 커지는 곳은 제조업체입니다. 온라인 비중을 높여나갈 수밖에 없는데, 플랫폼은 지속적인 가격 인하와 높은 수수료를 요구하거든요. 제조업체는 수익성이 악화될 수밖에 없죠. 이제 제조업체는 온라인 성장을 바라보고 거대한 플랫폼에 기댈지, 아니면 주도적으로 성장을 추구할지 선택을 해야 합니다.

전반적인 상황을 보면 제조기업은 소비자와 직접 만나는 D2C(Direct to Consumer) 방식으로 비즈니스모델을 전환하는 중입니다. D2C 판매방식을 도입하는 이유는 소비자 구매와 특성 데이터를 확보함으로써 브랜드 관리와 고객경험 개선에 활용이 가능해졌기 때문입니다. 과거 도매상과 소매상을 거쳐 제품이나 서비스를 공급하던 방식과 달리 공급망 전체를 아우르는 고객경험을 제안하고 다양한 마케팅 활동을 진행해 볼 수 있게 된 거죠. 또 직접 판매하면 불필요한 유통마진이 줄어 저렴한 가격으로 판매할 수도 있습니다.

아이템보다는 비즈니스모델 관점으로

패션업에 IT 기술이 적용되면 어떻게 될까요? 단순히 판매방법을 오프라인에서 온라인으로 바꾸는 것만이 아니라, 개개인의 취향에 맞게 상품을 제안하면서 가격까지 저렴하다면 산업을 새롭게 정의할 수 있겠죠.

이런 방식으로 패션업에서 산업을 새롭게 정의하고 있는 기업으로는 인스타그램 등에 올라온 내용을 바탕으로 비즈니스를 하는 추시(Choosy)를 들 수 있습니다. 추시는 유명 인플루언서들이 SNS에 자신의 일상 사진을 올리면 그 아래 달린 "이 청바지는 어디서 살 수 있나요?", "가격은 얼마인가요?" 같은 구매 관련 댓글을 분석하고 사람들의 관심을 정리합니다. 그리고 제작이 쉬운 아이템을 선정해 샘플을 만든 후 홈페이지(쇼핑몰)를 통해 주문생산 방식으로 옷을 판매하죠. 이때 주문받은 아이템을 만들어 고객에게 배송하기까지는 통상 3일이 걸리며, 미국은 어느 곳이든 2주 안에 배송을 해주는데요. 이 같은 방식은 재고에 대한 부담이 적어 상대적으로 저렴한 가격에 판매가 가능하며, 트렌드 변화에 대한 능동적이고 빠른 대처로 더 잘 팔리는 옷을 만들 수 있습니다.

전통적인 패션회사는 옷을 만들어서 판매하고 돈을 벌었습니다. 판매하는 제품과 돈을 버는 방식이 일치했으므로 소비자들이 선호하는 옷을 만들어내는 일이 가장 중요했죠. 유통채널, 가격 결정, 프로모션 등은 옷이 만들어진 이후에 고민했던 영역이었습니다. 반면, 추시는 지금 가장 잘 팔리는 옷을 상대적으로 저렴한 가격에 판매합니다. SNS상의 댓글을 분석해 소비자들의 니즈를 파악하는 역량, 빠르게 제조해 배송하는 역량을 확보하는 게 중요하죠. 비즈니스를 진행하려면 그럴듯한 아이디어가 아닌 실행 가능한 내부역량(파트너 포함)이 갖추어져야만 합니다.

추시 같은 기업들이 늘어나면 전통적인 판매방식을 고수하던 기업은 고민이 깊어질 수밖에 없습니다. 옷을 비싸게 팔아야 했던 이유는 유통과 재고비용 때문이었는데요. 온라인으로 유통채널을 간소화하고, 주문생산 방식을 채택하면 옷값을 큰 폭으로 낮출 수 있습니다. 전통기업들이 그동안 쌓아왔던, 만들어왔던 강점이 한순간에 무용지물이 되어버리는 것이죠.

기술이 기술에 머무는 게 아니라 소비자에게 집중되면 산업 재편이 가능합니다. 기술을 통해 새로운 뭔가를 경험한 사람들은 기존의 것을 버리고 새로운 것을 받아들이거든요. 그리고 다시는 과거로 돌아가지 않습니다.

플랜 A 비즈니스모델 구조화 질문들

기업에서 신규사업을 준비하고 있다고 가정해 보겠습니다. 거시환경, 산업환경, 경쟁구도, 소비 트렌드 등 다양한 요소들을 고려해 아이디어를 도출할 텐데요. 해당 분야에 대한 경험이 있다면 디테일한 부분까지 들어가겠지만, 경험이 없더라도 몇 가지 질문들로 사업계획을 구조화할 수는 있습니다.

첫 번째는 아이디어에 대한 이해입니다. 기술이 발전하면서 가능해지는 것들도 있고, 소비 트렌드가 변화되면서 나타나는 새로운 것들도 있습니다. 또 해외에서 인기 있는 뭔가를 국내로 들여올 수도 있고, 사용자층을 확장해 다각화할 수도 있는데요. 이런 아이디어(또는 아이템) 단계에서는 대략적인 경쟁우위가 이야기되어야 합니다.

두 번째는 고객의 문제입니다. 사람들에게는 지금 살아가는 방식이 있는 데다 대체재도 존재하기 마련입니다. 익숙함을 좋아하는 사람들은 자신의 행동방식을 바꾸려 하지 않으므로 고객의 문제가 명확해야 합니다. 우리가 할 수 있기 때문에 하려는 것과 고객이 가진 문제를 해결하려는 것은 결과물이 다를 수밖에 없으니까요.

세 번째는 고객들이 구매하는 이유입니다. '구매가치'라고도 표현하는데요. 고객은 사용자로 불리는 유저(User)와 구매자인 커스토머(Customer)로 구분합니다. 이때 실제 돈을 지불하는 커스토머와 사용하는 유저가 일치한다면 이야기가 쉽겠지만 일치하지 않을 때가 매우 많습니다. 커스토머와 유저가 일치하지 않는 대표적인 비즈니스 형태가 바로 B2B와 B2G이며, B2C에서도 아동용품, 실버용품, 반려동물용품 등은 둘이 다릅니다.

네 번째는 시장 매력도입니다. 시장의 매력도는 보통 시장성과 성장성을 중심으로 살펴보는데, 이때 주의할 점은 부분을 전체로 해석해서는 안 된다는 사실입니다. 예를 들면, IoT 반려동물 장난감을 만드는 기업이 시장성 데이터로 '반려동물 1천만 시대' 같은 통계를 가져오는 게 그것입니다. 우리가 설득하려는 고객은 반려동물 중에서도 실내에서 생활하면서 가족이 적은 1~2인 가구, 그중에서도 IoT를 선호할 만한 사람들인데 말이죠.

다섯 번째는 비용입니다. 새로운 비즈니스를 위해서는 많든 적든 돈이 필요합니다. 따라서 시제품 제작 및 사업화 비용에는 어느 정도가 들며, 이를 어떻게 조달할지에 대한 계획이 있어야 하죠. 잘 아는 분야라면 적절한 비용 집행이 가능하겠지만, 처음 시도하는 분야라면 계획보다 더 많은 돈이 들 수도 있습니다.

여섯 번째는 가격입니다. 가격은 기업의 수익을 결정하는 가장 중요한 변수입니다. 판매가격을 10% 인상할 때 원가와 구매 고객 수에 변동이 없다면 기업의 수익은 33% 이상 개선되니까요.

이처럼 신제품을 개발해 수익을 얻는 중요한 방법 중 하나가 '가격'임에도 대부분 심도 있게 고민하지 않습니다. 가격을 결정하는 황금률이나 실질적인 지침이 거의 없기 때문인데요. 원가와 판매가격, 목표 판매량 등을 결정해야 돈을 버는 시점인 손익분기 분석이 가능해집니다. 이때 가장 어려운 게 매출액 추정으로, 네 번째 항목인 시장성 및 성장성과 연관이 있고, 기업의 내부역량과도 관계가 있습니다.

일곱 번째는 사람입니다. 창업자와 창업멤버, 그들을 둘러싼 파트너 등의 네트워크가 비즈니스를 실행할 역량이 있는가 하는 것입니다. 어떤 문제를 해결하고 가능하게 만드는 일은 사람에게 달려 있습니다. 그리고 지속적인 경쟁우위를 만들어가는 일도 사람이 합니다.

아이디어를 플랜 A 비즈니스모델로

빈방을 가진 사람들과 빈방이 필요한 사람들을 연결해 주겠다는 아이디어가 있다고 가정해 보겠습니다. 이를 사업화하려면 빈방을 가진 사람들과 빈방이 필요한 사람들의 니즈(needs)를 시작으로 여러 가지 요인들을 확인해야 합니다. 사람들이 정말로 그런 문제를 갖고 있는지, 유사 방식과 비교해 차별점은 무엇인지, 어떻게 실행할 것인지, 투입되는 자원(시간, 돈, 사람 등)을 어떻게 조달할지, 정말로 돈을 벌 수 있는지 등에 대한 검토가 필요하죠.

이때 아이디어를 사업계획서로 작성하기보다는 관련 요소를 하나씩 검증하는 과정에서 얼마든지 방향이 바뀔 수 있으므로 한 장의 표로 간단하게 표현하는 게 좋습니다. 가능성과 방향 검증도 없이 많은 시간을 들여 문서로 정리하는 일만큼 비생산적인 행위도 없으니까요. 그리고 이처럼 아이디어를 한 장의 표로 구조화한 것을 '플랜 A'라고 한다면, 플랜 A는 비즈니스모델이라기보다는 현재 시점에서의 내 가설로 커뮤니케이션을 위한 도식화에 가까울 텐데요. 검증과 구체화 과정에서 즉각 수정 가능하다는 장점이 있습니다.

린 캔버스 방식 비즈니스모델

아이디어 구조화 방법론으로 가장 많이 사용되는 게 '린 캔버스(Lean Canvas)'와 '비즈니스모델 캔버스(Business model Canvas, BMC)'입니다. 린 캔버스는 애시 모리아(Ash Maurya)가 2012년에 처음 선보인 방법이고, 비즈니스모델 캔버스는 알렉산더 오스터왈더(Alexander Osterwalder)가 린 캔버스를 보완한 방법입니다.

그래서인지 두 개의 방법론은 형태가 서로 비슷합니다. 차이점이라면 린 캔버스는 좌측 항목이 시장의 문제와 솔루션에 초점이 맞추어져 있는 반면, 비즈니스모델 캔버스는 파트너와 핵심활동, 핵심 자원으로 구성되었다는 건데요. 린 캔버스가 문제를 검증하는 방법이라면 비즈니스모델 캔버스는 자원이 많은 대기업을 위한 프레임에 가깝습니다. 따라서 아이디어를 구조화하는 단계에서는 비즈니스모델 캔버스보다는 린 캔버스가 더 적합합니다.

앞에서 아이디어를 비즈니스모델로 구조화하기 위한 7가지 질문을 이야기했는데요. 바로 그 질문, 즉 '①시장(고객)의 문제, ②고객군, ③구매 이유, ④시장 매력도, ⑤우리의 해결방안(솔루션), ⑥경쟁우위, ⑦수익모델'을 린 캔버스에 대입시켜 보면 다음 표와 같습니다

플랜 A에 해당하는 린 캔버스는 한 번의 작성으로 최적화된 해답을 찾기 위한 게 아닙니다. 여러 사이클을 반복하면서 구조화해야 하므로 가능하면 앉은자리에서 한 번에 초안을 완성하는 게 좋습니다. 잘 모르는 영역은 공란으로 두어도 괜찮습니다. 그리고 구구절절한 설명보다는 키워드 중심으로 간결하게 핵심만 표현하면 되는데요. 무엇보다 공급자(판매자) 중심이 아닌 고객 관점에서 접근해야 합니다.

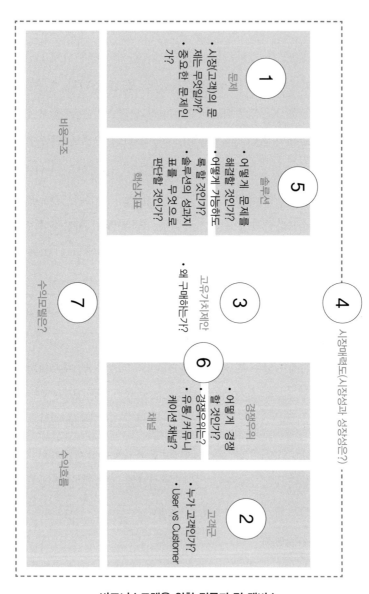

비즈니스모델을 위한 질문과 린 캔버스

비즈니스모델 캔버스(BMC)

알렉산더 오스터왈더가 고안한 비즈니스모델 캔버스는 비즈니스에 포함해야 하는 주요 사업요소를 9개의 블록으로 구성한 프레임으로, 가치가 어떻게 고객에게 전달되고 어떻게 수익을 만들 수 있는지를 중심으로 구성되는데요. 가치전달 부분에서는 기업이 고객에게 어떤 가치를 전달하는지, 그 가치를 어떻게 전달하는지, 고객과 어떻게 관계를 맺는지 등에 관한 내용을 담아야 합니다. 또 수익 부분에서는 자원과 활동, 파트너, 비용 등에 관한 내용이 들어가야 하죠.

린 캔버스가 고객의 문제를 중심으로 한 가설 검증에 초점이 맞추어져 있다면 비즈니스모델 캔버스는 이처럼 주요활동, 파트너, 주요 자원 등을 중심으로 실행에 좀 더 초점이 맞추어져 있다고 볼 수 있는데요. 9개의 블록으로 구성된 비즈니스모델 캔버스는 크게 타깃(Target), 가치(Value), 역량(Capability), 수익모델(Revenue Model)로 묶어 나타냅니다. 이때 타깃은 고객 세그먼트(Customer Segment), 고객 관계(Customer Relationship), 채널(Channel)로 세분화하고, 역량은 핵심활동(Key Activities), 핵심자원(Key Resources), 핵심 파트너(Key Partnerships)로 세분화하며, 수익모델은 비용구조(Cost Structure)와 수익구조(Revenue Stream)로 구성해 표시합니다.

비즈니스모델 캔버스 작성 사례

주요 파트너 Key Partners
- ○○○시스템 활용(해외 창고, 배송대행 사업)
- ○○○사(유럽)
- 재팬○○(일본)

주요 활동 Key Activities
- 일본 생활용품/장난감 등에 대한 전문 콘텐츠 발행
- 블로그 등 정보 제공

가치제안 Value Proposition
- 아기자기한 일본 생활용품 전문몰
- 일본 해외직구에 대한 정보 제공
- 신속하고 정확한 고객 응대

고객관계 Customer Relationship
- 블로그, 페이스북 등의 콘텐츠로 고객과의 관계 형성
- 자주 이용하는 고객(VIP) 전담 관리 운영

세분고객 Customer Segment
- 자기 보상, 소유욕구, 대리만족, 호기심, 편하게, 집에서, 취미, 과 저렴하고, 브랜드, 과 시욕, 희소성

주요 자원 Key Resources
- 네이버 검색광고
- 블로그를 통한 검색활동
- 페이스북을 통한 관계 형성
- 투자(자금)
- 인원 투입(인적 자원)

(유통)경로 Channels
- 일본 현지 사업자를 통한 빠른 사입과 배송
- 네이버 지식쇼핑 등 노출경로 강화
- 공동구매 형식의 판매 및 유통

비용구조 Cost Structure
- 사무실 경비(월세, 관리비 등)
- 검색포털, 페이스북 등 검색광고 비용
- 인건비, 마케팅비, 기타 잡비 등
- 시스템 유지보수비 등

수익구조 Revenue Streams
- 배달대행 수수료 : 배달지 제공, 구입물품 검수 및 반품, DOOR TO DOOR 배송 서비스 등
- 구매대행 수수료 : 구매정보 확인, 결제 대행, 반품 및 구매내역 변경, 배송단계까지 진행비 등

비즈니스모델 캔버스도 린 캔버스처럼 아이디어 등을 한 장의 종이에 간략히 표현할 수 있는 커뮤니케이션 도구인데요. 자신이 가진 특징과 한계점을 인식하고 사용한다면 비즈니스모델을 구체화하는 과정에서 커뮤니케이션에 큰 도움이 될 것입니다.

가치전달 방식 비즈니스모델

가치전달 방식으로도 비즈니스모델을 구조화할 수 있는데요. 책《성공하는 스타트업을 위한 101가지 비즈니스모델 이야기》에

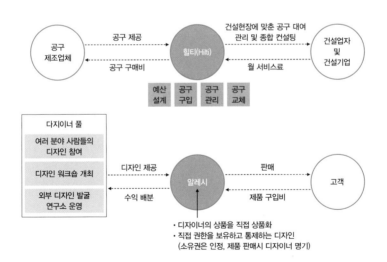

가치전달 방식의 비즈니스모델

서는 주로 가치전달 방식으로 비즈니스모델을 설명합니다. 시장에는 판매자와 구매자가 있기 마련이므로 그들이 서로 주고받는 가치전달을 중심으로 표현하는 거죠.

가치전달 방식은 아이디어 도출 초기에 생각을 구조화할 때 사용합니다. 칠판이나 노트 등에 비즈니스의 주체를 그려놓고 서로 무엇을 주고받는지를 중심으로 접근해 보는 것이죠. 물론, 가치전달 중심으로 구성되다 보니 비즈니스에 필요한 여러 요소를 표현하기에는 한계가 있습니다.

가치사슬(value chain) 방식 비즈니스모델

세상으로 나온 하나의 상품은 원재료 수급 후 제조공장에서 만들어지고, 물류를 통해 배송된 다음 마케팅을 통해 판매되며, 고장 나면 A/S가 진행되고, 수명이 다하면 폐기되는 일련의 시간적 흐름을 거칩니다. 따라서 실행의 관점에서 원재료를 어떻게 확보할지, 제조는 어떻게 할지, 만들어진 상품은 어떻게 유통할지, 판매는 어떻게 할지, 판매 후 A/S는 어떻게 할지를 생각하고, 그에 필요한 핵심활동과 핵심자원을 모색해야 하는데요. 이를 표로 만들어 적고, 상단에는 목표 고객과 그들이 구매하는 이유에 대한 구매가치를 써넣는 것, 즉 이처럼 실행 중심으로 비즈니스모델을

가치사슬 중심의 비즈니스모델 도식화

	레시피 개발	구매	생산	마케팅	판매	서비스
이야링	Veggie Food(채소 햄버거) 전문점					
목표 고객	시간상의 이유로 간단하게 식사를 해결하려는 20~30대 직장인과 학생, 햄버거 등을 주식으로 먹는 국내 거주 외국인					
고객 가치	시간 절약, 저칼로리, 고른 영양 섭취, 친환경					
핵심활동	• 20여 년 경력, 100여 개의 레시피 보유, 소비자 니즈에 맞는 레시피 개발 가능	• 현지 농가(충남 부여군, 전북 진안군, 충북 음성군 등) 현지 구매 처 확보 완료	• 매일 이침 신선한 재료를 준비된 배지푸드로 부가 메뉴 생산	• 저칼로리, 고른 영양, 신선함을 중심으로 전단지, 현수막 등 홍보	• 탐색→필요→지불→대남 형태로 구매과정에서 소요되는 시간 최소화	• 재구매를 위한 소핌 서비스 진행 등 서비스 활동
핵심자원 (파트너)	• 매장 내에서 조리 가능하여 휴일과 저녁 배정 후 시간 활용해 고객 니즈를 반영한 레시피 개발	• 배지푸드에 사용되는 채소는 다른는 채소를 구입한 경우로 구매 기능하나 신건 도를 높일 수 있는 농수산물이틀 공사의 B2B 구매 등을 활용	• 7~9시 사이에 출근하는 사람들을 위해 아침 시간에 매장에서 직접 배지푸드를 생산 • 점심용은 10~12시 사이에 생산함	• 인스타그램을 활용한 타깃 광고 • 블로그를 활용한 콘텐츠 광고 • 네이버 지도검색 등록과 플레이스 광고 등 진행 • 시너지를 낼 수 있는 매장과 협업	• 구매과정 표준화로 기다리는 시간을 최소화 • 당일에 팔리지 않는 음식은 절대 다음날 팔지 않고, 원재료 구매 과정 투명화함	• 운오프라인 연계로 기기더는 시간 • 온라인 후기 등을 지속 모니터링하여 서비스에 반영함

구조화하는 게 바로 가치사슬 방식입니다.

위는 실행 관점의 가치사슬을 중심으로 목표 고객, 고객들이 얻는 가치, 핵심활동 등을 구체화한 예입니다. 시간의 흐름대로 구성되어 어떻게 실행하는지를 직관적으로 보여준다는 장점이 있으나 린 캔버스나 비즈니스모델 캔버스처럼 비용구조와 수익구조 등을 표현하기 어렵다는 단점도 있죠.

올리버 가스만의 트라이앵글 모델

올리버 가스만(Oliver Gassmann)은 책《비즈니스모델 내비게이터》에서 '마법의 삼각형(트라이앵글) 모델'을 이야기합니다. 트라이앵글 모델은 고객이 누구인지, 무엇을 파는지, 그 제품을 어떻게 만드는지 그리고 그 비즈니스가 왜 수익성이 있는지를 설명하는데요. 그중 '누구에게'와 '무엇'은 외적 요소에 해당하고, '어떻게'와 '왜'는 내적 요소에 해당합니다.

첫 번째 '누구에게'는 목표로 하는 고객에 대한 질문입니다. 고객을 사용자(User)와 구매자(Customer)로 구분할 수 있는데, 여기에서 말하는 고객은 구매자인 커스토머를 말합니다.

두 번째 '무엇'은 가치제안(Value Proposition)입니다. 지금까지 다른 방식으로 문제를 해결해 온 고객들에게는 명확한 가치제안이 필요한데요. 그것은 목표 고객이 일반 소비자인지, 기업인지, 정부(공공)인지에 따라 달라집니다.

세 번째 '어떻게'는 가치사슬(Value Chain)입니다. 가치제안을 실행하려면 다양한 프로세스와 활동이 따라야 하는데, 이런 프로세스와 활동은 관련된 자원과 시설 그리고 기업의 가치사슬과 조화가 필요합니다.

네 번째 '왜'는 수익구조(Profit Mechanism)입니다. 수익구조에 답하기 위해서는 비용구조와 돈을 버는 방식을 이해해야 합니다. 추상적으로 '잘 될 것이다'가 아닌, 숫자를 기반으로 설명할 수 있어야 하죠.

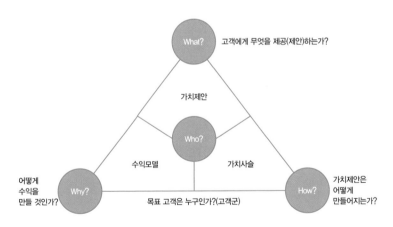

트라이앵글 비즈니스모델

전체상을 파악하기 위한 나인셀

가와카미 마사나오의 책《비즈니스 수익구조를 만들어내는 나인 셀(NINE CELL)》에서는 비즈니스의 전체상 파악이 가능한 나인셀 프레임을 제시하고 있는데요. 그동안 현장에서 사용되었던 STP, 4P(4C), 3C 분석, SWOT 분석, 밸류체인 같은 여러 기법을 매치시켜 전체 조망이 가능함을 이야기합니다.

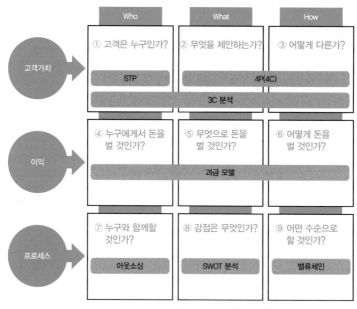

출처 : 《비즈니스 수익구조를 만들어내는 나인셀(NINE CELL)》

나인셀 비즈니스모델

나인셀 프레임워크는 9개의 질문에 대한 답을 9개의 셀에 써넣게 만듦으로써 비즈니스의 전체상을 파악할 수 있도록 해주는데요. 핵심 질문으로 '①당신의 비즈니스에서 고객가치는 무엇입니까? ②당신의 비즈니스는 어떻게 이익을 내고 있습니까? ③당신의 비즈니스에서는 고객가치와 이익을 창출하기 위해 어떤 과정을 거치게 됩니까?'를 묻습니다. 그리고 이 3개의 단은 '누구(Who), 무엇(What), 어떻게(How)'의 형태로 구성되어 있죠.

2부

비즈니스모델
들여다보기

1

제조가 중요할까,
유통이 중요할까?

제조가 중요할까요, 유통이 중요할까요? 사람들은 상품을 구매하므로 1차적으로는 제조가 중요합니다. 하지만 아무리 좋은 상품도 판매되지 않으면 의미가 없죠. 유통의 역할이 중요한 이유입니다. 그런데 현장에서는 제조와 유통이 매일매일 갈등을 빚습니다. 제조는 유통마진을 인정하려 하지 않고, 유통은 어떻게든 더 저렴한 가격에 상품을 소싱하려 하기 때문이죠.

제조와 유통은 요구하는 역량이 다릅니다. 제조는 연구개발을 중심으로 품질관리와 생산관리가 중요하고, 유통은 온·오프라인을 망라한 다양한 접점에서 판매할 수 있는 마케팅 역량이 중요합니다. 제조기업에게 요구되는 역량과 유통기업에게 요구되는 역량에는 이 같은 차이가 있어 하나의 조직이 제조와 유통을 동시에 잘하기는 어려운 게 사실입니다.

제조가 고객가치를 만드는 일이라면 유통은 고객가치를 전달하는 일입니다. 예를 들면, 밀가루와 달걀, 버터 같은 여러 가지 재료로 맛있는 빵을 만들어 부가가치를 창출하는 일은 제조의 영역이고, 고객이 접근하기 쉬운 장소에서 편리한 방식으로 구매할 수 있도록 하는 일은 유통의 영역이죠. 따라서 제조와 유통이 효율적으로 작동해야만 상품은 그 가치를 발휘합니다.

제조단계에서의 소요 비용

제조단계에서 투입되는 비용에는 원자재비, 노무비(생산 등의 인건비), 시설 운영과 관련된 간접비, 금형 제작 및 직원 교육 같은 생산 준비비, 원자재 조달 같은 운송 및 물류비, 품질검사 같은 품질관리비 등이 있는데요. 이러한 비용은 재료의 품질 및 원산

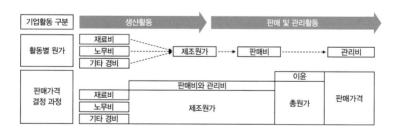

제조단계에서의 소요 비용

지, 생산 위치, 디자인의 복잡성, 제조 공정의 효율성과 같은 요인에 따라 달라집니다.

원자재비는 제품을 만드는 데 사용되는 기본 요소입니다. 옷이라면 직물(소재), 단추, 지퍼, 실 등이 원자재비인데요. 재료의 품질, 유형 및 원산지에 따라 달라지므로 글로벌 소싱 역량이 중요합니다.

노무비는 재단, 재봉, 마무리 작업처럼 생산과정에 참여하는 근로자들에게 지급되는 인건비와 수당을 말하는데요. 생산지역과 인력의 숙련도에 따라 달라지므로 인건비가 상대적으로 저렴한 국가에서 생산하거나 아웃소싱을 활용합니다.

간접비는 임대료, 장비 유지보수, 보험처럼 제조시설 유지 및 운영과 관련된 비용으로, 시설의 크기와 위치 그리고 효율성에 따라 달라지며, 노후된 시설과 장비일수록 커집니다.

생산 준비 비용은 시제품 제작, 금형 제작, 직원 교육 같은 초기 생산에 필요한 비용을 말하는데요. 디자인의 복잡성과 생산 프로세스의 효율성에 따라 달라집니다. 단순한 티셔츠를 생산할 때와 다양한 액세서리가 부착된 가죽점퍼를 생산할 때의 초기비용에 차이가 있는 것처럼요.

품질관리 비용은 품질관리 및 검사, 테스트, 인증, 환경규정 준수 등과 관련된 비용으로, 사회가 요구하는 수준이나 기업이 추구하는 방향에 따라 달라집니다. 예를 들면, 파타고니아같이 환경 친화를 미션으로 설정한 기업의 품질관리 비용은 다른 기업보다 높아질 수밖에 없죠.

운송 및 물류비용은 원자재를 제조시설로 운송하거나 완제품을 소매점이나 물류창고 등으로 운송하는 일과 관련된 비용인데요. 거리와 운송수단, 사용 연료의 가격에 따라 달라집니다.

유통단계에서의 소요 비용

유통단계에서는 입고, 운송, 재고관리, 포장, 반품 및 교환, 소매업체와의 제휴 등에서 다양한 비용이 발생하는데요. 운영 규모 및 생산장소와 유통센터의 위치, 브랜드력, 온·오프라인 유통채널 확보 여부 등에 따라 달라집니다.

창고비는 완제품이 소비자들에게 배송되기 전 물류창고 등에

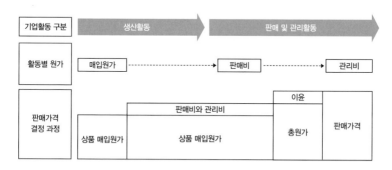

유통단계에서의 소요 비용

보관하는 것과 관련된 비용으로, 임대료와 시설 및 장비 유지관리비, 재고관리비, 보험 등의 비용을 말합니다.

운송 및 물류비는 완제품을 창고에서 소매점, 유통센터 및 소비자들에게 배송하는 일에 관련된 비용인데요. 해외에서 소싱하는 상품들은 긴 배송 거리, 수입 관세, 세금 등으로 인해 더 큰 비용이 발생합니다.

재고관리비는 판매 손실 또는 보유 비용 증가로 이어질 가능성이 큰 품절과 과잉 재고를 피하기 위한 비용으로, 수요 예측 및 재고 수준 추적, 주문 수량 최적화와 관련된 비용이 포함되는데요. 만약, 정교한 재고관리 소프트웨어를 사용해 판매 데이터를 추적하고 미래 수요를 예측하는 패션 브랜드라면 초기 비용은 많이 발생할지 모르나 장기적으로는 초과 재고 및 판매 손실을 줄임으로써 비용을 절감하게 됩니다.

포장비는 소매업체나 소비자에게 배송하기 위해 완제품을 포장하는 데 필요한 자재 및 노동과 관련된 비용을 말합니다. 여기에는 택배 박스, 티슈 페이퍼, 기타 포장재와 배송물 포장 및 라벨 부착을 위한 인건비가 포함되는데, 고급스러운 포장재를 사용하는 명품 브랜드의 비용이 저가 브랜드보다 더 큽니다.

반품 및 교환비는 반품에 소요되는 배송비, 반품 처리를 위한 인건비, 손상되거나 판매할 수 없는 제품의 잠재적 손실비 등을 말하는데요. 무료배송을 정책으로 보장하는 브랜드는 마케팅 측면에서 더 많은 고객을 유치할 수 있지만, 반품 및 교환과 관련된 비용이 다른 기업보다 더 크게 발생합니다.

파트너십 비용으로는 백화점이나 홈쇼핑 등에 지급되는 수수료 또는 커미션 등이 있습니다. 백화점 같은 경우, 높은 판매수수료 외에도 좋은 위치를 선점하기 위한 비용, 백화점 프로모션에 맞춰야 하는 마케팅 지원비 등 다양한 비용이 발생하죠.

제조는 어떤 문제를 해결하고 있는가?

제조와 유통의 비즈니스모델 이해를 위해 일상생활에서 쉽게 접할 수 있는 패션(의류 등)산업을 중심으로 살펴보겠습니다.

국내에서 의류를 제조, 판매하는 기업으로는 에프앤에프(F&F), 코오롱인더스트리 FnC 부문, 신세계 인터내셔널 등이 있습니다. 이들 기업은 옷을 직접 디자인한 후 제조해 판매하는 형태로, 자체 공장 없이 외주 생산을 하는 경우가 많은데요. 이들은 계절성, 재고관리, 패션 위험, 비용구조, 복잡한 공급망, 자본 지출 등의 문제를 해결하면서 제조에서 판매까지 모두 수행합니다.

반면, 남성 패션을 전개하는 무신사와 하이버, 여성 패션을 주도하는 29CM과 W컨셉 및 카카오스타일(지그재그)은 유통을 중심에 둔 플랫폼 기업입니다. 자체 브랜드로 판매되는 상품들도 있으나 대부분의 매출은 국내외 다양한 의류와 액세서리, 신발 등 패션 상품을 손쉽게 구매할 수 있도록 해주는 중개자 역할에서 나오는데요. 일반인과 패션 인플루언서들의 착장을 공유하는 콘텐츠와 커뮤니티로 트래픽을 형성해 커머스로 이어지게 하는 방식으로 성장해 왔습니다.

소비자들은 MLB 브랜드 옷을 백화점에서 구매하든 무신사에서 구매하든 별 차이가 없습니다. 하지만 MLB 브랜드를 제조하고 판매하는 에프앤에프와 이를 중개 판매하는 무신사의 비즈니스모델에는 차이가 있는 것처럼 패션업에는 몇 가지 특징이 있습니다.

첫 번째는 계절성입니다. 우리나라는 봄, 여름, 가을, 겨울 4계절이 비교적 뚜렷합니다. 계절에 따라 사람들의 선호도가 변하므로 기업들은 1년 내내 날씨 변화에 민감할 수밖에 없죠. 그런데 날씨의 변화에 따라 판매량이 달라지면 기업으로서는 일관된 현금흐름과 수익성 확보가 어려워집니다.

두 번째는 재고관리입니다. 재고관리는 의류 산업에서 매우 중요한 과제입니다. 옷을 많이 만들면 과잉재고로 관리비용이 증가할 뿐만 아니라 가격 인하로 이어지게 됩니다. 이에 대응하기 위해 유니클로는 시즌 한정판으로 옷을 판매하는 한편, 매장 간 재고를 회전시키는 방식으로 운영합니다. 예를 들면, 한정판으로 만든 옷이 어떤 매장에서는 잘 팔리는데 다른 매장에서는 판매되지 않을 수도 있는데요. 이때 판매가 잘 안 되는 매장에서 판매되지 않은 수량을 판매가 잘 되는 매장으로 회전시켜 재고를 최소화하는 것이죠.

세 번째는 패션 위험입니다. 아무리 유행이 돌고 돈다고 해도 그해에 만든 옷을 그해에 팔지 못하면 수익성에 문제가 발생합니다. 그래서 이 같은 손실을 최소화하기 위해 소비자 선호도를 모니터링하고 트렌드에 민감하게 반응하면서 대응하죠.

네 번째는 공급망의 복잡성입니다. 패션업은 의류 제조업 공급업체, 하청업체, 유통채널 등 공급망이 다양하고 복잡합니다. 높은 인건비 등으로 원재료 공급과 제조를 글로벌 소싱 방식으로 운영하기 때문에 복잡성이 더 커지고 있는데요. 복잡성은 생산비용을 높이는 요인이 되며, 정치적 요인이 발생하면 공급망에 문제가 생기기도 합니다. 그리고 이렇게 외적인 요인으로 생산일정에 차질이 발생하면 한 계절을 포기해야만 하는 경우까지 발생하기도 합니다.

유통은 어떤 문제를 해결하고 있는가?

유통은 생산자와 소비자가 다른 문제, 생산지와 소비지가 다른 문제, 생산시간과 소비시간이 다른 문제를 해결하는데요. 소매업체와 플랫폼 기업은 판매 및 유통, 마케팅 및 판촉, 고객경험, 제품 큐레이션 및 노출 강화, 고객 서비스 및 지원, 물류 및 재고관리 등에 있어 중요한 역할을 합니다.

또한, 유통과 플랫폼은 패션 브랜드를 더 많은 잠재고객에게 도달시키고, 판매를 창출하며, 긍정적인 고객경험을 만들어냅니다. 제조기업이 운영을 간소화하면서 핵심역량에 집중하도록 하는 역할도 하죠. 유통을 담당하는 소매업체인 백화점, 아웃렛, 오프라인 매장, 편집숍, 온라인 쇼핑몰 등은 브랜드를 소비자와 만나게 하는 채널입니다. 자사몰에서만 판매하면 10개밖에 못 팔지만, 유통채널을 활용하면 100개 판매가 가능하듯 이 같은 소매업체는 더 많은 소비자에게 다가가 매출을 올려줍니다. 물론, 그 과정에는 여러 가지 비용이 들죠.

먼저, 마케팅 및 프로모션 비용은 매장 내 디스플레이, 온라인 광고, 소셜 미디어 프로모션, 인플루언서를 비롯한 유명인과의 협업비용 등을 말하는데요. 이를 통해 제품 홍보 및 브랜드 인지도를 높일 수 있습니다.

제품과 서비스의 품질이 상향 평준화되면서 고객경험 또한 중요해졌습니다. 고객과 제품 간 상호작용이 가능해지면서 개인화된 쇼핑 경험을 제공할 수 있게 되었는데요. 이때 드는 비용이 바로 고객경험비입니다. 온라인 플랫폼의 경우 손쉬운 탐색, 제품 리뷰, 개인화된 추천 서비스, 간편 결제 같은 디지털 쇼핑 경험을 제공하는 데 많은 비용을 들이는 게 사실입니다.

리테일러와 플랫폼 기업은 다양한 패션 브랜드의 상품을 선별해 고객에게 선택의 폭을 넓혀주어야 합니다. 그러려면 제품 큐레이션뿐만 아니라 소비자들의 검색에 잘 드러나게 해야 하는데, 당연히 그에 따르는 비용이 발생합니다. '10만 개의 옷이 있다'고 얘기하는 것보다 '당신을 위해 추천합니다'가 통하는 이유는 많은 제품 중에서도 소비자들을 압도하기 때문입니다.

고객 서비스 및 지원비용은 배송, 반품, 교환에 드는 비용을 말합니다. 콜센터 기능을 대체하는 챗봇 등의 운영에 들어가는 비용도 고객 서비스 비용으로 분류할 수 있는데요. 이를 통해 신뢰가 쌓이면 충성도가 바탕이 된 재구매 및 긍정적인 입소문으로 이어질 가능성이 큽니다.

물류 및 재고관리비용은 창고 보관비, 주문 발송, 배송 및 반품 처리 비용 등을 말합니다. 최근에는 CJ 같은 물류 전문 기업들이 이런 일들을 일괄 처리해주고 있어 많은 기업이 디자인 및 제품 개발 같은 핵심역량에 집중하고 물류 및 재고관리는 아웃소싱을 활용합니다.

매출액=단가×수량

    기업은 제품이나 서비스를 판매함으로써 돈을 버는데요. 구체적으로는 ①가격 인상·수량 축소, ②가격 인상·수량 현상 유지, ③가격 인하·수량 증대, ④가격 유지·수량 증대 같은 방법들이 있습니다.

가격 인상·수량 축소

    가격을 인상하면서 수량을 줄이는 사례로는 명품 브랜드를 들 수 있습니다. '인지된 희소성' 원리를 활용한 전략인데요. 예를 들면, 매년 한정된 수량만 판매하는, 롤렉스를 대표하는 다이버 손목시계인 서브마리너(Submariner)는 '스테인리스 스틸 데이트

① 가격 인상·수량 축소	② 가격 인상·수량 현상유지
● 브랜드 인지도를 높여 프리미엄(럭셔리)으로 연출하여 높은 가격에 판매하는 것 ● 샤넬, 구찌 등 명품 브랜드	● 상품의 가치를 높이고 판매가격을 높이는 것 ● 닥스, 헤지스, MCM, 빈폴 등 준럭셔리 브랜드
③ 가격 인하·수량 증대	④ 가격 유지·수량 증대
● 저가 정책으로 판매수량을 높이는 것 ● 유니클로, 자라, H&M 등 패스트패션 브랜드	● 구매자 층 확대, 판매지역 확대, 홍보 및 광고활동 강화 등을 통해 고객을 늘리는 것

의류(패션) 기업의 비즈니스 방향성

버전'의 중고 가격이 1,000만 원이 넘습니다. 모두 판매되었기 때문에 중고도 웃돈을 주어야만 살 수 있는 거죠. 이런 이유로 롤렉스 시계는 나이키와 함께 리셀시장을 이끄는 브랜드로도 많이 언급됩니다.

의도적으로 수량을 축소하면서 가격을 높이는 상품으로는 에르메스 버킨백도 있습니다. 버킨백을 사려면 우선 에르메스의 고객이 되어야 하는데요. 매장에 재고가 있는 게 아니라 매장에 입고된 후 안내를 받아 구매할 수 있는 환상의 희귀템이기 때문입니다. 에르메스의 다른 상품을 먼저 구입해 고객이 된 후 안내를 받아야만 살 수 있는 거죠. 언제 안내를 받게 될지도 모르는 데다 원하는 색상과 소재의 제품을 선택할 수 없는 제품이 버킨백입니다.

가격 인상 · 수량 현상 유지

수량은 유지하면서 꾸준히 가격을 올리는 브랜드로는 MCM, 루이까또즈, 닥스, 메트로시티 같은 준 브랜드가 있는데요. MCM은 패트리샤 필드, 페노메논, 크레이그 레드먼 같은 세계적인 아티스트들과 컬래버레이션을 진행하면서 프리미엄 라인을 확대하는 중입니다. 루이까또즈는 '실용적인 핸드백'으로 포지셔닝하면서 프랑스에서 시작되었다는 브랜드 속성을 이용해 베르사유 특별전, 국립 퐁피두 센터 특별전 후원 등 프랑스 문화와 관련된 문화 마케팅을 통해 꾸준히 가격을 인상하고 있죠. 이처럼 준 명품 브랜드들이 유명 인플루언서나 다른 브랜드들과 협업을 강화하는 이유는 MZ세대(20~30대) 공략을 위해서입니다.

다만, 준 브랜드는 포지셔닝이 애매해 명품과 패스트패션에게 끊임없이 공격을 당하기도 하는데요. 애매한 브랜드 여러 개보다는 초고가 명품 하나와 저렴하고 트렌디한 신흥 브랜드 여러 개가 MZ세대에게는 더 좋은 선택으로 다가가기도 합니다. 이처럼 매스티지(Masstige) 브랜드는 애매한 포지션을 극복할 만큼의 흥미로운 아이덴티티를 제시하기가 쉽지 않습니다. 이들이 쇼룸, 플래그십, 플랫폼을 활용해 소비자들과 접점을 늘리고 다양한 컬래버레이션을 진행하는 이유가 바로 그 때문이죠.

가격 인하 · 수량 증대

저렴한 가격에 많은 상품을 판매해 돈을 버는 기업으로는 자라(Zara), 유니클로(Uniqlo), H&M 같은 패스트패션 기업을 들 수 있는데요. 유니클로는 트렌드를 좇기보다는 고품질, 기능성, 합리적 가격으로 접근합니다. 고품질과 기능성을 위해 원단과 소재에 대한 투자를 지속하는데, 히트텍(HEATTECH)과 에어리즘(AIRism)이 그 결과물입니다.

이 방식을 이용하려면 가성비는 기본이고 유행을 타지 않는 디자인을 중심으로 규모의 경제, 효율적인 공급망 및 재고관리가 가능해야 합니다. 단순히 마진을 낮추는 게 아니라 가성비가 가능한 구조를 만들어야 한다는 뜻입니다. 유니클로는 공급업체와의 협상을 통해 생산비용을 낮추면서 운영의 효율성을 높이고 있습니다. 단기적인 패션 트렌드에 집착하지 않고 핵심제품에 집중하면서 대량생산을 통한 생산비 인하 등으로 가격경쟁력을 확보하는 거죠.

가격 유지 · 수량 증대

가격을 유지하면서 판매량을 높여 시장점유율을 확대한 기업으로는 슈프림과 나이키가 있습니다.

1994년 제임스 제비아(James jebbia)에 의해 설립된 뉴욕의 스트리트 브랜드 슈프림은 희소성을 바탕으로 높은 브랜드 충성도를 확보하고 있습니다. 30달러에 판매된 슈프림 로고를 새긴 벽돌은 이베이(e-bay)에서 1,000달러에 재판매되기도 했는데요. 슈프림은 한정판 제품 출시 및 유명 아티스트, 디자이너, 브랜드와 협업하면서 많은 사랑을 받는 브랜드입니다.

나이키를 말하면 상징적인 스우시(swoosh) 로고와 "Just Do It" 슬로건이 떠오릅니다. 강력한 브랜드 아이덴티티를 구축하고도 마케팅 및 광고에 많은 비용을 투자하면서 수십 년 동안 사랑받고 있는 브랜드죠. 최고 스포츠 선수들과의 제휴, 주요 스포츠 이벤트 후원, 지속적인 제품 혁신으로 판매가격을 유지하면서도 시장점유율을 높여갑니다.

제조업의 비즈니스모델

옷과 같은 패션 상품은 배보다 배꼽이 더 큰 산업에 속합니다. 제조기업이 만든 옷을 백화점에서 판매할 경우 생산원가, 유통 수수료, 판매인력 수수료, 재고 손실, 마케팅비 등의 비용이 발생 하죠. 그래서 소비자들은 원가 2만 원짜리를, 할인받고도 8만 5천 원에 사게 되는 겁니다.

원가 2만 원짜리에 10만 원이라는 가격을 책정하고 8만 5천 원에 파는 또 하나의 이유는 사람들이 어떤 옷을 선호할지 모르기 때문입니다. 기업들은 계절마다 서로 다른 100장의 옷을 만들어 100장 중 50장을 그해에 팔고 30장은 내년에, 15장은 내후년

항목	백화점(단위 : 원)
생산원가	20,000
유통 수수료	32,000
판매인력 수수료	13,000
재고손실	8,500
마케팅 비용	5,000
순이익	6,500
실구매가격	85,000
소비자 가격	100,000

의류의 원가구조, 원가+재고 · 유통비용+수수료 등

에 그리고 남은 5장은 땡처리 방식으로 판매하는데요. 시간이 지날수록 할인의 폭이 커질 수밖에 없으므로 어느 순간부터는 손해를 보고 팔게 됩니다.

게다가 의류 제조업은 진입장벽이 낮아 업체 간 경쟁이 치열하고 노동집약적인 산업입니다. 따라서 글로벌 소싱을 통한 가격경쟁력 확보, 브랜드 충성도, 디자인, 상품기획, 온·오프라인 판매채널 확보 등의 역량이 중요합니다.

수요 예측, 제조 역량, 브랜드 파워, 재고관리를 바탕으로 성장 중인 기업으로는 '디스커버리'와 'MLB' 브랜드를 보유한 (주)에프앤에프를 들 수 있습니다. 에프앤에프는 1992년에 패션 사업에 진출했는데, 영업이익률이 30%에 달한다고 합니다.

패션업은 일반적으로 제조원가보다 판매관리비 비중이 높습니다. 옷을 만들 때보다 유통과 프로모션에 더 많은 돈을 쓰기 때문에 영업이익률이 높지 않죠. 반면, 에프앤에프는 제조와 운영에 대한 노하우, 브랜드 파워 등을 바탕으로 가격결정력을 보유하고 있는데요. 에프앤에프 같은 제조기업은 원재료 조달에서부터 생산, 유통, 마케팅 등 가치사슬 전반의 최적화가 필요합니다. 어느 하나를 잘해서 30%의 영업이익을 만들어내는 게 아니라는 뜻입니다.

에프앤에프가 높은 영업이익을 창출하는 이유는 트렌디하고

이 윤

기업구조
- 상품기획, 생산, 물류, 디자인, 마케팅 활동의 수직적 통합
- 글로벌 소싱과 외주 생산 등을 활용한 비용 최적화

인사관리
- 디자이너, 마케팅 담당자, 영업 직원 및 고객 서비스 담당자를 포함한 직원 고용 및 교육
- 지속적인 전문성 개발 기회 제공 및 긍정적인 기업문화 조성

기술개발
- 재고관리, 주문 이행 및 고객경험을 개선하기 위한 기술 솔루션 구현
- 전자상거래 플랫폼과 IT 인프라 개발 및 유지 관리

조달 및 구매
- 관리, 재무, 법률 기능을 포함한 강력한 조직 구조
- 업계 규정 및 표준 준수 보장
- 전략적 파트너십 및 협업 관리

인바운드 물류	운영활동(생산)	아웃바운드 물류	마케팅 & 영업	서비스
• 직물 등이 원재료를 (글로벌) 공급자로부터 소싱 • 단추, 지퍼, 악세서리 등 부품조달 • 제조업체 및 공급 업체와의 관계 구축 • 재고 및 보관시설 관리	• F&F 포트폴리오 내 브랜드별 상품기획 및 개발 • 의류 및 악세서리 생산을 위해 제조업체와 협력(아웃소싱을 통한 생산) • 품질관리 및 생산 표준 준수 보장 • 전자상거래, 플랫폼, 소매점 운영 관리	• 소매점 및 전자 상거래 주문 처리를 위해 센터에 대한 제품 유통 조정 • 주문 이행을 위한 배송 및 물류 파트너 관리 • 고객에게 제품을 적시에 배송하는 물류 관리	• 브랜드별 마케팅 전략 및 광고 캠페인 진행 • 소셜 미디어, 온라인 광고를 활용한 여 제품 홍보 • 인플루언서 및 근 텐조 제작자와의 협력 • 판매 프로모션, 계절 할인 및 로열티 프로그램 관리	• 전화, 이메일, SNS 등 다양한 채널을 통한 고객 대응 및 지원 • 고객 문의, 불만 및 피드백 처리 • 개인화된 제품 추천 및 쇼핑 경험 제공 • 플랫폼의 사용자 친화적인 UI/UX, 안전한 결제, 개인정보보호 등의 쇼핑 경험

에프앤에프(F&F) 가치사슬

에프앤에프(F&F) 비즈니스모델 캔버스

주요 파트너
- 글로벌 브랜드 라이선스
- 의류 제조업체(아웃소싱 의류 생산)
- 소매 파트너 및 유통업체(원자재 공급)
- 마케팅 및 광고 파트너
- 디자이너 및 제품 개발팀(상품 기획)

주요 활동
- 다양한 패션 브랜드 포트폴리오 개발 및 관리
- 의류 및 액세서리 디자인, 생산 및 마케팅
- 소매 및 전자상거래 운영
- 재고 관리 및 주문 이행
- 마케팅 및 광고

주요 자원
- 브랜드 포트폴리오
- 패션 트렌드 리더
- 디자인 및 제품 개발
- 전자상거래 플랫폼 및 기술 인프라
- 재고 및 창고 시설
- 마케팅 및 광고 예산

가치제안
- 브랜드(상징성)
- 트렌디하고 패셔너블한 의류 및 액세서리
- 합리적인 가격
- 정기 프로모션
- 결합한 온라인 쇼핑 경험
- 편리한 소매점 위치

고객 관계
- 개인화된 제품 추천 및 쇼핑 경험
- 반응이 빠른 고객 서비스 및 지원
- 소셜 미디어 참여 및 콘텐츠 마케팅
- 재방문 고객을 위한 로열티 프로그램 및 특별 혜택

세분 고객
- 다양한 스타일과 가격대에 관심이 있는 유행에 민감한 소비자
- 밀레니얼 세대

채널(유통)경로
- 개별 브랜드를 위한 전자상거래 웹사이트
- 오프라인 소매점
- 소셜 미디어 플랫폼
- 이메일 마케팅
- 온라인 광고 및 검색엔진

비용구조
- 재고 조달 및 보관
- 전자상거래 플랫폼 개발 및 유지보수
- 마케팅 및 광고비
- 직원 급여 및 복리후생
- 소매점 운영비
- 배송 및 물류비용

수익구조
- F&F의 브랜드 포트폴리오에서 의류, 액세서리, 화장품 판매
- 소매 및 전자상거래 운영 수익
- 파트너 및 유통업체의 라이선스 비용 및 로열티

화려한 디자인, 패스트패션 접근 방식, 온·오프라인의 다양한 판매채널, 연예인과 인플루언서 등을 활용한 마케팅이 주효했기 때문입니다. 하지만 그보다 더 주목받아야 하는 요소는 효율적인 공급망 관리인데요. 에프앤에프는 상품기획, 생산, 물류, 디자인, 마케팅 등 패션 비즈니스의 전 과정을 디지털로 전환해 왔습니다. 가치사슬 전 영역이 하나로 연결되어 협력업체까지 공유되는 구조로 운영되고 있죠.

이를 두고 골드만삭스는 "에프앤에프는 디지털 전환(Digital Transformation)을 통해 강력한 제품 적중률, 건전한 재고관리로 선순환 수익구조를 마련하고, 엄격한 가격 정책으로 브랜드 가치를 보존해 성과를 이끌어내고 있다"라고 분석하기도 했습니다. 앞서도 언급했듯 어느 하나만 잘해서가 아니라 비즈니스 전반을 통합함으로써 30%에 육박하는 영업이익률을 달성하고 있다는 얘기입니다.

2

플랫폼 비즈니스모델

모바일 기기 확산, 소셜미디어 일반화로 인한 디지털 환경에서 나타나는 대표적 현상이 플랫폼이 세상을 지배한다는 건데요. 네이버, 쿠팡, 페이스북, 카카오톡 등은 직접 뭔가를 생산하거나 판매하지 않습니다. 물건을 팔고 싶은 사람과 사고 싶은 사람을 연결해 주고, 친구와 친구를 연결해 주죠.

과거에는 쉽게 만날 수 없었던 사람들이 이처럼 플랫폼을 통해 연결되자 새로운 가치가 창출되고 있습니다. 플랫폼 장악이 큰 성장으로 이어지는 이유입니다. 그리고 이미 검색, 유통, 부동산 중개, 맛집 등 수많은 분야를 플랫폼 기업이 장악했는데요. 이들은 새로운 산업 생태계를 구축하면서 정보 및 협상력에서 절대적인 우위를 확보했습니다. 여기서 재미있는 사실은 플랫폼을 지

배하면서 압도적인 수익을 창출하는 기업은 개척자가 아닌 후발
주자라는 점입니다. 다양한 기술이 생산성과 효율성을 높인다는
사실을 확인한 기업들이 과거의 방식을 버리고 디지털에 더 많이
투자하기 때문이죠. 기술의 진화를 막을 방법은 없습니다.

플랫폼과 함께하는 일상

플랫폼 비즈니스는 참여자들을 다른 참여자들과 연결시킴으
로써 가치를 창출합니다. 주로 사용자와 공급자를 중개하는 방
식을 활용하는데요. 네이버, 카카오, 쿠팡, 배달의민족, 당근 등이
대표적인 플랫폼 기업들입니다. 산업의 특성에 따라 차이는 있으
나 플랫폼은 일반적으로 콘텐츠를 기반으로 팬덤을 만든 후 중개
수수료와 판매(커머스), 광고 등으로 수익모델을 만들어갑니다. 그
과정에서 이해관계자를 관리하면서 제품과 서비스의 품질을 고
도화해 나가는 방식으로 성장하죠.

우리는 하루 24시간을 플랫폼과 함께 살아갑니다. 아침에 눈
을 뜬 후 출근하고, 일하고, 밥 먹고, 약속을 잡는 모든 순간순간
에 플랫폼이 존재합니다. 심지어 잠을 자는 동안에도 개인의 수
면 기록을 측정하고 저장하죠. 플랫폼을 떠나서는 살 수 없는 세
상이 되었다고 해도 과언이 아닙니다. 이때 개인의 편리함을 떠

나 생각해볼 점은 모든 데이터가 플랫폼으로 집중된다는 사실인데요. 서비스 제공을 위해 축적하는 이 같은 개개인의 데이터는 향후 비즈니스로 확장될 때 큰 힘을 발휘합니다.

예를 들면, 쿠팡에서는 거의 모든 브랜드의 운동화가 판매됩니다. 쿠팡 데이터 분석팀은 현재 사람들이 어떤 브랜드의 어떤 디자인을 선호하는지 알아내는 게 가능하다는 뜻으로, 나이키와 아디다스 같은 제조기업이 시장조사를 통해 이해하는 정보와는 차원이 다르죠. 이렇게 소비자 행동에 대한 정보를 확보한 플랫폼은 이를 무기로 제조회사와의 협상력을 높이면서 영향력을 확대해 나갈 수 있습니다.

플랫폼 비즈니스의 특징들

플랫폼 비즈니스의 속성은 독점입니다. 카카오톡 외에 다양한 대안이 있음에도 사람들은 카카오톡만을 사용하고, 문서작성은 여전히 마이크로소프트의 오피스 제품을 사용하죠. 이는 네트워크 효과, 규모의 경제, 데이터 이점, 높은 진입장벽, 브랜드 인지도 및 신뢰도 때문입니다.

네트워크 효과란 어떤 상품에 대한 수요가 형성되면 그것이 다른 사람들의 선택에 큰 영향을 미치는 걸 말합니다. 50명이 사용하는 카카오톡과 500명이 사용하는 카카오톡 그리고 5천만 명이 사용하는 카카오톡에는 큰 차이가 있죠. 이처럼 같은 서비스를 사용하는 사람들이 늘어나면 그 서비스를 이용함으로써 얻는 효용이 더 커지는 게 바로 네트워크 효과입니다.

기업들은 네트워크 효과를 보기 위해 사업화 초기에 특정 시장에 집중하는 전략을 취합니다. 카카오톡은 가까운 사람들과 대화할 때 사용하고, 페이스북으로는 모르는 사람들과 일상을 공유하죠. 또 밴드는 모임의 용도로 활용하고, 유튜브는 동영상을 공유합니다. 카카오톡, 페이스북, 밴드, 유튜브 등을 통상적으로 소셜 미디어라고 부르지만, 각각의 용도에 맞게 인식되고 있습니다.

인테리어 플랫폼 '오늘의 집', 간편 송금 서비스 '토스', 중고거래 플랫폼 '당근' 등의 성장 배경에는 초기 사용자의 자발적 홍보가 큰 역할을 했습니다. 긍정적인 사용자 경험이 다른 사람들에게 영향을 미쳐 추가 사용자를 만들어내고, 그 상품을 선택하는 사람들이 많아지면 많아질수록 수요가 늘어나는 편승효과가 나타났죠. 이처럼 네트워크 효과는 특정 카테고리에서 사람들의 인식 속에 사실상 표준으로 자리잡도록 만드는 데서부터 출발합니다.

데이터 이점, 규모의 경제, 독점

네트워크 효과가 형성되면 데이터를 바탕으로 더 좋은 서비스를 만들어낼 수 있습니다. 데이터를 활용해 서비스를 고도화하는 것이죠. 예를 들면, 오늘의집은 인테리어와 연관된 막대한 양의 데이터를 가지고 있고, 배달의민족은 음식 배달과 관련된 엄청난 양의 데이터를 축적하고 있습니다. 그래서 이들은 사람들이 많이 찾는 제품을 서비스 첫 화면에 배치하거나 지금 인기 있는 것들을 제시하면서 트렌드를 만들어가는 게 가능한데요. 이런 식으로 사용자 경험을 확대하면 다른 기업들이 따라오기 어렵습니다.

네트워크 효과, 확보된 데이터의 이점을 활용하면 플랫폼은 또 규모의 경제가 가능해집니다. 카카오가 김기사를 인수해 카카오내비를 출시하기까지는 많은 시간과 비용을 썼지만, 이 플랫폼을 기반으로 카카오택시와 대리운전 등으로 비즈니스를 확장하는 데는 상대적으로 적은 비용을 들였습니다. 플랫폼에 참여하는 사용자와 공급자가 증가할수록 비용은 감소하니까요.

게다가 네트워크 효과, 확보된 데이터의 이점, 규모의 경제는 브랜드 인지도 및 신뢰도 상승으로 이어지는데요. 이를 통해 플랫폼은 새로운 사용자 유치와 기존 사용자 유지가 더 쉬워지는 반면, 경쟁 서비스는 설 자리가 더 좁아집니다. 이런 과정을 거쳐 플랫폼은 지배적인 사업자가 되면서 시장을 독점하죠.

아래 그림은 아마존 창업자 제프 베이조스가 그린 플라이휠 비즈니스모델입니다. 플랫폼에서 판매하려는 사람들이 많아지면 많아질수록 다양한 상품들의 경쟁으로 인해 구매자들은 낮은 가격에 제품을 구매할 수 있게 되는데요. 이는 다시 더 많은 판매자를 유입시키는 역할을 합니다. 판매자들은 구매자들에게 선택받기 위해 가격경쟁을 할 수밖에 없고, 시간이 흐르면 플랫폼에서의 판매가격이 최저가라는 인식이 자리잡게 되죠. 어느 순간부터 뭔가를 구매할 때 여기저기를 떠돌지 않고 쿠팡을 이용하는 것처럼, 시장 지위와 경쟁력이 커진 독점적인 플랫폼은 그렇게 탄생합니다.

플랫폼이 독점적인 지위를 확보하게 되면 수익모델 변경을 통해 영향력을 확대하기 시작합니다. 아마존은 제품을 매입해 창고

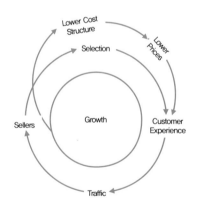

아마존 비즈니스모델

에 보관한 후 고객에게 빠른 시간 안에 배송하면서 수익을 낼 뿐만 아니라 판매자를 위한 서비스 제공으로도 돈을 버는데요. 풀필먼트(Fulfillment) 서비스가 대표적으로, 물류 전문업체가 판매자를 대신해 주문한 제품의 입고, 포장, 배송 등 물류창고를 거쳐 고객에게 배달하기까지 전 과정을 일괄적으로 처리해주는 방식입니다.

아마존은 판매자가 자신의 상품을 아마존이 지정한 창고에 배송해 놓기만 하면 이후의 모든 과정을 대행합니다. 단순한 물류 대행을 넘어 고객서비스와 반품까지 대행해주니 기업으로서는 더 편리해졌죠. 반면, 고객과 만나는 접점은 점점 축소될 수밖에 없습니다. 결국, 아마존은 플랫폼에 참여하는 판매자와 구매자 모두를 장악하면서 수직적·수평적 통합으로 영향력을 더 확대하게 됩니다.

인공지능과 사람의 협업

소비자 선호도, 기술의 발전, 전자상거래 시장의 성장, 진화하는 소매 환경, 구독 기반 서비스 등의 요인으로 사람들의 구매방식이 달라지고 있습니다. 패션 제품이 특히 그렇습니다.

개인화되고 편리한 쇼핑 경험을 제공함으로써 큰 사랑을 받는 스티치픽스(Stitch Fix)가 그 예인데요. 스티치픽스는 소비자들이 입력한 데이터만으로 옷을 추천하고 배송해 줍니다. 데이터를 분석해 좋아할 만한 옷을 찾아내고, 전문 스타일리스트가 그중 5가지를 골라 고객에게 배송하죠. 고객들은 옷을 입어보고 마음에 들지 않으면 반품하면 됩니다. 개인의 스타일에 맞는 옷을 추천하고 배송한 후 원치 않는 옷은 쉽게 반품할 수 있도록 한 거죠. 주말에 입을 옷을 개인화된 경험을 바탕으로 편리하게 제공해 주면 사람들 모두 좋아하지 않을까요? 개인화된 접근방식은 이처럼 쇼핑 프로세스를 단순화시켜 바쁜 소비자의 시간을 절약해 줍니다.

또 인공지능 기술로 만들어진 모나(Mona)는 고객 이메일 내의 뉴스레터와 주문서, 영수증 내용 등을 분석해 개인화된 상품을 매일매일 추천해 줍니다. 이베이는 페이스북 메신저를 통해 상품을 검색하고 관련된 질문을 하면 페이스북과 연동된 숍봇(Shopbot)이 대화형으로 개개인에게 최적화된 상품을 추천하죠.

전자상거래 시장의 일반화도 기여도가 큽니다. 스티치픽스 같은 비즈니스가 가능한 이유는 전자상거래에 대한 폭넓은 경험 때문입니다. 입어보고 사야만 했던 옷을 입어보지 않고도 살 수 있게 된 지금, 스티치픽스가 온라인 쇼핑의 편리함과 개인화된 스타일링 서비스를 결합한 전자상거래 플랫폼을 제공함으로써 오프라인 매장과 디지털 소매점 간의 차이를 해소한 것이죠.

스티치픽스의 특징 중 하나를 들자면 데이터 기반 접근입니다. 온라인 매장은 고객의 모든 행동을 수집할 수 있습니다. 게다가 데이터 수집 및 분석기술의 발전으로 고객을 더 잘 이해할 수 있게 되었는데요. 스티치픽스는 이처럼 데이터와 알고리즘을 활용해 각각의 고객에게 개인화된 스타일을 제시해 선택의 정확성과 만족도를 높입니다.

또한, 스티치픽스는 변화하는 소매환경에 적응한 기업이기도 합니다. 전통적인 오프라인 소매점은 전자상거래 증가와 소비자의 구매방식 선호도 변화로 인해 어려움에 직면한 상태인데요. 스티치픽스는 온라인 쇼핑의 편리함과 스타일리스트의 개인화된 추천을 결합한 독특한 가치제안으로 새로운 쇼핑 경험을 제공합니다. 그리고 스티치픽스의 수익모델 중에는 구독모델도 있습니다. 고객에게 지속적으로 가치와 편리함을 제공하는 동시에 멤버십 등을 통해 이탈을 최소화하면서 반복적인 수익을 창출하고 있죠.

스티치픽스의 비즈니스모델을 이야기했으나 사실 앞날이 긍정적이지만은 않습니다. 2021년 1월 나스닥 상장 당시 95달러이던 주가가 3달러까지 내려앉았을 뿐만 아니라 제품 시장 적합성(Product Market Fit)에 대한 부정적 시선이 커졌기 때문입니다. PMF는 제품이 시장의 요구와 기대에 부응하는 정도를 의미하는데요. '개인화되고 편리한 쇼핑 경험'이라는 스티치픽스의 비즈니스 가설이 실현 가능한지에 대해 의문을 던지는 것이죠.

스티치픽스는 직접 옷을 제조하지 않아 수익률에 한계가 있는데다 높은 인플레이션, 수요 감소, 비대해진 재고가 마진과 이익을 압박 중입니다. 시중에 유동성이 풍부했던 시절, 이익이 아닌 성장률로 투자받고 나스닥에 상장까지 했지만, 시중에 돈줄이 말라가면서 자체 비즈니스를 통해 수익을 내도록 요구받는 건 어쩌면 당연한 일인데요. 이는 '그때는 맞고 지금은 틀린 것'이기도 하고, 비즈니스에서 중요한 '타이밍'의 문제이기도 합니다.

콘텐츠→커뮤니티→커머스

무신사는 프리챌 카페에서 "무진장 신발 사진 많은 곳"으로 시작된, 큐레이션이 강한 편집 패션 커머스인데요. 성공요인으로 온라인 중심 플랫폼, 엄선된 셀렉션 및 협업, 콘텐츠와 커뮤니티, 디지털 마케팅 등을 듭니다.

매출은 브랜드 제품을 매입해 판매하는 상품 매출액과 무신사 스탠다드처럼 자체적으로 제조 판매하는 PB제품 매출액, 7천여 개의 다양한 브랜드가 오픈마켓처럼 판매할 때 발생하는 플랫폼 수수료, 임대와 자회사 매출액 등의 기타 매출액으로 구분할 수 있는데요. 2018년에는 상품과 제품의 매출이 43%, 플랫폼 수수료가 55% 수준이었으나 2022년에는 상품과 제품의 매출이 55% 수준으로 중개보다는 직접 판매 비중을 높이고 있습니다.

플랫폼 비즈니스는 ①브랜드와 파트너십을 통한 성장, ②수직적 통합을 통한 비용 절감, ③새로운 카테고리 영역 확장 등의 수평적 통합, ④M&A를 통한 비즈니스 확장 등으로 성장합니다. 무신사 또한 플랫폼 수수료를 꾸준히 낮추면서 브랜드와 파트너십을 활용한 성장은 물론, 무신사 스탠다드 같은 PB상품 확대를 통한 수직적 통합과 남성 카테고리 중심에서 여성과 유아 등으로 확장하는 수평적 통합을 함께 진행하면서 성장 중이죠.

대부분의 패션 플랫폼이 브랜드들로부터 매입해 오는 비용은 낮추지 못하는 상태에서 광고로 고객을 유입시켜야 하므로 영업이익을 창출하기가 어렵습니다. 반면, 무신사는 하나의 플랫폼으로 광고 없이 고객을 유입시키며, 플랫폼에 참여하는 기업에게는 광고비를 받지 않고 상품랭킹을 운영하는 등 공정성과 신뢰성을 높였는데요. 무신사의 명목 수수료율은 30% 수준이지만, 스토어 내 할인 등 부담하는 비용을 감안하면 실질 수수료는 12% 수준입니다.

무신사는 또 패션 플랫폼 역할뿐만 아니라 브랜드들이 상대적으로 관심을 두지 않는, 그렇지만 꼭 필요한 옷을 제조, 판매합니다. 바로 무신사 스탠다드인데, 무신사 스탠다드의 원가비율은 70% 수준으로 일반 의류의 원가비율보다 높습니다. 상대적으로 비싼 가격에 거래되는 입점사들의 상품과는 다른 가격대로 판매함으로써 플랫폼 내에서 소비자 간 상호잠식(cannibalization)을 막기 위함이죠.

무신사는 이처럼 온라인 스토어와 무신사 스탠다드를 활용한 판매 이원화로 플랫폼 수수료 외에 제품판매 수익으로 성장하는 전략을 쓰고 있습니다. 플랫폼이 브랜드의 영역을 침범하는 게 아니라 브랜드가 못 하는 영역에서 상호보완하는 형태로 성장하는 것입니다.

사실, 무신사나 쿠팡 같은 플랫폼이 직접 선수로 참가하는 건 분명 문제가 있습니다. 만약, 다양한 사업자들이 판매하는 상품 데이터를 들여다보면서 사업성 있는 아이템을 자회사를 통해 PB 상품으로 판매한다면 공정한 게임이 아니죠. 또 노출되는 상품의 순위를 임의로 변경하거나 높은 수수료를 요구하면서 싫으면 떠나라는 식의 지배력 남용 문제도 언제든 일어날 수 있습니다. 물론, 제조와 유통의 충돌, 경쟁을 통한 자연스러운 현상으로 받아들일 수도 있지만, 전체적인 관점에서 보면 생태계를 파괴하는 행위이기도 합니다.

무신사의 린 캔버스 비즈니스모델

문제
- 다양한 스트리트웨어 및 캐주얼 패션 브랜드에 대한 제한적 접근
- 독점 컬렉션 및 협업 찾기 어려움

솔루션
- 선별된 스트리트웨어 및 캐주얼 패션 제품을 제공하는 전자상거래 플랫폼
- 독점 컬렉션 및 디자이너, 인플루언서와의 콜라보레이션

핵심 지표
- 플랫폼 활성 사용자 수
- 방문자에서 구매로 '전환율'
- 평균 주문 금액
- 고객유지율 및 재구매율
- 수익률

고유 가치제안
- 다양한 스트리트웨어 및 캐주얼 패션 임점 외의 캐주얼 패션 활발한 온라인 쇼핑 경험
- 스트리트웨어 신사만의 스타일 등 무신사만의 컬리 콘텐츠
- 패션 관련 콘텐츠, 구매 후기와 같은 커뮤니티
- 입점 브랜드의 영역을 차별하지 않는 기본템, '무신사 스탠다드'

경쟁 우위
- 패션 브랜드 및 디자이너와의 강력한 관계
- 고객 선호도 이해
- 엄선된 셀렉션 및 컬럼
- 콘텐츠 및 커뮤니티
- 데이터 기반 그로스 해킹
- 디지털 마케팅
- 고객 지원

채널
- 전자상거래 웹사이트
- 모바일 앱
- 소셜 미디어 플랫폼
- 이메일 마케팅
- 온라인 광고 및 SEO

고객군
- 스트리트웨어와 캐주얼 패션에 관심 있는 패션에 민감한 소비자
- 밀레니얼 세대

비용구조
- 재고 조달 및 보관
- 전자상거래 플랫폼 개발 및 유지보수
- 마케팅 및 광고비
- 직원 급여 및 복리후생
- 배송 및 물류 비용

수익흐름
- 의류, 액세서리 및 기타 패션 상품 판매
- 후원 콘텐츠 및 협업을 통한 광고 수익
- 플랫폼에서 타사 판매자의 수수료

무신사 비즈니스모델 캔버스

주요 파트너
- 패션 브랜드
- 의류 제조업체
- 결제 제공업체
- 운송 및 물류회사
- 마케팅 및 광고 파트너
- 인플루언서
- 콘텐츠 제작자

주요 활동
- 다양한 브랜드의 패션상품 큐레이션 및 판매
- 플랫폼 개발 및 관리
- 마케팅 및 광고 캠페인
- 디자이너, 인플루언서와의 콜라보레이션
- 재고 관리
- 주문 이행 및 배송

가치제안
- 다양한 스트리트웨어 및 캐주얼 패션 제품
- 독점 컬렉션과 디자이너 및 인플루언서와의 콜라보레이션
- 원활한 온라인 쇼핑 경험
- 경쟁력 있는 가격 및 정기 판매 프로모션
- 편리한 배송 및 반품 정책

고객 관계
- 맞춤형 제품 추천
- 반응이 빠른 고객 서비스 및 지원
- 소셜 미디어 참여 및 콘텐츠 마케팅
- 재방문 고객을 위한 로열티 프로그램 및 특별 혜택

세분 고객
- 스트리트웨어와 캐주얼 패션에 관심 있는 패션에 민감한 사람
- 밀레니얼 세대

주요 자원
- 전자상거래 플랫폼 및 기술 인프라
- 재고 및 창고 시설
- 마케팅 및 광고 예산
- 패션, 전자상거래 및 고객 서비스에 대한 직원 전문성

(유통)경로
- 전자상거래 웹사이트
- 모바일 앱
- 소셜 미디어 플랫폼
- 이메일 마케팅
- 온라인 광고 및 SEO

비용구조
- 재고 조달 및 보관
- 전자상거래 플랫폼 개발 및 유지보수
- 마케팅 및 광고비
- 직원 급여 및 복리후생
- 배송 및 물류비용

수익구조
- 의류, 액세서리 및 기타 패션 상품 판매
- 후원 콘텐츠 및 협업을 통한 광고 수익
- 플랫폼에서 타사 판매자의 수수료

플랫폼이 이익을 만드는 방법은?

플랫폼 비즈니스는 콘텐츠→커뮤니티→커머스 순서로 성장합니다. 다른 곳에는 없는 유용한 콘텐츠로 사용자를 모으고, 커뮤니티를 통해 충성고객을 만든 후, 이들에게 제품과 서비스를 판매하는 방식으로 수익모델을 추구하죠. 중개수수료와 광고로 돈을 벌 수도 있지만 이는 시장규모가 매우 커야 가능합니다.

예를 들면, 부킹닷컴과 익스피디아에서 결제하는 금액에는 호텔의 서비스 비용과 중개수수료가 포함되어 있는데요. 통상적으로 중개사이트들은 12% 내외의 수수료를 갖고 갑니다. 12%에서 인건비, 광고비, 사이트 유지비, PG(결제대행)사 수수료 등의 비용을 제하고 수익을 창출해야 하므로 폭리를 취한다고 보기는 어렵습니다. 오히려 수익 창출이 쉽지 않은 상황이죠.

그 때문에 중개 플랫폼은 우회적으로 수익모델을 만들어냅니다. 대표적인 게 고객이 익스피디아에서 결제한 시점과 호텔에 비용을 지급하는 시점에 차이를 두는 방법입니다. 고객이 부킹닷컴과 익스피디아에서 결제한 금액이 숙박업체에게 정산되기까지는 60일 정도 소요됩니다. 이 시간의 차이를 활용해 금융수수료를 얻는 거죠. 또 BC카드로 결제하면 다른 카드에 비해 통상 8% 정도 할인을 해주는데요. BC카드 소유 고객이라면 다른 카드보다는 BC카드로 결제하기 마련으로, 이때도 익스피디아는 결제

금액의 1.5%를 수수료로 받습니다.

이처럼 중개수수료로 운영하려면 시장규모가 매우 커야 합니다. 특정 시장을 목표로 하는 버티컬 플랫폼(Vertical Platform)의 경우, 중개수수료와 광고로는 수익모델을 만들어내기 어렵습니다. 따라서 플랫폼 비즈니스에서는 중개모델을 판매모델로 전환하면서 이해관계자와 상품의 품질을 관리하는 능력을 필요로 합니다.

$$\boxed{3}$$

라이프 스타일을 제안하는
리테일

라이프 스타일이란 사람이 생활하면서 살아가는 삶의 방식 또는 사는 방식을 말합니다. 라이프 스타일을 쉽게 접할 수 있는 곳이 오프라인 소매점인 리테일인데요. 리테일 매장은 소비자와 직접 커뮤니케이션이 가능한 접점으로 마케팅의 유효성과 트렌드를 읽을 수 있는 곳입니다.

전환기를 맞은 오프라인 리테일

공급자 및 수요자가 가진 정보의 양이 불균등한 상황을 '정보의 비대칭성(asymmetry)'이라고 하는데요. 도소매 같은 리테일 기업들은 그동안 이 같은 정보의 차이로 돈을 벌었습니다. 소비자는 생산, 도매, 소매로 이어지는 유통구조 속에서 제한된 정보로 의사결정을 해야만 했죠. 그런데 인터넷과 SNS 등을 통해 이 같은 정보의 비대칭성 구조가 무너지기 시작하면서 소비자들의 힘이 더욱 커지게 되었습니다.

유형의 제품이든 무형의 서비스든 이제는 검색과 SNS를 활용해 정보를 탐색합니다. 사람들의 의견과 경험, 오프라인에 대한 다양한 후기 등을 실시간으로 확인하죠. 배송은 빠른지, 반품은 쉬운지, 포인트는 얼마나 적립되는지 등 여러 부분을 고려해서 사는 게 요즘 소비자들의 구매형태입니다.

스마트폰이 가져온 리테일 환경의 변화는 지금 또 다른 전환점을 맞이하는 중입니다. 인공지능(AI), 사물인터넷(IoT), 가상현실(VR), 증강현실(AR), 빅데이터 등 주요 디지털 기술이 리테일을 근본적으로 변화시키기 시작한 것인데요. 이제 리테일의 핵심 경쟁력은 가격을 중심으로 한 단순한 상품 중개가 아닙니다. 생산과 소비에 관한 정보를 공유함으로써 발생하는 새로운 가치의 실현이죠. 얼마나 빨리 초지능, 초실감, 초현실화를 이루어내는지, 그것을 얼마나 잘하는지에 따라 리테일의 미래가 결정될 수밖에 없으니까요. 그러려면 디지털과 물리적 경험의 결합이 중요합니다. 국내외 유통기업들이 디지털 기술을 선도적으로 도입하면서 기술 기반의 유통환경을 구현하는 이유가 바로 여기에 있습니다.

기술을 바탕으로 한 새로운 가치제안

소비자가 바뀌면 상품을 판매하는 곳도 바뀌게 되어 있습니다. 빅데이터와 인공지능을 통해 소비행동을 예측할 뿐만 아니라 자동 구매 및 상품 추천이 일반화되는 것처럼 말이죠. 앞서도 얘기했듯 스티치픽스는 소비자들이 입력한 데이터만으로 옷을 추천하고 배송해 줍니다. 데이터를 분석해 좋아할 만한 옷을 찾아내고, 전문 스타일리스트가 그중 5가지를 골라서 고객에게 배송하는데, 고객들은 옷을 입어보고 마음에 들지 않으면 반품하면 됩니다. 한편, 인공지능 기술로 만들어진 모나(Mona)는 고객 이메일 내의 뉴스레터와 주문서, 영수증 내용 등을 분석해 개인화된 상품을 매일매일 추천해 줍니다.

산업 간 융합에 따라 업태 간 경계가 붕괴되고 있는 것도 특징입니다. 스마트폰을 중심으로 온·오프라인이 연결되면서 제조와 생산 영역에 걸쳐 새로운 변화가 생겨난 건데요. 카카오톡의 캐릭터를 판매하는 카카오프렌즈숍은 통상적인 캐릭터 상품의 범위를 넘어 문구, 의류, 완구 등 다양하게 상품을 확장하고 있습니다. 동네 문구점은 이제 카카오와 경쟁을 해야 합니다. 지난 몇십 년 동안 산업을 구분했던 방식은 더 이상 의미가 없어졌습니다. 그리고 이마트와 쿠팡이 경쟁했듯 산업구조 변화에 따른 산업 간 경계의 붕괴 현상은 더욱 가속화될 게 분명합니다.

쇼핑과 엔터테인먼트의 결합

오프라인 매장은 쇼핑과 엔터테인먼트가 결합되어 몰입도 높은 경험을 제공하는 형태로 전환되는 중입니다. 쇼필즈(Showfields)가 그 예로, 쇼룸의 미래를 보여주는데요. 매장을 경험하려면 사전 예약이 필수인 쇼필즈는 30분 단위로 일정 고객을 모아 입장시킨 후 매장 내에서 공연하듯 상품을 소개합니다. 내추럴 커피 스크럽 제품으로 유명한 프랭크 보디(Frank Body) 쇼룸에서는 브랜드에서 사용하는 커피 원두를 직접 갈아보게 함으로써 다각도로 제품을 경험해보도록 하죠. 단순히 상품을 진열하고 판매하는 공간이 아니라 사용 환경과 경험을 제공하는 것이죠.

쇼필즈 쇼룸에서의 공연 소재는 브랜드입니다. 배우들은 브랜드 쇼룸을 넘나들며 공연을 하고, 고객들은 쇼룸의 상품과 배우들의 공연을 즐깁니다. 배우와 고객이 제품을 시연해보고 연극도 관람하면서 함께 호흡하는 건데요. 공연의 흐름이 끊길 수 있으므로 매장 내에서는 직접 제품을 판매하지 않고, 공연을 마친 후 마지막 코너인 '더 랩'에서 합니다. 놀이공원에서 온종일 신나게 놀다가 집에 돌아가는 길에 기념품을 구입하는 것처럼요.

쇼필즈의 수익모델은 판매수수료가 아닌 구독료입니다. 쇼필즈 매장에서 판매되는 상품의 수수료는 기업(브랜드)이 가져갑니다. 대신 쇼룸의 위치에 따라 구독료를 받는데요. 사람들이 많이

쇼필즈 비즈니스모델 캔버스

주요 파트너
- 오프라인 공간에서 함께하는 D2C 및 디지털 네이티브 브랜드
- 몰입형 경험에 기여하는 아티스트 및 크리에이터
- 이벤트 소품사, 파트너

주요 활동
- 매력적인 소매 공간 및 경험 큐레이팅 및 디자인
- 새로운 브랜드 및 아티스트의 파트너십
- 몰입적 소매 위치 관리 및 유지
- 고객 유치 및 유동인구 유도를 위한 마케팅 및 프로모션

주요 자원
- 유동 인구가 많은 오프라인 매장 및 쇼룸 공간
- 역동적인 큐레이티드 및 머천다이저
- 신규 팝업리 브랜드 및 기존 D2C 브랜드, 아티스트와의 관계

가치제안
- D2C브랜드에게 유리하고 재미있는 소매 경험 제공
- 독특하고 매력적인 쇼핑 경험
- 독특하고 창의적인 공간과 예술작품을 통한 브랜드 이야인터점

고객 관계
- 매장 내 개인화되고 세심한 고객 서비스 제공
- 고객 참여 및 브랜드 충성도 향상을 위한 이벤트
- 고객이 새로운 브랜드 및 아티스트를 발견하고 교류할 수 있는 플랫폼 제공

세분 고객
- DTC(Direct-to-Consumer) 및 물리적 소매점을 찾는 디지털 네이티브 브랜드
- 독특한 쇼핑 경험을 찾는 현지인과 관광객
- 몰입형 경험과 새로운 제품가 발굴에 관심이 있는 사람

(유통)경로
- 교통량이 많은 지역의 리적 소매 위치
- 홍보 및 브랜드를 위한 쇼필즈 웹사이트, 소셜 미디어 채널
- 교차 프로모션 및 마케팅을 위한 주요 브랜드와의 파트너십

비용구조
- 오프라인 소매점의 임대 및 유지 관리비
- 큐레이터, 머천다이저, 고객 서비스 직원을 포함한 직원 급여
- 마케팅 및 판촉 비용
- 이벤트, 체험 제작비

수익구조
- 리테일 공간에 대해 주요 브랜드기 지불하는 임대료
- 추천 브랜드 제품 판매 수수료
- 이벤트, 체험 후원 및 제휴

방문하는 장소는 금액을 높게 책정하고, 티켓이 있어야만 입장 가능한 공간은 조금 낮은 수준의 금액을 책정하죠. 유동인구가 많은 대로변은 임대료가 비싸고, 이면도로 쪽은 저렴한 것과 같습니다.

오프라인 매장의 미래는?

오프라인이 미디어가 될 수 있음을 보여주는 곳이 뉴욕의 편집매장인 '스토리(STORY)'입니다. 오프라인 공간을 잡지처럼 매거진화한 스토리는 잡지가 매월 특정 콘셉트로 구성되는 것처럼 1~2달 간격으로 매장의 주제를 정해 인테리어와 상품을 변경하는데요. 이때 상품에 얽힌 이야기(story)를 발굴해 소비자들의 흥미를 유발하는 게 특징입니다.

스토리는 스스로를 유통이 아닌 매체로 정의합니다. 수익모델이 상품 판매수수료가 아닌 입점업체들로부터 받는 '편집비용(editing fee)'이죠. 올림픽처럼 메인 스폰서도 운영하는데요. 인텔, 타깃, GE, 리바이스, 펩시, 아메리칸 익스프레스 등의 글로벌 기업들이 적게는 7만 5천 달러에서 많게는 75만 달러까지 스폰을 합니다. 잡지가 콘텐츠 중간중간에 광고를 게재해 수익을 얻는 방식과 유사하죠. 물론, 기업들은 제품을 판매하려는 목적보다는 브랜딩 관점으로 접근할 때가 더 많습니다. 지금 당장 판매되지는 않더라도 미디어가 끌어모은 사람들의 관심을 바탕으로 브랜드의 포지셔닝을 강화해 가는 거죠.

오프라인은 상품을 전시해 놓고 파는 곳이라는 상식을 뒤집는 형태의 매장들도 생겨나고 있습니다. 전자기기를 파는 '베타(b8ta)'가 대표적으로, 베타는 매장 천장에 20여 대의 특수 카메라를 설치해 놓고 방문한 고객들의 움직임을 수집 및 분석합니다. 체험형 매장인 플래그십 스토어와 쇼룸 등을 통해 제품이 아닌 소비자 경험(행동) 데이터를 제조업체에 판매하는 비즈니스모델로, 오프라인 유통의 미래상을 제시했다는 평가를 받는데요. 제조업체로서는 수집된 디지털 데이터뿐만 아니라 직원과 고객의 대화를 통해 얻은 제품에 대한 피드백도 제공받기 때문에 제품을 개선하는 데 큰 도움이 됩니다.

베타(b8ta)는 다른 매장에서 볼 수 없는 혁신적인 제품과 서비스를 제공하고, 소비자는 과거 오프라인 유통에서 경험하지 못했던 새로운 경험을 즐길 수 있습니다. 한마디로 고객경험(Customer Experience, CX)에 집중하는 것이죠.

베타는 제품판매로 돈을 벌지 않습니다. 매장 내에서 판매된 금액은 전부 메이커에게 돌려줍니다. 대신 오프라인 매장의 진열 공간에 대한 비용, 즉 제품을 매장에 진열하는 조건으로 과금을

주요 파트너

- 제품 제공을 위한 신기술 브랜드 및 스타트업
- 협업 및 제품 소케이스를 위해 설립된 기술 회사
- 매장 확장을 위한 쇼핑몰 및 소매점
- 데이터 분석 및 플랫폼 개발을 위한 기술 파트너

주요 활동

- 매장 운영 및 관리
- 새로운 브랜드 및 제품 발굴
- 제품 시연 및 고객 지원
- 제품, 매장의 마케팅 및 홍보
- 제품 사용에 대한 데이터 분석 및 보고서 시각화

가치제안

- 새롭고 혁신적인 제품에 대한 소매점(오프라인) 사용 경험 제공
- 소비자에게 독특하고 상호 작용하는 쇼핑 경험을 제공
- 오프라인 고객 행동 및 제품(서비스) 참여에 대한 보고서 제공
- 오프라인 공간에서 스타트업 제품에 대한 사용 기회 제공

고객 관계

- 매장 내 제품 시연 및 베타(b8ta) 직원 지원
- 온라인 고객 지원 및 도움말 센터
- 매장 내 맞춤형 브랜드 고객경험

세분 고객

- IoT, App, O2O 등 디지털 기술을 적용한 브랜드
- IT 관련 스타트업
- 혁신적인 제품에 관심 있는 소비자(얼리어답터)

주요 자원

- b8ta 오프라인 매장
- 온라인 플랫폼, 웹사이트
- 오프라인 매장에서 사용자 직극적인 참여
- 고객 데이터 및 분석 도구
- 브랜드 및 소매점과의 파트너십

(유통경로)

- 오프라인 b8ta 매장
- 온라인 쇼핑몰, 웹사이트, 소셜 미디어 및 디지털 마케팅
- 쇼핑몰, 소매점과의 제휴

비용구조

- 점포 임대 및 운영비
- 매장 직원 및 관리직 급여
- 온라인 플랫폼 개발 및 유지 비용
- 마케팅 및 프로모션 비용
- 물류 및 재고 관리 비용

수익구조

- 소매 공간 및 서비스에 대한 브랜드의 가입비
- 베타 매장에서 판매되는 상품에 대한 판매 수수료
- 베타 홈페이지를 통한 온라인 판매
- 쇼핑몰 및 소매점과의 제휴

베타(b8ta) 비즈니스모델 캔버스

합니다. 앞서 말했듯 베타는 매장 천장에 15~24대의 카메라를 설치해 놓고 고객들의 움직임을 찍습니다. 성별과 연령대 같은 인구통계학적 정보뿐만 아니라 어떤 제품 앞에서 주로 발걸음을 멈추는지, 제품을 사용하는 사람들의 반응이 어떤지를 분석해서 메이커에게 제공하죠. 그리고 이를 통해 제조사는 우리 제품에 관심이 있는 고객들이 어떤 사람들인지, 사용자들의 평가는 어떤지 등의 인사이트를 얻습니다. 물론, 베타를 찾은 고객들도 즐거워합니다. 다른 곳에서는 살 수 없는 신제품을 가장 먼저 만날 수 있으니까요. 또 제품을 사용해본 후 구매를 하지 않아도 되므로 부담도 없습니다.

온라인의 가격경쟁력에 밀려 사양산업으로 접어들 수밖에 없을 것만 같던 오프라인 매장이 이처럼 새롭게 변신 중입니다. 온라인의 강점을 흡수하면서 온라인이 할 수 없는 일들에 집중하고 있죠.

오프라인은 브랜드 체험공간으로

오프라인 매장은 고객이 새로운 방식으로 제품 및 브랜드를 경험할 수 있도록 독특하고 몰입도 높은 체험을 제공하는 데 주력해야 합니다. 명동에 브랜드 체험공간을 오픈한 나이키가 대표적으로, 나이키 서울 매장의 입구에 들어서면 '스포츠 펄스(Sports Pulse)'가 시선을 사로잡는데요. 거대한 디지털 아트처럼 보이는 '스포츠 펄스'에는 나이키의 건강 애플리케이션인 나이키 런 클럽(NRC)과 나이키 트레이닝 클럽(NTC) 멤버의 데이터가 실시간으로 스크린에 나타납니다. 다양한 커뮤니티들의 운동 정보와 스포츠 스토리를 보면서 역동적인 열기를 느끼게 되죠.

오프라인과 온라인이 통합되는 옴니채널 전략도 중요합니다. 세포라(Sephora)는 세포라 버추얼 아티스트(Sephora Virtual Artist)로 매장에서의 디지털 경험을 통합했는데요. 고객은 이 같은 증강현실을 활용해 가상으로 메이크업 제품을 체험하게 됩니다. 또 세포라 앱에서는 개인의 선호도와 피부 유형에 따라 개인화된 제품을 추천하며, 고객은 앱으로 매장을 예약하거나 이벤트 참석이 가능한데요. 오프라인 매장은 온라인 채널과 통합해 운영해야 원활한 쇼핑경험을 제공할 수 있습니다.

그런데 이처럼 원활한 쇼핑경험 제공을 위해서는 먼저 개인화가 필요합니다. 오프라인 매장은 데이터와 기술을 활용해 개별 고객 선호도에 맞는 개인화된 경험을 제공할 수 있어야 하죠. 스타벅스가 모바일 앱과 로열티 프로그램을 활용한 고객의 구매 내역과 선호도를 기반으로 상품을 제안하거나, 앱을 통해 음료를 맞춤화하거나, 좋아하는 주문을 저장해 쉽게 재주문할 수 있도록 하는 것처럼요.

오프라인 공간은 유연성도 중요한데요. 위에서 사례로 보여준 뉴욕의 편집매장 '스토리'가 대표적입니다. 스토리는 오프라인 공간을 잡지처럼 매거진화해 한두 달 간격으로 매장의 주제를 정해서 인테리어와 상품을 변경합니다. 이를 통해 새롭고 매력적인 쇼핑경험을 제공하죠. 매장의 레이아웃 또한 새로운 테마, 이벤트 및 협업을 수용할 수 있도록 유연하게 설계했습니다.

오프라인 매장에서 커뮤니티가 형성되면 고객으로부터 충성도를 이끌어낼 수 있습니다. 아웃도어 브랜드 파타고니아는 매장에서 환경 및 사회적 문제와 관련된 이벤트, 워크숍 및 영화 상영회를 자주 개최하는데요. 이는 브랜드 가치에 대한 인식을 높일 뿐만 아니라 유사한 관심사와 가치를 공유하는 고객 간에 공동체 의식을 조성합니다. 커뮤니티를 통해 충성도를 높이는 동시에 온라인과 차별화를 이룬 거죠.

고객에게 어떻게 접근할 것인가?

유통은 다양한 유통경로를 통해 목표고객에게 제품을 제공하는 활동이고, 유통경로는 제품을 생산자로부터 고객에게 전달하는 과정 혹은 전달과정에 참여하는 구성원의 집합체를 말합니다. 유통경로에 참여하는 도소매상은 생산자가 만들어낸 사용가치에 시간과 장소, 소유와 형태를 바꿈으로써 제품의 상품가치에 교환 가치를 더하는 역할을 하는데요. 도매와 소매 사이를 담당하는 중간상은 생산시점과 구매시점의 불일치 및 생산장소와 구매장 소의 불일치를 해소하고, 생산자에서 소비자로 소유권이 이전될 때까지 소유권을 보유함으로써 재정적 부담과 상품 진부화의 위 험을 떠안으며, 생산자가 판매하기 원하는 제품의 양 및 형태와 소비자가 구매하기 원하는 제품의 양 및 형태에서 발생하는 불일 치를 해결합니다.

이렇게 유통의 교환가치가 생산의 사용가치와 더해질 때 완전 한 제품이 됩니다. 유통은 본연의 기능이 있으므로 없어지지는 않겠지만, 변화에 적응 못 하는 곳은 머지않아 생존 자체가 위협 받는 상황을 겪게 될 수도 있습니다. 그것이 디지털 트랜스포메 이션으로 대변되는 다양한 기술을 받아들이고 스스로 혁신해야 하는 이유입니다.

디지털 기술이 가져온 리테일 환경의 변화에 대응하려면 단순 판매자에 머물기보다 다양한 기술 생태계를 선제적으로 내재화 하려는 노력이 필요합니다. 전략적 관점에서 데이터를 분석하고 전략을 수립해 의사결정을 해야 하는데요. 수요예측에서부터 소비자 분석까지 디지털 기술의 활용 영역은 무궁무진합니다.

또 유통의 공급 측면에서 볼 때 재고관리, 창고관리, 매장관리 등의 영역에서 자동화가 일어나고 있습니다. 사물인터넷 센서의 발달은 관리의 정확도를 높이면서 모든 상품의 이동과 상태정보를 실시간으로 확인할 수 있게 했죠. 그리고 리테일 현장에서는 로봇이 매장을 관리하면서 효율성 또한 극대화시켰습니다.

고객경험을 강화하는 데는 증강현실과 가상현실이 있는데요. 온라인과 오프라인이 하나의 세상이 되면서 물질적(physical) 세계와 디지털(digital)을 연결한 피지털(Phygital)이라는 새로운 흐름이 나타났으며, 빅데이터를 기반으로 특정 소비자만을 대상으로 하는 리얼타임 마케팅도 일반화되는 중입니다.

구매 단계에서는 간편결제와 배송 효율화 측면에서 기술이 활용됩니다. 네이버, 삼성, 애플, 구글 등 글로벌 사업자들이 간편결제 시장에 공을 들이는 이유는 소비자가 구매를 결정한 후 결제까지 걸리는 시간을 최소화하기 위함입니다. 아마존처럼 드론을 활용해 상품을 배송하는 건 인건비를 절감하고 배송 속도 및 정확도를 개선키 위함이고요.

고객관계 측면에서는 사물인터넷을 중심으로 상품의 이력 추적이 가능한데요. 배송 및 반품과정에 접목됨으로써 소비자의 신뢰를 향상시키고 브랜드 이미지를 높일 수 있죠.

이처럼 반복구매 및 재구매로 연결되는 기술들이 플랫폼을 통한 지속구매를 이끌어냅니다.

리테일 매장이 나아갈 방향은 애플을 통해 확인할 수 있습니다. 애플은 '애플 5번가', '애플 가로수길'처럼 오프라인 매장 이름에서 '스퀘어'라는 명칭을 제거했습니다. 애플스토어의 지향점은 매장을 단순한 '가게'가 아닌 상품 구입 이상의 역할을 하는 '장소'로의 자리매김입니다. '가게'로 정의되면 애플의 신제품을 구입하거나 A/S를 받는 곳이 되지만, '장소'로 정의되면 다양한 이벤트에 참여하거나 친구들과 함께 시간을 보낼 수 있는 곳이 되거든요. 제품 구입은 여러 역할 중 하나에 불과한 거죠. 오프라인 매장은 금액으로 환산키 어려운 고객충성도를 높이는 동시에 고객의 구매 및 이용 패턴 등에 대한 트렌드 파악이 가능하다는 장점도 지닙니다.

애플의 직영판매망인 '애플스토어'는 리테일 서비스 혁신 및 오프라인 채널의 대표적인 매출증대 사례입니다. 특히, 매장 내 '지니어스 바(Genius Bar)'는 고객서비스 측면에서 새로운 접근을 실현하고 있는데요. 기기의 사용방법 설명 등 기술지원과 고장수리 관련 사후지원이 주요 기능이긴 하지만, 타사의 독립형 A/S센터와는 달리 매장 내 바(Bar) 형태의 테이블에서 전문가(Genius)와 기기를 함께 다루며 상호 소통을 해나갑니다. 단순 판매(Transactional Sale)보다 사용자 체험과 문제 해결에 초점을 맞춘 판매방식(Consultative Sale)을 기반으로 매장을 운영하죠. 이러한 역량을 갖춘 판매사원(Genius)으로 구성된 '지니어스 바'가 바로 애플스토어의 핵심 성공요인입니다.

애플의 이 같은 성공사례는 버버리, BMW, 뱅크오브아메리카(Bank of America, BoA) 등 여러 업종에서 판매사원 서비스 혁신에 벤치마킹되면서 고객과 직원 간 상호작용을 강화시키고 있는데요. 버버리는 고객의 행동 변화를 반영함으로써 고객과 상호작용할 수 있도록 판매사원 지원 및 판매혁신을 단행했으며, BMW는 고객과의 소통 강화를 위한 미래 리테일 전략의 일환으로 '프로덕트 지니어스(Product Genius)' 판매사원 제도를 도입했습니다.

또 오프라인 매장의 미래를 보여주는 곳으로는 나이키를 들 수 있습니다. 지난 10여 년간 고객들은 온라인에서 운동화를 구매하는 방식을 충분히 학습했습니다. 따라서 나이키 명동점과 홍대점에서 확인되듯 이제 오프라인 매장은 개인화된 체험과 커뮤니티 제공 장소로 탈바꿈해야 합니다.

나이키의 전략은 고객과 운동과 건강이라는 단어를 장악하는 것입니다. 나이키 운동화에 대한 정보는 구글과 네이버에서 찾을 수 있고, 구매는 쿠팡이나 네이버 쇼핑에서 하면 됩니다. 운동화에 대한 사람들의 의견이 필요하면 인스타그램 해시태그를 뒤져보거나 페이스북에서 친구들에게 의견을 구해도 되죠. 즉, 정보

탐색과 상품구매는 다른 곳에서 하더라도 사람들의 운동과 건강에 대한 활동만큼은 나이키가 장악하겠다는 뜻입니다. 이런 측면에서 오프라인 매장이 큰 역할을 하는 것이죠.

지역 밀착 하이퍼로컬 비즈니스모델

지역 밀착 서비스인 하이퍼로컬(hyper-local) 비즈니스 또한 성장 중입니다. 하이퍼로컬은 '아주 좁은 범위의 특정 지역에 맞춘'이라는 의미를 지니는데요. 당근, 네이버 주문, 카카오페이 QR코드 주문 등이 대표적인 서비스로, 골목을 중심으로 한 '슬세권' 트렌드와 함께 중고거래인 '리커머스(recommerse)'의 활성화가 성장배경입니다.

하이퍼로컬의 대표주자인 당근은 지역 기반 중고거래 플랫폼으로 출발했지만 구인·구직, 부동산 직거래, 청소, 동호회 등 생활에 필요한 다양한 서비스로 확장되고 있습니다. 이러한 흐름을 읽고 네이버도 네이버 카페에 '이웃 서비스'를 추가하며 지역 기반 서비스를 강화하고 있죠.

그러나 하이퍼로컬 서비스는 수익모델을 찾기가 쉽지 않습니다. 당근의 경우 지역광고로 수익이 발생하긴 하나 의미 있는 수준이라고 보기 어렵습니다. 발생 수익을 새로운 광고주 유입과

넥스트도어 비즈니스모델 캔버스

주요 파트너
• 광고 및 프리미엄 서비스를 위한 지역 비즈니스
• 지역 사회 참여 및 공공 서비스를 위한 정부 기관
• 지역사회 지원 및 개발을 위한 비영리 단체
• 플랫폼 개발 및 개선을 위한 기술 파트너

주요 활동
• 플랫폼 개발 및 유지보수
• 사용자 확보 및 유지
• 커뮤니티 관리 및 중재
• 광고 영업 및 관리
• 기업, 정부 및 비영리 단체와의 파트너십

주요 자원
• 넥스트도어 플랫폼(웹사이트 및 모바일 앱)
• 사용자 생성 콘텐츠
• 지역 커뮤니티 데이터
• 광고 및 마케팅 도구
• 파트너십

가치제안
• 이웃 간의 커뮤니케이션 및 연결 촉진
• 타겟 광고로 지역 비즈니스 지원
• 커뮤니티 참여 및 협업을 위한 플랫폼 제공
• 지역 뉴스, 이벤트 등 공유 기능
• 이웃의 안전 강화

고객 관계
• 동네 토론에 참여할 수 있는 셀프 서비스 플랫폼
• 지역 사용자들의 생성 및 참여 콘텐츠
• 도움말 센터 및 고객 지원

세분 고객
• 지역 거주자
• 지역 기업
• 정부 기관
• 비영리 단체

유통경로
• 모바일 애플리케이션(iOS 및 Android)
• 웹사이트
• 이메일
• 소셜 미디어(SNS)

비용구조
• 플랫폼 개발 및 유지 비용
• 엔지니어, 영업 및 지원 직원을 포함한 직원의 급여
• 마케팅 및 사용자 획득 비용
• 커뮤니티 관리 및 중재 비용
• 법률 및 규정 준수 비용

수익구조
• 지역 광고 : 소문서 게시물, 배너 광고 및 업체 목록
• 비즈니스를 위한 프리미엄 서비스 : 향상된 프로필, 프로모션 게시물 및 분석
• 정부 및 비영리 단체와의 파트너십

관리를 위한 비용으로 지출하기 때문이기도 하지만, 무엇보다 높은 광고비를 지불할 수 있는 대기업을 끌어들이기가 쉽지 않습니다. 지역 기반 서비스인 당근에서 대기업 광고를 받게 되면 서비스의 정체성이 흔들리니까요. 결국, 당근이 따낼 수 있는 광고시장은 네이버가 진행하는 플레이스 광고(지도 광고) 정도의 규모입니다.

그런 이유로 의미 있는 수익모델이 필요했던 당근은 자회사 당근페이를 설립했습니다. 당근페이는 신용카드사와 직접 계약하기 어려운 사람들의 결제 업무를 대신해 주는 PG(Payment GateWay) 회사인데요. 사람들이 당근에서 중고물품을 거래하고, 구인과 구직을 하고, 심부름과 청소 서비스를 의뢰하는 과정에서 당근페이를 사용하면 중간에서 수수료를 받는 형태의 수익모델입니다.

앞은 당근과 유사한 비즈니스모델인 미국 넥스트도어의 비즈니스모델을 정리한 캔버스입니다.

4

구독(Subscription) 비즈니스 모델

구독경제(Subscription Economy)란 정해진 기간 동안 구독료를 지불하고 필요한 제품이나 서비스를 주기적으로 제공받는 경제활동을 말합니다. 이 같은 모델은 전에는 디지털 콘텐츠 같은 무형의 상품에서 많이 보였으나 최근에는 식료품, 화장품, 패션, 가구, 가전, 자동차, 오프라인 공간 등으로 확대되고 있습니다.

판매에서 관계로 전환

기업들이 구독으로 전략의 방향을 바꾸는 이유는 유통에서 플랫폼의 영향력이 커진 데다 시장에서 고객 데이터의 역할이 점점 더 중요해졌기 때문입니다. 게다가 고객들과 직접 만날 수 있는 여건이 형성되었기 때문이기도 합니다.

과거 제품과 서비스를 만드는 기업들은 '유통'을 통해서만 고객을 만날 수 있었습니다. 유통은 고객과의 접점이 필요한 부문인데, 이런 것들까지 제조기업이 모두 관여하기는 어려웠죠. 그런데 온라인을 중심으로 고객과 만나는 방법들이 생겨나면서 기업들은 유통을 빼내고 고객과 직접 만나는 식으로 전환하게 된 것입니다.

어떻게 보면 고객과 직접 만나 목소리를 듣고 제품과 서비스를 고도화하는 건 지극히 당연한 일입니다. 고객과 직접 만나게 되면 제품 및 서비스의 고도화와 함께 고객과의 관계를 향상시킬 수 있으니까요. 뿐만 아니라 설문조사나 유통업체를 거치지 않고 피드백을 직접 받으니 직접적이면서 장기적인 커뮤니케이션 또한 가능해집니다.

고객과 직접 만난다는 건 개개인에게 맞춤형 서비스를 제공하면서 고객 만족도를 개선할 수 있다는 의미이기도 하고, 업셀링 (up-selling)과 크로스셀링 (cross-selling)이 가능하다는 뜻이기도 합니다. 티셔츠를 구매하려는 고객에게 청바지를 추천하고, 5만 원짜리 상품에 관심을 보인 사람에게 1만 원짜리 쿠폰을 주면서 8만 원짜리 상품을 구매하도록 할 수 있다는 얘기인데요. 이는 매출뿐 아니라 수익성 개선에도 효과가 있습니다.

개인화를 통한 맞춤 서비스

디지털을 중심에 둔 기업들은 다양한 데이터를 얻을 수 있는데요. 이 같은 데이터를 바탕으로 개인화된 서비스를 제공하거나, 개개인의 관심사를 기반으로 마케팅을 진행하거나, 공급업체와 협상력을 강화하는 게 가능합니다.

데이터는 기업이 사용자 경험을 개인화(personalization)할 때 필요한 개인의 선호도와 행동을 이해하는 데 큰 도움이 됩니다. 그리고 콘텐츠 소개 및 추천 등으로 개별 사용자에게 맞춤화함으로써 참여도와 만족도, 유지율 등을 높일 수 있죠.

개인화에 가장 앞선 곳으로는 '스포티파이'와 '넷플릭스'가 있습니다. 스포티파이는 개인이 선택한 노래의 코드, 박자, 분위기 등까지 분석하는 인공지능 알고리즘을 바탕으로 개인화된 음악 추천 서비스를 제공하는데요. 수천 가지가 넘는 시그널을 토대로 이루어지는 스포티파이의 개인화는 서비스를 이용하는 순간부터 바로 적용됩니다. 사용자가 어떤 음악을 듣는지, 어떤 음악을 플레이리스트에 추가하는지, 사용자와 비슷한 취향의 다른 사용자들은 어떤 청취 습관이 있는지 등을 비교해서 분석하죠. 서비스 이용 시간대, 음악 청취 순서, 음원 발매일 등 자잘한 요소도 빼놓지 않습니다. 그 같은 사용자 데이터가 많을수록 인공지능 알고리즘 정확도는 높아지고, 이를 기반으로 더 많은 고객을 끌어들이게 되죠.

구독 비즈니스를 실현하기 위해서는 개인정보의 인증, 신뢰할 수 있는 방식의 안전한 고객정보 관리, 사용한 기간에만 과금하는 관리 기능 등 여러 가지 기술이 필요합니다. 그리고 이런 기술을 구현하기 위해서는 많은 시간과 인력이 소요되죠. 하지만 그럼에도 많은 기업이 구독 방식으로 비즈니스를 전개할 수 있는 이유는 기반 기술과 사용자 기술의 보편화 때문인데요. 기반 기술에는 청구 및 지불 처리, 구독 관리, CRM 및 고객 지원, 분석 및 보고서 생성 등이 있고, 사용자 기술에는 사용자 인터페이스(UI) 디자인, 사용자 경험(UX) 디자인, 개인화, 커뮤니케이션 및 마케팅 기능 등이 있습니다.

상품에 따른 구독 비즈니스모델

인터넷 시대를 이어 아이폰이 출시되면서 다양한 구독 비즈니스모델이 세상에 모습을 드러냈습니다. 하지만 넷플릭스나 유튜브 등 일부 기업을 제외하면 의미 있는 성과를 거둔 곳은 많지 않은데요. 구독 비즈니스모델을 위해서는 물리성, 가상성 등 제공하는 제품과 서비스의 유형이 명확해야 합니다.

구독모델은 구독자가 주기적으로 구독료를 지불하면서 기대하는 제품이나 서비스에 대해 소비할 권리를 갖고, 사업자는 구독자의 구독료를 생산과 운영과정에 투자하는 비즈니스모델입니다. 이는 서비스의 유형, 상품군, 제공방식에 따라 멤버십형, 정기배송형, 렌털형 등 다양한 형태를 띠지만, 기본적으로 물리적 상품과 디지털 상품으로 구분할 수 있습니다.

예를 들면, 음악이나 영상, 전자책, 소프트웨어, 게임 같은 게 디지털 상품인데요. 처음 만들 때는 많은 돈이 드는 반면, 매우 적은 비용으로 소비가 가능합니다. 반대로 의류, 화장품, 생수 같은 유형의 상품, 즉 물리적 상품은 제조와 유통의 과정을 거쳐야 하므로 수요를 정확히 예측해서 제조해야 할 뿐만 아니라 효율적인 재고관리 등을 통해 비용을 최소화해야 하죠.

엔터테인먼트, 교육, 뉴스, 창작 도구 같은 디지털 콘텐츠는 정기구독이 효과적입니다. 그래서 넷플릭스는 영화, TV 프로그램, 다큐멘터리 등의 스트리밍 서비스를, 어도비는 포토샵, 일러스트, 프리미어 등의 소프트웨어를 정기구독 형태로 제공하는데요. 이 같은 디지털 상품은 콘텐츠 제작 및 확보, 플랫폼 개발 및 유지관리, 호스팅 및 스트리밍, 결제 시스템, 고객 지원 채널, 마케팅 시스템 구축 및 운영 등에 비용이 투자됩니다.

반면, 영화를 보지 않고 음악을 듣지 않는다고 해서 무슨 문제가 일어나지 않습니다. 디지털 상품은 필수재라기보다는 사치재에 가깝다는 뜻이죠. 이는 고객을 유입시키고 이탈률을 최소화하면서 재방문을 유지할 수 있는 콘텐츠의 질이 디지털 상품에서 매우 중요하다는 사실을 알려주는데요. 그러려면 발생한 수익을 미래를 위해 끊임없이 투자해야 하므로 영업이익률이 안정화되기까지는 시간이 필요할 수밖에 없습니다.

콘텐츠 비즈니스는 기본적으로 '팬덤 비즈니스'입니다. 확고한 팬덤이 있어야 구독자를 계속 머물게 하는 이른바 록인(Lock in) 효과를 기대할 수 있는데, 그러려면 색깔과 포지셔닝이 명확해야 합니다.

정기구독형으로는 롱블랙(LongBlack)을 예로 들 수 있습니다. 롱블랙은 브랜딩이나 비즈니스 트렌드에 대한 콘텐츠를 제공하는데요. 평소에 잘 들어보지 못한 브랜드에 관한 깊은 이야기, 누구나 아는 브랜드보다는 조금 더 개성이 강한 브랜드들의 스토리를 뉴스레터 형식으로 전하는 구독모델을 구현했습니다.

그런데 롱블랙에서 발행된 이 같은 글은 24시간 이내에 읽어야 합니다. 매일매일 발행된 글을 구독자가 자기 편한 시간에 읽는 게 아니라 그날그날 읽어야만 다시 읽을 수 있도록 했기 때문이죠. 만약, 그날 발행된 글을 그날 읽지 못한 상태에서 다른 날 다시 읽고 싶다면 한 달에 4,900원의 구독료를 냄에도 불구하고 개당 500원인 시럽을 구매해야 하는데요. 그랬을 때 한 달 동안 발행된 25개의 글을 그날그날 읽지 않고 다시 읽는다고 하면 추가로 25,000원을 더 내야 합니다. '언제든 편한 시간에 읽을 수 있다'는 이메일 뉴스레터의 가장 큰 장점을 제한하는 형태로 서비스를 제공하는 모델이죠.

정기배송형은 휴지, 샴푸, 면도기, 양말 같은 생필품이나 소비자별 취향에 따른 커피, 와인, 취미용품 등의 품목을 주기적으로 배송받아 보는 형태를 말합니다. 최근에는 큐레이션이 접목되어 다양한 소비자 니즈를 충족하는 방식으로 진화하고 있는데요. 이 형태는 자주 사용하지 않아 재고가 쌓이거나, 집 근처 편의점 등에서 언제든지 손쉽게 구입 가능하거나 혹은 잦은 할인판매로 가격에 변동이 있는 상품과는 결이 맞지 않습니다. 지난주에 보내준 우유를 미처 마시지 못했는데 새로운 우유가 배송되었다면, 집에 있는 시간이 많지 않아 이전에 배송받은 상품을 버리는 경험을 했다면 정기배송을 해지할 가능성이 큽니다. 게다가 쿠팡이나 마켓컬리 같은, 멤버십 비용을 지불하면 필요할 때 빠른 시간 안에 받아볼 수 있는 대체재도 존재합니다.

정기배송과 결이 맞는 유형의 상품은 재고의 부담이 없거나, 배송의 가치가 크거나, 기존 유통으로는 구매하기 어렵거나, 쇼핑 자체의 즐거움이 큰 것입니다. 한 예로, '술담화'는 한 달에 3

병 정도의 전통주를 배송해 줍니다. 한 달에 3병이면 구독자가 충분히 소화할 수 있는 양으로 재고 부담이 없죠. 그리고 전국에 있는 2,000여 종의 전통주 중에서 큐레이션한 후 스토리를 담기 때문에 배송의 가치, 기존 유통채널에서의 구매의 어려움, 쇼핑의 즐거움 등을 충족시킵니다. 다만, 전통주 구독서비스를 이용하는 사람이 제한적이어서 시장규모가 작아 폭발적 성장을 이루기에는 한계가 있습니다.

유형의 상품을 이처럼 정기배송으로 판매하려면 오프라인 물류망이 필요합니다. 제주 삼다수가 쿠팡에서 판매를 중단하고 삼다수앱을 통해 직접 판매할 수 있는 이유는 판권을 가진 광동제약이 오프라인 물류망을 갖추고 있기 때문입니다. 한편, 제주개발공사는 꾸준히 증가하는 온라인 판매에 대응하기 위해 1,500억 원을 투입해 친환경 팩토리를 구축하면서 내륙 수요에 대응하기 위해 자체적인 물류 거점 건립도 추진 중입니다.

이 같은 구독시장에 이제 쿠팡, 네이버, 카카오, 카페24 등이 진입했습니다. 그리고 구독서비스가 일정 부분에서 정상적으로 작동하고 있죠. 이는 위에서 정기배송과 결이 안 맞는다고 한 상품, 즉 재고가 쌓이거나, 집 근처에서 언제든지 손쉽게 구입할 수 있거나, 잦은 할인으로 가격 변동이 있는 상품들이 플랫폼에서 정기배송 방식으로 판매되고 있다는 뜻입니다.

그렇다면 그 이유는 뭘까요? 소비자들은 자신의 이익을 쉽게 포기하지 않습니다. 유형의 상품 대부분이 구독에 적합하지 않음에도 쿠팡과 네이버에서 구독이 작동하는 이유는 쇼핑 행위 자체에 큰 가치가 없거나, 누군가 대신해 주었으면 하는 단순 반복적인 일이거나, 추가할인 등을 제공하기 때문입니다. 한마디로 말하면 자주 사는 상품을 더 싸고 편리하게 살 수 있는 거죠. 쿠팡은 또 3가지 상품을 정기구매하면 무료배송 및 추가할인을 해주는데요. 무엇보다 생활에 꼭 필요하나 그다지 신경 쓰고 싶지 않은 물품을 구매해야 하는 번거로움에서 소비자를 해방시켜 줍니다.

또한, 쿠팡와우 멤버십, 네이버플러스 멤버십, SK T우주, 이베이 스마일클럽 같은 멤버십이 마케팅에 활용되면서 고객의 이탈을 방지하는 록인 효과(lock-in effect)를 발휘하는데요. 일정 주기에 맞춰 이용료를 지불하면 상품을 무제한 이용하거나 부가서비스를 제공합니다. 그런데 이때의 멤버십 구독은 멜론 등의 디지털 콘텐츠 멤버십과는 다릅니다. 쿠팡와우 멤버십, 네이버플러스 멤버십은 서비스 구매를 의미하지 않습니다. 특정 권리를 갖는 회원자격을 유지하면서 이후 다양한 서비스를 이용할 수 있는 제도인 거죠. 반면, 멜론 같은 서비스는 멤버십으로 분류하기보다는 정기구독 형태라고 보아야 합니다.

멤버십은 혜택이 충분해야 효과가 있습니다. 이베이의 스마일클럽은 3만 원을 내면 현금처럼 쓸 수 있는 스마일캐시 35,000원

적립을 포함해 다양한 혜택을 제공하는데요. 쿠팡과 네이버로 양분된 전자상거래 시장에서 옥션, 지마켓이 그나마 선전하고 있는 이유는 이 같은 파격적인 멤버십 혜택 때문입니다.

쿠팡와우 멤버십은 무료배송과 반품을 기본으로 로켓프레시 새벽 배송, 로켓 직구 무료배송 등 여러 가지 혜택을 제공합니다. 멤버십 비용을 4,900원으로 높였음에도 고객 이탈이 거의 없을 뿐만 아니라 지속해서 인기를 얻고 있는 이유가 바로 그것입니다. 반면, 높은 검색점유율에 바탕한 네이버플러스 멤버십은 네이버가 운영하는 쇼핑을 중심으로 웹툰, 음악 등 다양한 디지털 콘텐츠를 자유이용권 형식으로 이용 가능하다는 특징이 있는데요. 쿠팡이 배송에 초점이 맞춰져 있다면 네이버는 현금 같은 포인트를 직접 지급하는 형태로 서비스가 제공됩니다.

렌털 방식의 구독 비즈니스모델

가장 오래전부터 존재해 왔던 구독방식은 렌털입니다. 렌털이란 계약을 통해 기업이 특정 상품의 소유권과 이에 대한 일체의 유지관리 책임을 진 상태에서 사용자에게 일정 기간 대여하는 방식으로 수익을 만드는 비즈니스모델입니다. 정수기, 자동차, 가구처럼 한번 구입할 때 비용이 많이 드는 품목에서 적용하죠. 단, 구독의 특징 중 하나가 '손쉬운 해지'인데, 렌털은 계약 해지가 어려워 구독 비즈니스모델로 구분하기에는 한계가 있기도 합니다.

구독으로 정의하는 렌털 비즈니스모델과 오래전부터 웅진코웨이 등에서 운영했던 렌털 서비스에는 별 차이가 없습니다. 구독모델의 렌털형은 과거 할부 개념의 렌털 서비스를 모두 포함하기 때문입니다. 차이점이라면 제조회사가 직접 구독모델을 운영하면서 금융을 접목해 수익모델을 만들고 있다는 것뿐입니다.

현대셀렉션은 유통회사가 아닌 제조회사, 즉 현대자동차가 직접 운영합니다. 현대자동차 차종 중에서 월 단위 요금제에 따라 월 2회 교체가 가능하며, 친구나 가족과 함께 운전할 수 있습니다. 또 월 구독료에 보험, 정비, 자동차세가 포함된 데다 약정기간과 선납금, 위약금이 없어 언제든 쿨하게 해지할 수도 있는데요. 현대자동차 같은 제조기업이 구독모델을 직접 운영한다는 건 높은 제조 마진뿐만 아니라 금융을 도입해 추가적인 렌털 수익도 얻을 수 있다는 뜻입니다. 게다가 서비스를 이용하는 사람들의 이야기를 직접 들으니 빠른 피드백도 가능해지죠.

그런데 제조가 직접 유통을 하게 되면 시장에 균열이 생길 수밖에 없습니다. 전국에 오프라인 매장이 있는 현대자동차가 직접 운영하는 구독모델을 통해 자동차를 이용하는 사람들이 증가하면 유통채널에서 반발할 수밖에 없죠. 물론, 자동차를 구매하려는 사람과 자동차를 이용하려는 사람은 다를 수 있습니다. 그런

면에서 직접적인 경쟁이라고 할 수는 없지만, 동일한 소비자가 대상이라는 점에서는 경쟁 관계가 될 수밖에 없습니다.

렌털에 기인한 이자수익은 렌털 기업의 전통적인 수익모델입니다. 냉장고, 세탁기, 건조기, 안마의자 같은 제품은 가격이 비싸 일시불로 사기가 부담스러워 카드 할부나 무이자 할부 상품을 제공하죠. 그런데 렌털이 카드 할부보다 이자율이 낮거나 더 많은 서비스를 준다면 소비자는 할부가 아닌 렌털을 이용할 겁니다.

그러면 어떻게 더 많은 혜택을 줄 수 있을까요? 대표적인 방법이 유통과정에서의 할인입니다. 예를 들면, 코웨이가 냉장고 1,000대를 구입하는 조건으로 삼성전자에 10% 추가할인을 요청할 수 있습니다. 삼성전자도 개별 고객이 아닌 대량 판매이므로 판매관리비를 절감할 수 있으니 손해가 아닙니다. 게다가 기존 유통채널과 겹치지 않으니 할인해 준 제품의 가격대가 무너질 이유도 없죠. 이렇게 추가 할인받은 금액을 렌털 상품에 적용하면 할부 판매보다 저렴한 가격으로 서비스가 가능해지는데요. 유통 과정에서 발생하는 렌털 기업의 할인은 이처럼 제조와 유통 모두에게 도움이 될 수 있습니다.

렌털 기업은 또 관리 수익으로도 돈을 법니다. 코웨이는 전국에 약 15,000여 명의 코디가 존재합니다. 이들을 통해 제품 판매뿐만 아니라 설치된 상품들을 관리하고, 관리과정에서 필터 교환 같은 부가 상품을 판매하죠. 그리고 소비자들은 통상 3~5년간 계약을 맺고 등록비와 월별 렌털료를 지불하며, 계약 기간이 끝나면 새로운 상품을 다시 렌털하거나 소유권 이전 후 멤버십을 통해 관리서비스만 받기도 하는데요. 렌털 가입 시점에서는 등록비와 렌털료가, 사용 단계에서는 매월 약정된 렌털료가, 렌털이 만료되는 시점에서는 재렌털과 멤버십 가입료 등의 관리 수익이 발생하는 것입니다.

이 같은 렌털 비즈니스모델의 장점은 안정적인 현금 흐름에 있지만 모든 기업이 이 지점에 도달하기는 어렵습니다. 가장 큰 이유는 수익 실현 전에 지출되는 비용 때문인데요. 소비자들에게 렌털 서비스를 제공하려면 완성된 제품을 제조 또는 매입해야 합니다. 사업 초기에 대규모 비용이 들죠. 반면, 약정기간을 5년으로 정했을 때 매출은 1/60씩 점진적으로 발생합니다. 즉, 사업 초기의 마이너스(-) 현금흐름을 메울 만큼의 사용자를 확보하지 못하면 렌털 비즈니스모델을 구현하기가 힘듭니다.

구독 비즈니스모델 도입 프로세스

비즈니스는 1회성 거래에서 장기간의 관계로 변화되는 중입니다. 이에 따라 구독경제는 산업 전반과 소비자 일상에 더 많이 도입될 것입니다. 그러므로 기업이 이를 실행하려면 중장기적 관점에서 일관된 목표와 방향을 수립하고 단계적으로 사업체계를 전환해야 합니다.

기존의 요금 체계를 월정액으로 바꾼다고 구독 서비스가 완성되는 게 아닙니다. '정기적'으로 구독하게 하려면 많은 선택지 사이에서 고객의 수고와 비용을 줄여주는 큐레이션과 한 명 한 명의 취향에 맞추는 개인화가 필요합니다. 또한, 서비스를 이용하는 과정에서 계속 새로운 경험을 제공해야 하는데요. 실행 관점에서 구독 비즈니스모델은 ①구독 여정 로드맵, ②D2C채널 구축, ③고객 유입, ④구독(구매)전환, ⑤고객유지 및 고객경험 강화, ⑥지속 가능한 수익구조 확대의 순서로 진행됩니다.

구독 여정 로드맵 설정

페르소나와 고객의 여정 지도는 고객경험을 눈으로 확인해 나가는 도구입니다. 이를 통해 문제 영역을 발견하고 개선점을 찾죠. 물론, 다양한 접점에서 발생하는 고객행동 데이터 추적 및 재구성 작업에 더해 우리만의 상상력도 필요합니다.

서비스 디자인에서 활용되던 고객 여정 맵(Customer Journey Map)이 구독 비즈니스모델에서도 활용되지만, 구독전략에서는 구독자가 필요로 하는 서비스 외에 공급자의 수익과 비용을 총체적으로 고려해 전략을 마련해야 합니다. 고객 관점으로 서비스만 바라보는 게 아니라 수익 관점에서의 구독도 바라봐야 한다는 뜻입니다.

직접 거래를 위한 D2C 채널 구축

고객들과 직접 만나려면 D2C(Direct to Customer) 채널인 쇼핑몰, 앱, 홈페이지, 블로그, 페이스북, 유튜브 등의 매개체가 필요합니다. 그중에서도 쇼핑몰(또는 앱)의 역할이 중요한데요. 기업이 운영하는 쇼핑몰이 중심이 되어야 하는 이유는 콘텐츠를 한 곳에서 관리하기 위한 것도 있지만, 쇼핑몰에 방문한 사람들의 정보를 바탕으로 마케팅을 정교화할 수 있기 때문입니다. 또한, 구글 애널리틱스 등의 로그 분석 서비스와 연계된 성과측정을 활용하면 방향 재설정 등도 용이하죠.

그런데 쇼핑몰이든 홈페이지든, 쇼핑몰과 홈페이지가 혼합된 방식이든 메인 플랫폼에 얹어야 합니다. 이때 어떤 정보든 대부분 스마트폰으로 탐색한다는 점에서 보면 모바일 사용성을 고려한 워드프레스 같은 반응형 웹도 좋은데요. 자사몰로 가장 많이 사용되는 플랫폼으로는 카페24, 고도몰, 메이크샵 등이 있습니다. 쇼핑몰 운영에 필요한 다양한 기능들을 제공하므로 별도로 구축하는 것보다 비용대비 효과가 크죠.

또 공식블로그, 페이스북 페이지, 인스타그램, 유튜브 채널 등도 필요한데요. 번거롭더라도 기업은 각각의 특징을 알아야 하

구독 비즈니스모델 도입 프로세스

전략 및 로드맵	채널구축	고객유입	구매전환(구독)	고객유지(재구매)	서비스 확장
• 중장기적 관점에서 구독모델의 목표 및 방향설정 • 인지 및 탐색 → 선택 및 결제 → 이용 및 경험 → 구독 유지와 해지 단계별 서비스 구체화 • 구독자가 필요로 하는 서비스와 공급자(기업) 관점에서 수익모델 구체화	• 판매 채널로써 소셜몰과 앱(App) • 커뮤니케이션 채널로써 이메일, 챗봇, 카카오 채널, 네이버 톡톡 등 구독 • 커뮤니케이션 채널로써 블로그, 페이스북, 인스타그램, 유튜브, 틱톡 등 • 필요에 따라 오프라인 매장과 연동해서 운영하는 방안	• 구독서비스의 명확한 포지셔닝을 기반으로 한 유입 • 계획구매 채널로써 검색엔진최적화와 검색광고 • 충동구매 채널로써 SNS 채널 • 단계별로 유입시킬 수 있는 퍼널(Funnel) 접근 • 누구에게 어떤 이야기를 할 것인가?	• 구독 결제 및 이용 • 명확한 차별점 제시, 사회적 증거(구매 후기), 판매자의 신뢰성, 간편결제와 손쉬운 편결제 등 • 독인효과를 극대화할 수 있는 프로모션 진행 • SNS, 무시 알림 등을 통해 구독자 및 구독패턴에 맞는 개인화 서비스	• 경험 및 감동 • 개인 맞춤형 고객 경험 제공 • 이벤트, 쿠폰 발급, 이메일링 등 지속적 관계 형성 • 블로그, 인스타그램, 유튜브 등을 통한 콘텐츠 제공 • 고객의 문의에 대한 신속한 대응 • 새로운 서비스와 가치 제공	• 밸류체인상 수직적 통합을 통한 비즈니스 확장 • 수평적 확장을 통한 신규고객 발굴 • 중소규모의 서비스 M&A

매출: 고 ← → 저

인지도: 낮음 → 높음

며, 다양한 채널을 만들고 운영해야 합니다.

 페이스북과 인스타그램은 사람들과 관계를 형성하는 데는 좋지만 지난 콘텐츠를 찾기 어렵다는 단점이 있습니다. 물론, 해시태그로 검색하면 되지만 기본적으로 폐쇄적 구조라 정보를 체계적으로 관리하는 데 한계가 존재합니다. 또 홈페이지가 회사소개와 연락처 등 비즈니스에 필요한 정보 중심으로 구성되는 채널이라면 블로그는 상품이 개발되는 과정이나 기업에서 일하는 사람들의 이야기, 소비자들의 후기 등을 올리는 유연한 채널로 적합합니다. 유튜브는 제품의 시연 및 소개 영상을 올리는 데 좋으며, 감성적으로 다가가고자 할 때는 인스타그램을, 카드뉴스 같은 정보 등은 페이스북을 활용하는 게 좋습니다.

고객 유입(계획구매와 충동구매)

 디지털 소비자의 구매행동은 각 고객의 구매동선에 따라 진행됩니다. 예를 들면, '이것을 사야겠다'라고 마음먹고 검색을 시작할 때가 있고, 인스타그램과 페이스북에서 광고를 보고 '이거 괜찮은데'라고 필요성을 인식하게 될 때가 있는데요. '이것을 사야겠다'라고 스스로 인식한 경우를 '계획구매', '이거 괜찮은데'라고 인식한 경우를 '충동구매'라 할 수 있습니다. 물론, 계획적이든 충동적이든 구매로 바로 이어지기보다는 보통 중간에 한번 검색과정을 거칩니다. 이 과정에서 상품에 대한 보다 자세한 정보를 수집하고, 다른 사람들의 후기를 읽는 등 적극적인 정보탐색자가 되죠.

네이버와 구글에서 상품이 노출되는 방법에는 광고와 검색 두 가지가 있습니다. 따라서 기업은 사람들이 검색할 만한 키워드로 광고를 집행하는 한편, 자사의 콘텐츠가 블로그, 웹페이지, 동영상 등의 검색 영역에 노출될 수 있도록 검색엔진최적화(SEO)를 진행해야 합니다.

반면, 소셜미디어에서는 충동구매 성격이 강한데요. 페이스북, 인스타그램 등의 소셜미디어는 제품 구매보다는 대부분 친구나 지인들과 일상의 경험을 공유하려 사용합니다. 애초의 의도가 구매가 아니므로 이들에게 광고를 노출한다고 구매전환으로까지 이어지지는 않죠. 따라서 충동구매를 유도하려면 사람들의 시선을 끄는 강력한 자극이 중요합니다.

구독서비스 결제 및 이용(구매전환)

구독서비스는 고객에게 제공되는 가치가 크고 명확해야 결제와 사용으로 이어집니다. 많은 브랜드가 각자의 영역에서 빠른 배송, 후불제, 독특한 스타일, 우수한 제품 디자인, 콘텐츠 및 적립금 제공 등 다양한 차별화 전략을 시도합니다. 이외에도 특정 상품을 단독으로 판매하거나, 중고나 반품제품만을 싸게 선보이는 코너를 운영하기도 하며, 전문 모델을 기용해 고객들에게 미리 스타일이나 착용감에 관한 간접경험을 제공하기도 하죠. 하지만 차별화의 필요성은 충분히 공감하면서도 어떻게 해야 할지 몰라 막막한 것 또한 현실입니다. 같은 업종의 1등이나 다른 카테고리 쇼핑몰을 모방하기도 하고, 오프라인에서 하는 방법을 변형해 해보기도 하지만 쉽지 않죠.

구독모델의 차별화를 위해서는, 원론적인 이야기지만, 먼저 시장을 세분화하고(Segmentation), 세분화한 시장 중에서 내가 목표로 하는 시장과 고객을 선정한 후(Targeting), 소비자의 마음속에 나를 기억시킬 수 있어야 합니다(Positioning). 같은 초콜릿이라도 초콜릿의 속성에 따라 고객 마음속에 '사랑'을 테마로 포지셔닝할 수도 있고, '달콤함'을 테마로 포지셔닝을 할 수도 있다는 뜻인데요. 이처럼 제품과 서비스는 무엇과 비교하는가에 따라 다르게 인식될 수 있습니다.

또한, 구독서비스를 이용하고 결제까지 이끌어내려면 앞서 말한 명확한 차별점 제시와 함께 사회적 증거(구매후기), 판매자의 신뢰성, 간편결제와 손쉬운 해제 같은 것들이 필요합니다. 이후 록인 효과를 극대화할 프로모션 진행과 SNS, 푸시 알림 등을 통해 구독자 및 구독패턴에 맞는 개인화 서비스를 제공해야 하죠.

고객 유지 및 고객경험 강화
구독모델의 핵심은 '정기적'이라는 방식입니다. 새로운 고객을 유입시켜 일회성으로 판매하는 게 아니라 제품과 서비스를 꾸준히 이용하도록 하는 건데요. 그러려면 다양한 상품군을 보유함으로써 각각의 개인에게 맞는 맞춤화를 해주어야 합니다.

20여 년 전, 제철에 수확된 농산물을 일주일에 한 번 보내주는 서비스가 있었습니다. 지금으로 치면 제철 농산물 정기배송이죠. 그런데 농산물 꾸러미 사업은 성공사례를 찾아보기 힘들 정도로 자취를 감추었습니다. 무슨 이유에서일까요? 바로 개인 맞춤화에 실패했기 때문입니다. 오이를 싫어하는 사람들에게 오이를 배송한다거나 지난주에 보내준 상추를 아직 뜯지도 못했는데 또다시 보내주었던 거죠. 구독모델은 개인 맞춤화가 되지 않으면 실패할 수밖에 없습니다.

구독모델로 성공한 기업들의 공통점 중 하나가 개인화입니다. 넷플릭스는 사용자의 시청 기록, 선호도 및 행동을 기반으로 개인화된 콘텐츠를 추천합니다. 스포티파이는 사용자의 청취 습관, 좋아하는 장르, 아티스트를 기반으로 디스코버 위클리(Discover Weekly) 및 데일리 믹스(Daily Mix) 같은 개인화된 재생목록을 제공하죠. 스티치픽스는 고객의 선호도, 크기 및 스타일 프로필에 맞는 의류와 액세서리를 선택해 보내는 방식으로 구독 기반 개인 스타일링 서비스를 제공합니다.

지속 가능한 수익구조

대부분의 제품과 서비스가 기존에는 없었던 차별점을 내세우면서 고객에게 어필하지만, 차별화는 시간이 흐를수록 동질화될 수밖에 없습니다. 물론, 동질화가 나쁜 것만은 아닙니다. 유사한 카피캣 제품이 나오기 시작했다는 말은 그만큼 해당 시장이 커졌다는 의미이기도 하니까요.

그렇다면 차별화와 동질화 문제는 어떻게 풀어야 할까요? '경험'이라는 관점에서 본다면 하나의 문화로 자리잡아야 합니다. 할리데이비슨처럼 하나의 문화가 되어야 한다는 뜻입니다. 할리데이비슨이라는 브랜드는 그 어떤 종교나 우상보다 강력한 힘을 갖고 있습니다. 이러한 브랜드를 컬트(cult) 브랜드라고 하는데요. 할리데이비슨을 사랑하는 사람들은 자신의 몸에 문신을 새기기도 하죠. 단순한 브랜드 충성도를 넘어 자신과 브랜드가 하나가 되길 원합니다.

그러나 이렇게 되려면 기술적 차원이 아닌 개념적 차원의 혁신과 동질화에 대비한 관리역량을 갖춰야 합니다. 다이슨이 그 예인데요. 높은 기술력과 창의성으로 끊임없이 새로운 제품을 출시함으로써 가전업계의 애플이라 불리면서 프리미엄 브랜드로 자리매김했죠.

구독모델이 지속 가능하려면 밸류체인상 수직적 통합을 통해 내부역량을 확장하는 한편 수평적 통합 또한 이루어져야 합니다.

그래야 신규고객을 확보하거나 기존 고객에게 더 많은 상품을 판매할 수 있습니다. 중소 규모의 서비스와 M&A를 추진하는 방법 등도 고려해야 하는 이유입니다.

5

IoT, 사물인터넷 비즈니스모델

"턱걸이 바에 센서를 달아 운동량을 측정하는 게 필요할까요?"

"샌드백에 센서를 넣어 펀치 강도를 측정하는 게 필요할까요?"

이런 질문을 받으면 '괜찮은데'라는 반응과 '굳이 그렇게까지?' 같은 다양한 의견이 나올 겁니다. 그럼 추운 겨울날 집에 들어가기 30분 전에 스마트폰으로 보일러를 켜는 건 어떤가요? 또 혼자 사는 빈집에 들어서기 전에 자동으로 조명이 켜지는 건 어떤가요? 정도에 차이가 있을 뿐, 사물인터넷(IoT)은 이처럼 우리의 일상에 바짝 다가왔습니다.

비즈니스의 새로운 기준, 연결성

'연결성'은 비즈니스에서 주목해야 할 가장 큰 키워드 중 하나입니다. 스마트폰을 통해 사람과 사람이 연결되고(Social Media), 오프라인과 온라인이 연결되고(Offline to Online), 기계와 기계가 연결되기(Internet of Things) 시작했는데요. 그렇게 인간을 둘러싼 다양한 환경이 연결되면서 시간과 공간이라는 장벽이 극복되고, 새로운 기회와 가치가 만들어지고 있습니다. 반면, 연결에 대한 사람들의 욕구가 커지고 기술이 발전하면서 연결비용은 점점 감소하고 있죠.

20년 전까지만 해도 하드웨어 기업이 소프트웨어 기업이 되고, 소프트웨어 기업이 하드웨어 기업이 되는 상황은 상상도 못 했던 일입니다. 하드웨어, 소프트웨어, 네트워크, 콘텐츠 관련 기업들은 각각의 독립적인 영역에서 경쟁하며 각자의 경쟁적 지위를 강화해 왔습니다. 하지만 아이폰이 나오고, 네트워크 속도가 빨라지고, 소셜미디어의 발달 등으로 연결이 다양화되면서 자기만의 영역이 사라지고 있습니다. 또 스마트워치, 글라스, 밴드 같은 다양한 웨어러블 디바이스(Wearable Device) 및 사물인터넷(IoT), 사물지능통신(M2M), O2O(Online to Offline) 같은 기술의 발전에 따라 사람과 사물, 사물과 사물 등으로 연결범위가 더욱 확대되고 있죠.

이렇게 모든 것이 연결되는 시대에는 방대한 양의 정보와 지식이 생산되고 교환됨에 따라 수많은 기회가 만들어집니다. 새로운 사업적 기회도 마찬가지인데요. 사람들이 과거에는 경험하지 못했던 새로운 가치를 제공할 수 있기 때문입니다. 그 예로 에어프라이어, 직화 그릴, 토스터, 전자레인지의 기능을 올인원의 형태로 이용할 수 있는 삼성전자의 새로운 주방가전 '큐커'를 들 수 있습니다.

연결은 어떤 가치를 제안하는가?

과거의 삼성전자는 제품 판매와 유지보수로 돈을 벌었습니다. 그런데 큐커는 식품회사와의 약정을 통해 소비자들이 최저 1만 원으로도 구매할 수 있도록 했습니다. 다만, 조건이 있는데요. 삼성전자와 협업하는 식품사 직영몰에서 밀키트나 가정간편식을 포함한 다양한 식료품을 매달 일정 금액 이상 삼성카드로 구매해야 합니다. 그러면 소비자는 0원에 가까운 비용으로 큐커를 사서 다양한 요리를 해먹을 수 있습니다. 뿐만 아니라 큐커 전용 식품관에서 밀키트나 가정간편식을 구매해 제품 뒷면의 QR코드를 스마트폰으로 촬영하면 요리값 정보가 큐커에 자동 세팅되기 때문에 요리하는 번거로움에서도 해방됩니다.

사람들이 만약 큐커를 통해 요리를 즐기기 시작하면 어떻게 될

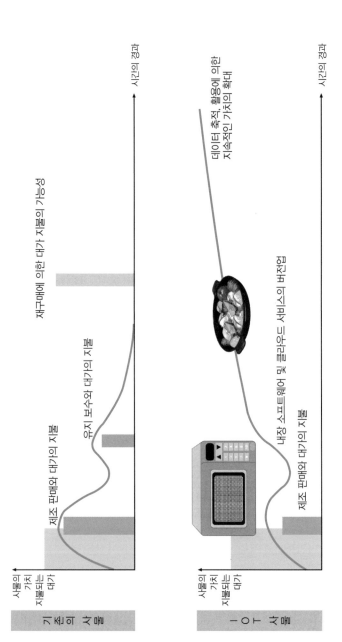

사물의 가치 지불되는 대가

기존의 사물

제조 판매와 대가의 지불

유지 보수와 대가의 지불

재구매에 의한 대가 지불의 가능성

시간의 경과

사물의 가치 지불되는 대가

IOT 사물

제조 판매와 대가의 지불

내장 소프트웨어 및 클라우드 서비스의 버전업

데이터 축적, 활용에 의한 지속적인 가치의 확대

시간의 경과

IoT 비즈니스모델의 수익모델 방식

까요? 삼성전자는 사용자 패턴에 맞는 다양한 식품 제안이 가능해집니다. 집에 거주하는 시간이 긴 사람들에게는 간편식을 추천하고, 다이어트식을 많이 찾는 사람들에게는 다이어트에 도움이 되는 다른 식품을 추천할 수 있죠. 소비자들이 자신의 필요에 맞춰 주문할 수도 있지만, 삼성전자가 개인의 생활 패턴에 맞게 상품을 제안할 수도 있다는 뜻인데요. 그렇게 되면 삼성전자는 큐커를 활용해 판매와 A/S가 발생하는 순간 외에 상품 추천 등으로 새로운 수익모델을 만들어낼 수 있습니다. 위 그림처럼 데이터가 축적되고, 그것에서 의미 있는 정보를 찾아내면 제품은 새로운 가치를 갖게 되는 것입니다. 그리고 이게 바로 IoT(사물인터넷)의 가장 기본적인 개념입니다.

기술 발전과 비즈니스 방식의 변화

가장 기본적인 비즈니스 방식은 기업이 제품 및 서비스를 만들어 고객에게 판매하는 형태였습니다. 하지만 소비자가 여기저기 흩어져 있어 제조기업이 유통망을 만들기가 쉽지 않았죠. 그래서 간접 유통망인 대형마트와 전문점 등이 필요했는데요. 그 과정에서 유통업체의 수익도 고려해야 할 뿐만 아니라 운반비와 재고비 등 여러 비용이 발생할 수밖에 없었습니다. 이처럼 제조를 바탕

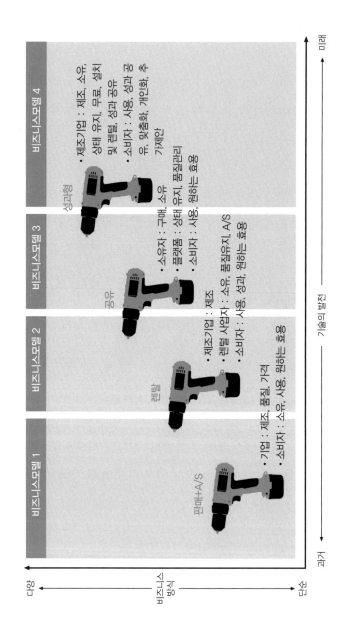

기술의 발전과 비즈니스모델의 변화

비즈니스모델 1

판매+A/S

- 기업 : 제조, 품질, 가격
- 소비자 : 소유, 사용, 원하는 효용

비즈니스모델 2

렌탈

- 제조기업 : 제조
- 렌탈 사업자 : 소유, 품질유지, A/S
- 소비자 : 사용, 성과, 원하는 효용

비즈니스모델 3

공유

- 소유자 : 구매, 소유
- 플랫폼 : 상태 유지, 품질관리
- 소비자 : 사용, 원하는 효용

비즈니스모델 4

성과형

- 제조기업 : 제조, 소유, 상태 유지, 무료, 설치 및 렌탈, 성과 공유
- 소비자 : 사용, 성과 공유, 맞춤화, 개인화, 주가제안

비즈니스 방식: 다양 ← → 단순

기술의 발전: 과거 ← → 미래

으로 유통을 통해 판매했던 방식이 '비즈니스모델 1'입니다.

그런데 제품을 구매하지 않고 필요할 때만 이용하고 싶은 사람도 있습니다. 이런 수요를 바탕으로 만들어진 게 '비즈니스모델 2'에 해당하는 렌털 비즈니스입니다. 렌털 전문기업은 제조기업에게 많은 수량의 제품을 구매하는 조건으로 높은 할인을 요구합니다. 이때 필요한 비용은 제조기업으로부터 구매할 신제품을 담보로 은행에서 대출받아 조달했죠. 그리고 제품을 사용하는 사람들과 장기적인 관계를 유지하거나 제품의 가동률을 높이는 방식으로 수익을 창출했습니다.

이 같은 렌털 비즈니스는 '누가, 무엇을, 언제, 얼마' 같은 관리와 운영 노하우를 필요로 합니다. 유지보수에 드는 비용도 최소화해야 하고, 렌털비 수금도 해야 하니까요. 이런 이유로 한 산업에 오랜 경험이 있는 사람들 중심으로 운영이 될 수밖에 없었습니다.

'비즈니스모델 3' 단계는 공유입니다. 스마트폰을 통해 사람과 사람, 오프라인과 온라인, 기계와 기계를 연결할 수 있게 되면서 제품을 소유한 사람과 단기간만 필요로 하는 사람들이 연결된 거죠. 그렇게 빈방을 공유하는 에어비앤비, 자동차를 공유하는 우버 등 공유 플랫폼이 등장하기 시작했습니다.

공유 비즈니스모델은 자원을 효율적으로 사용한다는 측면에서 이상적이긴 하지만, 서비스를 제공하는 플랫폼 기업으로서는 수익 측면에서 시장규모를 생각하지 않을 수 없습니다. 네트워크의 규모가 클 때와 그렇지 않을 때의 가치는 완전히 다르기 때문입니다. 예를 들어, 청주에서 드릴을 빌리고 싶은 사람이 있는데, 그 지역에 드릴을 빌려줄 사람이 없다면 플랫폼은 어떻게 될까요? 제 역할을 할 수가 없겠죠. 바로 그 둘 사이를 연결함으로써 발생하는 중개수수료와 광고비가 수익인 공유 비즈니스는 충분한 시장규모가 전제되어야만 가능합니다. 국내의 많은 공유 비즈니스 중 성공사례가 많지 않은 건 바로 시장규모가 충분치 않다는 점이 첫 번째 원인이라고 할 수 있습니다.

공유 비즈니스의 또 다른 문제는 변동비가 높다는 사실입니다. 플랫폼은 제품을 직접 소유하지 않기 때문에 고정비는 낮지만, 거래가 일어나는 단계마다 비용이 발생하므로 변동비가 커집니다. 누군가가 플랫폼을 이용해 공구를 빌렸는데 작동되지 않거나 제품 일부가 파손되었다면 책임을 져야 하니까요. 이처럼 플랫폼은 중개 과정에서 품질보증 등 고객을 지원해야 하는데, 이는 비용과 관련된 문제이기도 합니다.

'비즈니스모델 4' 단계는 IoT(사물인터넷) 비즈니스입니다. 렌털과 공유 비즈니스에서 발생하는 많은 문제는 IoT를 통해서 해결할 수 있습니다. 예를 들어, 방을 빌려 쓰는 사람에게 열쇠가 아닌 스마트 도어록으로 특정 기간만 사용 가능한 비밀번호를 발급한다면 집주인은 잠금장치를 바꿀 때 드는 변동비를 줄일 수 있죠. 또 공구에 센서를 부착해 365일 24시간 공구의 상태를 모니터링할 수 있다면 대여와 공유 전에 사물의 상태 점검도 가능해집니다. 그러면 품질보증과 고객지원을 위한 공간도 필요 없으므로 고정비 또한 낮출 수 있습니다.

만약, 사용자가 비용을 내지 않았다면 원격으로 사용을 정지하거나 집의 비밀번호를 바꿈으로써 이용 권한을 취소하는 것도 가능한데요. IoT를 통해 이렇게 상세한 사용 정보를 파악할 수 있다면 상황에 맞는 요금설정과 개별 사용자에게 맞는 서비스를 제공할 수 있게 됩니다.

IoT, 제조의 서비스화

IoT 기술은 제조, 농업, 석유와 가스, 차량 관리 등 다양한 산업에서 활용됩니다. 필립스는 2012년에 IoT 기술을 활용한 스마트 전구 '휴(hue)'를 출시했는데요. 스마트폰 앱을 통해 전구의 작동 및 색상, 밝기, 음영의 조절이 가능합니다. 어둠을 밝히는 조명이 아니라 공간에 개인의 취향을 표현할 수 있도록 한 것으로, 침체되는 전등 시장에서 '조명의 서비스화', 즉 제조의 서비스화를 이룬 사례입니다. 필립스는 또 B2B 방식으로도 IoT를 확장 중입니다. 2015년, 네덜란드 스키폴 공항과 소통해 공항은 LED 전등을 구매하지 않는 대신 전등의 사용료를 월 단위로 지불하는 방식으로 계약을 체결했습니다. 필립스가 공항 내 모든 LED 전등에 대한 소유권 및 설치와 유지보수 책임을 지는 형태로, 제품이 아닌 서비스를 제공하는 거죠.

또 타이어 제조사 브릿지스톤은 타이어로 노면 상태를 판별하는 'CAIS' 기술을 개발해 일본 고속도로 관리업체인 '넥스코 엔지니어링(Nexco Engineering) 홋카이도'에 제공했는데요. 그럼으로써 단순 타이어 판매에서 벗어나 IoT를 활용한 타이어 데이터 서비스로 비즈니스모델을 이동시켰습니다. 그러면서 타이어와 함께 운행 효율화 서비스를 판매하는 솔루션 중심의 비즈니스로 전환 중이죠.

IoT, 프리미엄 서비스 제공

IoT 비즈니스는 장기간에 걸쳐 데이터를 축적하고 그것을 분석하는 일에서 가치가 창출됩니다. 기업은 이를 바탕으로 사용자에게 추가 요금을 요구하는 방식의 수익모델을 만들죠.

웨어러블 디바이스인 핏빗은 '핏빗 프리미엄'이라는 유료 서비스를 제공합니다. 핏빗을 구매해 개인정보를 저장하고 확인하는 것은 무료지만, 비용을 추가하면 저장된 데이터를 바탕으로 다이어트 지도와 운동 레벨 설정 같은 추가 기능을 사용할 수 있습니다. 또 축적된 데이터를 알기 쉽게 그래프로 시각화해 보여주고, 목표에 도달할 수 있도록 운동 프로그램을 짜주기도 합니다.

테슬라도 프리미엄 서비스로 돈을 법니다. 테슬라에서 제공하는 대부분의 소프트웨어 업데이트는 사용자 경험 개선, 버그 수정, 안전기능 강화라는 목적하에 무료입니다. 반면, 주행 보조 기능인 '완전자율주행(Full Self-Driving, FSD)' 소프트웨어는 유료로 판매합니다. 기본 기능만 사용해도 문제없지만, 다양한 경험을 원하는 사람들에게 프리미엄 서비스로 접근해 추가 수익을 창출하는 것입니다.

IoT, 맞춤형 서비스 추천과 광고 및 중개수수료

IoT 기기를 통해 데이터가 축적되어 취향이나 성격이 파악되면 소비자에게 그에 맞는 서비스 제공 및 제품을 추천할 수 있습니다. 이때 추천과 광고에서 매출이 발생한다면 광고주에게 비용을 청구해 수익을 창출하는 일도 가능해집니다.

위에서 예로 들었던 삼성전자 큐커의 미래는 어떻게 될까요? 큐커 사용자에게 '주말에 연인과의 식사를 위한 메뉴 추천'이나 식품 제조기업에서 새롭게 출시한 큐커 상품을 노출하는 형태로 수익모델을 만들 수 있습니다. 그리고 삼성전자 홈페이지(쇼핑몰)에서 결제가 이루어진다면 결제대행사(PG)가 되어 결제액의 일정 비율을 수수료로 받을 수도 있죠. 물론, 프리미엄 요금을 설정하거나 광고에 대한 대가를 받는 경우 모두 IoT 제품이 계속 가치를 창출하는 것을 전제로 합니다.

6

디지털 트랜스포메이션(DX)과 BM

인공지능(AI), 사물인터넷(IoT), 가상현실(VR), 증강현실(AR), 빅데이터 등 주요 디지털 기술이 비즈니스를 근본적으로 변화시키고 있습니다. 기업 또한 디지털과 물리적 경험의 결합이 더욱 중요해졌는데요. 이를 통해 생산과 소비에 대한 정보를 공유하면 새로운 가치를 창출할 수 있기 때문입니다. 국내외 기업들이 디지털 기술을 선도적으로 도입하면서 기술 기반의 비즈니스모델을 구현하려는 이유가 여기에 있습니다.

다음 그림에서 보듯 디지털 전환을 위해서는 ①물리적 세계의 데이터를 수집(센싱과 전송)할 수 있어야 하고, ②데이터의 저장과 분석이 가능해야 합니다. 이 단계에서 클라우드와 빅데이터 기술이 필요한데요. 클라우드에 저장된 데이터는 ③인공지능(AI)을 거쳐 예측과 맞춤의 형태로, ④최적화를 통해 활용할 수 있어야 합니다.

디지털 전환에 필요한 디지털 기술에는 기계와 기계를 연결하는 사물인터넷(Internet of Things), 기계와 사람을 이어주는 생체인터넷(Internet of Biosignal), 공간 정보를 디지털화하는 위치기반 서

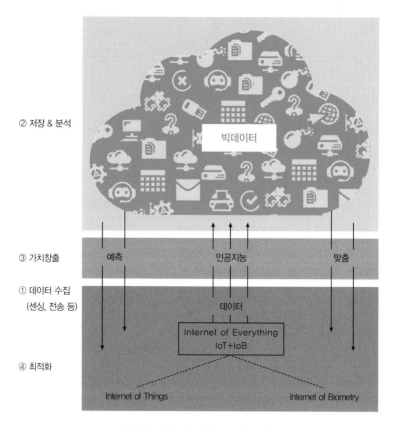

디지털 트랜스포메이션 기술 개요

비스(Location-Based Service), 사람과 사람을 연결해 주는 SNS(Social Networking Service), 사용자가 인터넷상에서 사용할 수 있는 서버 공간인 클라우드(cloud), 가치 있는 거대한 데이터를 의미하는 빅 데이터(big data) 등이 필요합니다.

공간의 디지털화 기술

통신 인프라를 갖춘 이동통신사뿐 아니라 네트워크 솔루션 공급기업, 가전제품 제조기업, 액세서리 제조기업, 완성차 및 자동차 부품 제조기업 등 분야를 가리지 않고 자사의 제품과 서비스를 네트워크에 연결하는 중입니다. 사물이 인터넷에 연결되면서 가정, 사무공간, 공공건물, 도시, 농촌, 제조공장 등의 모습이 바뀌고 있죠.

내가 있는 위치를 인식하는 서비스가 위치기반 서비스입니다. 컴퓨터와 달리 스마트폰은 이동하면서 사용할 때가 많은데, 사용자가 주소를 직접 입력하지 않아도 GPS나 이동통신사의 위치 인식 기술에 기반해 내 위치가 적용된 개인화 서비스를 받을 수 있습니다. 이 같은 위치기반 서비스는 지도, 내비게이션 등 다양한 분야에 적용되는데요. 스타벅스 애플리케이션에서 스토어를 누르면 현재의 내 위치를 중심으로 가장 가까운 스타벅스 매장을 알려줍니다. 사진앱에서는 사진 찍은 정보를 자동으로 기록하고, 페이스북이나 인스타그램에서는 내 위치를 중심으로 일상을 기록하는 것도 가능합니다.

인간의 디지털화 기술

생체인터넷 기술을 보여주는 가장 기본적인 모습은 애플워치, 핏빗, 갤럭시워치입니다. 이러한 웨어러블기기는 맥박, 체온, 운동량 같은 생체 정보를 인터넷으로 저장하고 건강관리 서비스를 제공하는데요. 생체인터넷 기술에 대한 기대가 큰 이유는 원격의료 기술이 각종 센서와 융합되면서 궁극적으로는 의사와의 쌍방향 실시간 치료가 가능하기 때문입니다. 물론, 국내에서는 현행 의료법의 규제로 생체인터넷 서비스를 개발하는 데 한계가 있기는 하지만, 생체인터넷 기술의 발전은 궁극적으로 병의 즉각적인 진단과 치료 가능성을 열어줄 것입니다.

사람과 사람을 연결해 주는 SNS인 페이스북, 인스타그램, 카카오톡 등은 인간을 둘러싼 다양한 환경들을 연결해 줌으로써 시간과 공간의 장벽을 극복하고 새로운 기회와 가치를 만들어냈는데요. 이처럼 모든 게 연결되는 시대는 연결에 대한 인간의 욕구 증대 및 기술 발전을 통한 연결비용의 감소, 개방형 혁신으로의 사고방식 전환 등 다양한 원인에 의해 이루어집니다.

시간의 디지털화 기술

클라우드는 데이터의 집을 의미합니다. 거대한 구름 같은 컴퓨터에 접속해 그 일부를 원하는 만큼 사용한다는 의미에서 붙여진 이름으로, 사용자들은 정해진 컴퓨터 없이도 웹상에 자료를 저장해 놓고 어디서나 서비스를 이용할 수 있죠. 이 같은 클라우드 컴퓨팅은 업무환경뿐만 아니라 일상생활까지 바꾸어 놓았습니다. PC가 아니더라도 단말기만 있으면 언제 어디서나 필요한 업무용 소프트웨어를 제공받을 수 있고, 원격지에서도 자료의 유출 위험 없이 필요한 데이터를 불러와 쓸 수 있게 되었으니까요.

또 빅데이터는 과거에는 저장하기 어려웠던 큰 데이터(big data)를 저장한 후, 그 데이터를 분석해 의미 있는 형태로 다시 불러올 수 있게 되었음을 의미하는데요. 단순한 기술이나 분석기법이 아닌 데이터의 처리 흐름으로 이해해야 합니다. 과거에는 텍스트, 사진, 음성파일, 동영상 등의 데이터를 저장하고 처리하는 데 많은 시간과 비용이 필요했습니다. 하지만 기술의 발달로 시간과 비용이 줄면서 실시간으로 저장, 분석, 불러오기가 가능하게 된 것이죠.

클라우드와 빅데이터에 기록된 사람과 공간에 대한 정보는 편집과정을 통해 최적화가 가능합니다. 주말드라마를 보기 위해 꼭 정해진 시간에 텔레비전 앞에 있을 필요가 없어진 겁니다. 언제 어디서나, 어떤 기기로도 마음대로 순서를 바꿔가면서 드라마를 시청할 수 있으니까요. 이제 시간을 각자 마음대로 조정해서 사는 시대가 되었습니다.

사물인터넷(IoT) 요소 기술

IoT는 각종 센서와 네트워크 기능이 탑재된 디바이스에서 출

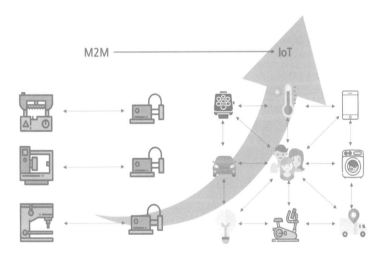

M2M과 IoT 비즈니스의 차이점

발합니다. 일상생활에서 많이 사용하는 스마트워치에는 자이로, 가속도, 나침반, 기압, 심박, GPS 센서가 들어 있고, 이 센서들은 사용자의 위치, 활동량, 건강 상태를 확인하는 데 필요한 정보를 생성합니다. 뿐만 아니라 생성된 정보 전송을 위해 와이파이, 블루투스, NFC 통신 등의 기능도 탑재되어 있죠.

IoT(Internet of Things) 이전에 M2M(Machine to Machine)이라는 개념이 있었습니다. M2M과 IoT는 모두 사물과 사물을 연결하는 기술입니다. 차이점이 있다면 IoT는 인터넷에 연결되는 장치의 네트워크이고, M2M은 두 개 이상의 전자 장치 지원 시스템(또는 기계나 장치) 간에 자동화된 방법으로 통신하는 공정이라는 것이죠. 따라서 M2M은 제조현장에서 기계와 기계를 연결하는 방식으로 사용되는 반면, IoT는 일반 소비재를 중심으로 다양한 시도가 진행 중입니다.

또 센서는 어떠한 상태를 감지해 그것을 정보로 변환하는 장치를 말하는데요. 오래전부터 사용되던 온도, 습도, 열, 가스, 조도, 초음파 센서 등을 비롯해 원격 감지, SAR, 레이더, 위치, 모션, 영상 등 사물과 환경으로부터 정보를 얻을 수 있는 물리적 센서 모두를 포함합니다. 그런데 이 같은 물리적인 센서가 다양한 산업에 적용되려면 표준화가 필요합니다. 최근 IoT 기기에 내장된 센서는 표준화된 인터페이스와 정보 처리 능력을 갖고 있습니다. 기존의 독립적이고 개별적인 센서보다 한 차원 높은 다중(다분야)

센서 기술을 사용하므로 한층 더 지능적이고 고차원적인 정보 추출이 가능하죠.

일상생활에서 접할 수 있는 스마트워치, 밴드 같은 IoT 기기에는 가벼운 무선 네트워킹 기술이 사용됩니다. 블루투스 4.0이나 지그비(zigbee) 같은 게 바로 저전력 근거리 무선 기술에 해당하는데, 블루투스 4.0은 3.0에 비해 에너지 소비가 50% 정도 개선되었죠. 그 결과 위치 정보 및 경보 알람을 알려주는 웨어러블 밴드는 4.0 통신을 사용할 경우 건전지 1개로 1년 이상 쓸 수도 있습니다.

반면, 열악한 전파 환경에서 동작되는 스마트팩토리, 플랜트 관리, 실시간 제어 시스템, 산업 안전관리 시스템 등 산업용으로 사용되는 IoT 기기는 고신뢰, 저지연, 저전력 네트워크 기술이 사용됩니다. 실시간 데이터 전송 지원, 대규모 네트워크 지원, 10년 이상의 네트워크 수명 지원, 높은 수준의 보안성 지원을 중요하게 적용하죠.

IoT 기기는 저장용량과 시공간의 제약을 받지만, 인터넷 등으로 연결되면 그 제약을 뛰어넘어 사용자에게 끊김 없는 서비스를 제공할 수 있습니다. 이때 필요한 기술이 클라우드 컴퓨팅으로, 클라우드 컴퓨팅은 높은 수준의 IT 인프라를 저렴한 가격에 유연하게 사용하기 위해 시작되었으나 IoT 환경에서는 서비스의 백본(Backbone)으로써 더 크게 활용됩니다.

　IoT 기기에서 센싱한 정보를 클라우드 컴퓨팅으로 저장하는 이유는 데이터 활용을 위해서입니다. 엘리베이터 제조사인 티센크루프는 엘리베이터에 센서를 부착해 속도, 모터 온도, 출입문 오작동 등 각종 정보를 수집해 이를 클라우드에 저장합니다. 수집된 데이터를 바탕으로 언제, 어떤 문제가 생길지를 예측하기 위함이죠. 그리고 이를 통해 엘리베이터에 문제가 발생하기 전 정기 점검을 하고 수리할 수 있습니다.

현실 세계와의 접목을 위한 아날로그 기술

　디지털로 만들어진 정보는 현실에서 사용할 수 있어야 합니다. 디지털 기술은 오프라인 기술과 결합했을 때 시너지가 발생하는데요. 사물인터넷, 생체인터넷, 소셜네트워크서비스, 위치기반 서비스, 클라우드, 빅데이터가 디지털 기술이라면 서비스 디자인, 3D프린터와 로봇, 증강 및 가상현실, 블록체인 핀테크, 게임화, 플랫폼은 대표적인 오프라인 기술입니다.

　오프라인 기술의 첫 번째는 서비스 디자인입니다. 사용자 시각에서 출발해 공급자의 경영 및 생산체계까지 점검해 나가는 방법론이죠. 이 과정에서 기술과 산업 간에 융합이 생기며 사업화 가능성이 커지는데요. 기업이 보유한 역량을 중심으로 시장수요를 찾으려던 과거의 방식과는 원칙적으로 다른 접근방식입니다. 디지털 환경에서 서비스 디자인은 고객전환율을 높이는 한편 사용자 이탈률을 줄이는 역할을 하는데요. 그러려면 무형의 서비스를 시각화, 실제화, 표준화하여 고객에게 일관된 경험을 제공해야 합니다.

두 번째는 가상정보를 물질화하는 3D프린터와 로봇입니다. 3D프린팅과 로봇은 아직은 생활 깊숙이 들어오지 못했습니다. 그러나 기술이 발전할수록 더욱 정교해지리라는 가정은 매우 당

Copyright ⓒ 이민화, 참조 구성

디지털화 기술과 아날로그화 기술

연해 보입니다. 결국, 시간의 문제일 뿐 3D프린팅과 로봇의 일상화는 머지않은 미래인 거죠. 한번 상상해볼까요? 나이키 매장에 방문한 소비자가 진열된 상품이 아닌 디자인과 색깔을 고르고 발 사이즈를 정밀하게 측정한 뒤 온라인으로 주문합니다. 이 주문이 나이키 공장으로 전송되면 3D프린터가 150개에 달하는 운동화 자재를 개별적으로 인쇄하고, 이를 로봇이 조립합니다. 그리고 이렇게 개인에게 최적화되어 만들어진 운동화는 24시간 이내에 원하는 장소로 배송되죠. 과거 소비자조사를 하고, 디자인을 연구하고, 대량으로 생산하고, 유통하고, 매장에 진열해 판매하던 판매의 매커니즘 자체가 바뀌는 것입니다.

세 번째는 가상정보를 현실에서 경험할 수 있도록 하는 증강 · 가상현실입니다. 몰입형 경험인 가상현실(VR)은 사용자로 하여금 실제 환경과는 다른 가상의 현실을 경험하게 해줍니다. 반면, 증강현실(AR)은 우리가 사는 현실로 가상세계를 불러옴으로써 현실감을 높여주는 건데요. 실생활에 필요한 위치 정보 등을 편리하게 이용할 수 있다는 게 가상현실과 다른 점으로, 내비게이션처럼 현실세계에 가상세계를 불러와 편리함을 줍니다. 이 같은 가상현실과 증강현실을 합쳐 융합현실(Mixed Reality)이라고도 합니다. 가상현실과 증강현실의 장점만을 모은 현실감 있는 가상정보를, 결합된 공간 속에서 새롭게 생성된 정보와 실시간으로 혼합해 사용자와 상호 작용할 수 있도록 하죠.

가상현실이나 증강현실의 궁극적인 목적은 사용자에게 의미 있는 경험이라는 가치를 전달한다는 데 있습니다. 예를 들어, 여행을 가기 전에 관광지의 느낌, 풍경, 그 나라만의 매력이나 전통 등을 미리 경험할 수 있다면 소비자들은 실제 여행에서 자신이 원하는 선택을 할 수 있는 것처럼요.

네 번째는 분산화된 신뢰와 거래를 위한 블록체인 핀테크 기술로, 이를 적용하면 디지털화된 정보를 현실세계로 전달할 때 발생하는 해킹의 위험에서 벗어날 수 있습니다. 블록체인은 거래의 기록 및 관리에 대한 권한을 중앙기관 없이 P2P네트워크를 통해 분산시켜 블록(Block)으로 기록하고 관리합니다. 정보 저장 단위인 블록을 생성된 순서대로 연결하는 과정에서 유효성을 검증함으로써 정보의 위·변조를 방지하는 거죠.

블록체인 중 대표적인 서비스가 바로 비트코인입니다. 비트코인은 10분마다 새로운 거래정보를 담은 블록이 시간순으로 계속 연결됩니다. 따라서 블록체인 내 정보를 조작하려면 참가자 과반수를 해킹해 그 후의 모든 블록을 바꿔야 하므로 사실상 위·변조가 불가능한데요. 분산원장기술을 사용한 높은 보안성, 거래내역의 투명성, 비용 절감, 빠른 처리속도 등의 장점으로 인해 금융시스템의 새로운 패러다임으로 부상했습니다.

이 같은 블록체인은 금융뿐만 아니라 방송통신, 소비재 및 산업 생산물, 생명과학 및 헬스케어, 공공부문, 에너지 및 자원, 스마트 계약, 자동 회계감사, 사이버 보안 등 모든 산업에 적용 가능한데요. 블록체인 기술 도입은 기존 신뢰기관의 역할과 위상의 전환으로, 이는 곧 새로운 산업의 탄생을 의미합니다.

다섯 번째는 O2O에서 동기부여를 위한 게임화 기술입니다. '게임화(Gamification)'는 단순히 게임을 개발하고 이를 교육에 활용하는 전략이 아닙니다. 기대되는 행동을 취한 이들에게 적절한 보상을 제공하는 게 핵심이죠. 스타벅스가 대표적입니다. '마이 스타벅스 리워드' 프로그램을 운영 중인 스타벅스는 선납식 충전 카드를 이용하는 사람들을 대상으로 '별'을 모아 등급을 올릴 수 있게 했습니다. 커피를 한 번 주문하면 별이 한 개 쌓이는 방식인데요. 이 별을 5개 모으면 '그린레벨'이 되고, 30개 모으면 '골드레벨'이 됩니다. 골드레벨에게는 황금색으로 디자인된 전용 스타벅스 카드를 주고, 별 12개 적립 시 무료 음료 1잔을 기본으로 제공하죠. 주문하면 별이 쌓이고, 별이 쌓이면 회원 등급이 올라가는 형태로, 마치 롤플레잉 게임 속에서 경험치를 쌓아 레벨을 올리는 것과 비슷합니다.

'스타벅스 플래너' 또한 게임의 속성을 활용합니다. 매년 연말, 새해 다이어리를 얻으려는 이들로 붐비는 스타벅스 매장에서는 크리스마스 시즌 음료 3잔을 포함해 총 17잔을 구매하면 스타벅스 플래너를 제공합니다. 커피 한 잔에 도장 하나로, 커피를 주문하는 일종의 게임 속 임무가 다이어리를 받는 '보상'으로 돌아오는 셈이죠. 전 세계에 매장이 있는 스타벅스에서 게임화는 빼놓을 수 없는 장치입니다.

게임화는 또 유통, 교육, 금융, 헬스케어 등의 산업에서 고객 마케팅 및 브랜드 인지도 향상의 수단뿐만 아니라 직원 교육, 업무 프로세스, 채용 등 생산성 향상을 위한 도구로도 사용되는데요. 기업은 브랜드 홍보, 고객을 대상으로 한 상품 및 서비스 마케팅을 목적으로 한 게임화뿐만 아니라 직원의 업무 몰입도 향상을 위해서도 게임화를 활용해야 합니다.

여섯 번째는 반복되는 공통 역량의 공유가 가능한 플랫폼입니다. 네이버, 카카오톡, 인스타그램 등은 직접 무엇인가를 생산하거나 판매하지 않습니다. 물건을 팔고 싶은 사람들과 사고 싶은 사람을 연결하고, 친구와 친구를 연결하죠. 과거에는 쉽게 만나지 못했던 사람들이 플랫폼을 통해 연결되면서 새로운 가치를 만들어내는 것으로, 만나기 힘들었던 대상들을 연결하는 플랫폼을 장악하면 이처럼 큰 성장을 이룰 수 있습니다.

검색, 유통, 부동산 중개, 맛집 중개 등 수많은 분야에서 플랫폼들이 등장했습니다. 이들이 새로운 산업 생태계를 구축하면서 절대적인 정보 및 협상력에서 우위를 확보하고 있죠. 글로벌 시가총액 상위 10개 기업 중 7곳이 플랫폼 기업입니다. 그런데 재미있는 사실은 플랫폼을 지배해서 압도적인 수익을 창출하는 기업은 개척자가 아닌 후발주자라는 점입니다. 그러므로 기업들도 각

자의 영역에서 자신만의 플랫폼을 만들어 반복되는 공통 역량을
공유할 수 있어야 합니다.

메타버스, 웹3 비즈니스모델

기업들이 디지털 전환(digital transformation)을 서두르는 이유에
는 고객경험과 비용 절감 측면이 있습니다.

사람들은 언제 어디서나 연결되고, 이를 통해 개인적이고 결점
없는 경험을 누리기를 원합니다. 기업도 더 많은 고객을 유입시키
고 충성고객으로 만들려면 반드시 최상의 경험을 제공해야 하죠.
그리고 이 모두를 가능하도록 해주는 것이 바로 데이터입니다.

디지털 기술로 확보된 데이터를 바탕으로 최적화된 고객경험
을 만든다면 비즈니스는 성공 가능성이 큽니다. 소매업의 형태를
바꾸고 있는 증강현실(Augmented Reality, AR)을 예로 들어보겠습니
다. 스마트폰으로 옷 가게에서 티셔츠를 스캔하면 입어보지 않고
도 나와 잘 어울리는지 안 어울리는지 확인이 가능하고, 슈퍼마
켓에서 식료품의 QR코드를 찍으면 요리방법을 알 수 있습니다.
또 의료용 IoT(Internet of Medical Things, IoMT)에서는 화장실 변기
가 자동으로 대변이나 소변 샘플을 채취해 사용자의 건강 상태를
모니터링할 수도 있죠. 건강 상태를 매일 확인하며 조기에 병을

발견할 수 있게 된 것입니다.

하지만 디지털 기술이 실제 비즈니스모델로서 의미를 띠려면 부분 최적화가 아닌 전체 최적화가 필요합니다. VR, AR, MR, XR, 메타버스, 웹3 등 다양한 형태의 디지털 기술들은 부분 최적화 기술입니다. 따라서 이 기술들로 돈을 벌려면 어떻게 전체 최적화를 할 수 있는지를 고민해야 합니다.

예를 들어, 어떤 기업이 오프라인 매장을 직접 방문하지 않고도 실제 매장에 온 듯 다양한 인테리어 제품들의 정보를 접할 수 있는 'VR 쇼룸'을 선보인다고 가정하면 어떻게 해야 할까요? 마우스 클릭이나 스마트폰 터치 등으로 조작이 단순할 뿐만 아니라 궁금한 부분을 확대하거나 상세정보 확인이 가능해야 합니다. 또한, 가상으로 자신의 집이 만들어져야 하며, 그곳에 VR 쇼룸의 인테리어 제품들을 적용해 볼 수 있어야 하죠. 그래야 우리 집과 어울리는지를 확인할 수 있으니까요.

그런데 만약 VR 쇼룸으로는 확인되지 않는 내용이 있는 데다 챗봇으로 문의를 했는데도 제대로 된 대답을 얻지 못했거나, 전화해도 통화가 되지 않거나, 개인이 선호하는 결제방식을 지원하지 않거나, 결제 이후 배송에 대한 사항이 자세히 안내되지 않는다면 어떻게 될까요? 이는 VR 쇼룸을 통해 부분적인 경험을 했을 뿐 전체 관점에서 고객경험이 최적화되지는 못한 건데요. 인터넷 태동기인 1990년대 후반이 그랬습니다. 스마트폰은 1990년

대 후반에 출시되었지만, 그때는 네트워크 속도도 느리고 콘텐츠도 빈약했죠. 하드웨어, 소프트웨어, 네트워크, 콘텐츠, 플랫폼 등 관련 기술이 함께 발달하지 못했기 때문에 하나의 산업으로 성장하기까지 10년 이상의 시간이 소요된 것입니다.

아래 그림에서 보는 것처럼 메타버스는 증강현실(AR, Augmented Reality), 라이프 로깅(Life logging), 거울 세계(Mirror Worlds), 가상세계(Virtual Worlds)의 유형으로 발전해왔습니다. 메타버스가 비즈니스모델로 의미가 있으려면 이 모든 것이 함께 발전해야 합니다. VR, MR 헤드셋, AR 안경 같은 하드웨어를 사업화하려면 소프트웨어와 콘텐츠가 많아져야 할 뿐만 아니라 플랫폼 생태계에 참여하는 많은 제품과도 유기적으로 연동되어야 하죠. 메타버스, 웹3 등으로 불리는 디지털 기술이 허상이라고 주장하는 이유는 이처

증강성(Augmentation)

증강현실(Augmented Reality)　　　일상 기록(Life-logging)

외적인(External)　　　　　　　　　　　　　사적인(Intimate)

거울세계(Mirror Worlds)　　가상세계(Virtual Worlds)

시뮬레이션(Simulation)

메타버스의 4가지 구성요소

럼 여러 가지 관련 기술이나 생태계가 상향 평준화되지 못했기 때문인데요. 지금의 디지털 기술은 아직 이렇게 부분 최적화를 통해 발전하는 중이지만, 머지않은 시점에 전체 최적화되면서 고객경험을 혁신하게 되리라고 생각합니다.

초거대 AI 기반 비즈니스모델

챗GPT를 포함한 생성형 인공지능은 대규모 학습 데이터를 기반으로 대화의 맥락을 이해하고 사람처럼 응답하는 능력을 보여줍니다. 이전 대화를 기억하고 전체 흐름을 고려해 답변하기 때문에 사람과 대화하는 느낌을 받는데요. 이는 구글이 2017년에 〈Attention is all you need〉라는 논문을 통해 소개한 트랜스포머 (Transformer)라는 기술로 가능해졌습니다.

트랜스포머는 문장 속 단어 같은 순차 데이터 내의 관계를 추적해 맥락과 의미를 학습하는 신경망입니다. 〈Attention is all you need〉를 한글로 번역하면 '필요한 건 어텐션뿐'인데요. 기존의 복잡한 딥러닝 구조를 사용하는 대신 오로지 어텐션으로만 모델이 구성되어 있습니다. 다음 그림에서 보듯 단어나 문장 같은 입력 데이터에서 중요한 정보를 추출하고 출력 데이터를 생성할 수 있도록 해주죠.

초거대언어모델(LLM, Large Language Model)을 기반으로 하는 생성형 AI산업의 생태계는 크게 4가지의 층위로 구분할 수 있습니다.

첫 번째는 초거대 AI 모델입니다. 이를 위해서는 방대한 데이터를 축적해야 할 뿐만 아니라 이를 학습할 수 있는 컴퓨팅 인프라와 AI 전문인력이 필요한데요. 데이터, 기술, 자본이 갖추어져야 하는 영역으로 마이크로소프트, 구글, 아마존 같은 빅테크 기업의 비즈니스모델에 해당합니다.

두 번째는 클라우드 서비스로, 초거대 AI 모델은 클라우드 서

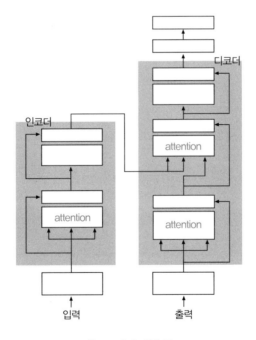

트랜스포머의 내부 구조

비스와 밀접하게 연결될 수밖에 없습니다. 이 모델을 개발하고 학습하려면 막대한 컴퓨팅 리소스가 필요한데, 이 또한 마이크로소프트, 구글, 아마존 등에서 볼 수 있는 역량입니다.

세 번째는 컴퓨팅 하드웨어인 AI 반도체입니다. 컴퓨터의 두뇌가 CPU(중앙처리장치)라면 인공지능의 두뇌는 GPU(그래픽처리장치)인데요. 이 분야에서 가장 앞선 곳이 엔비디아(NVIDIA)이며,

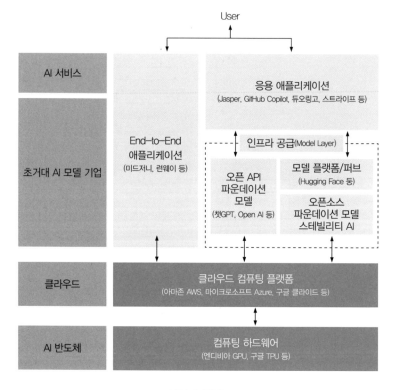

AI 시장과 산업구조

구글도 데이터 분석 및 딥러닝용 하드웨어인 TPU를 만들고 있습니다.

네 번째는 AI 서비스입니다. 여기에는 자체 보유 AI 모델 없이 오픈 AI GPT-4 같은 파운데이션 모델을 API로 호출해(call) 사용하는 재스퍼(Jasper), 깃허브 코파일럿(GitHub Copilot), 듀오링고(Duolingo), 스트라이프(Stripe)와 자체 보유 모델 기반 애플리케이션을 개발 및 운영하는 미드저니(Midjourney), 런웨이(Runway) 등이 있습니다.

대분류 중심으로 AI 생태계를 구분할 때 대부분의 기업이 특화된 AI 서비스에 집중할 수밖에 없습니다. 예를 들어, 카피몽키(CopyMonkey)는 온라인 쇼핑몰 사업자를 위한 인공지능 서비스를 제공하는데요. 카피몽키를 활용하면 몇 초 만에 아마존 판매자 페이지에서 제목과 설명을 생성할 수 있고, 알고리즘을 통해 검색 가능한 키워드도 찾아줍니다. 경쟁업체의 성공요인을 분석하고 모범 사례를 제시해주기도 하죠.

B2B(B2G) 관점에서 요소 기술을 지원하는 비즈니스에도 기회가 있습니다. 어떤 기업이나 기관(정부)이 초거대언어모델을 구축하기 위해서는 미세한 조정을 거치면서 더 잘 작동하도록 하는 파인튜닝(Fine-tuning) 과정과 수많은 형태의 GPU 그리고 GPU를 효율적으로 사용하기 위한 솔루션들이 필요합니다. 인공지능을

도입하려는 시장의 수요는 존재하지만, 기업이나 기관이 이 모든 것을 할 수는 없습니다. 이는 특화된 분야에서 요소 기술을 제공하는 기업에게 새로운 비즈니스 기회가 생긴다는 뜻입니다.

초거대 AI로 메타버스의 문이 열리다

아직은 시기상조라고 평가받던 메타버스가 초거대 AI를 만나면서 시장의 문이 열릴 가능성이 커지고 있습니다. 지금까지는 사람이 하나하나 메타버스 세상을 구현했지만, 앞으로는 초거대 언어모델 기반의 AGI 앱 에이전트를 소환해서 명령을 내리면 됩니다. AGI(Artificial General Intelligence)는 스스로 생각할 수 있는 AI를 말하는데요. 이를 활용하면 메타버스 세상에 필요한 화면을 만들 수도 있고, 아바타를 생성하거나 배경음악을 만들 수도 있습니다.

인공지능을 포함한 IT 기술은 하드웨어, 소프트웨어, 네트워크, 플랫폼이 함께 성장해야 하나의 산업으로 만들어지므로 아직은 섣부른 예측일지도 모릅니다. 하지만 기술은 우상향 형태로 발전한다는 사실을 전제하면 시간의 문제일 뿐 머지않아 우리의 일상을 바꿔놓을 것은 분명합니다.

인간의 뇌처럼 스스로 학습하는 생성형 인공지능이 무서운 이유는 확장성 때문으로, 챗GPT가 보여주는 텍스트뿐만 아니라 사람의 목소리를 학습하거나, 거장의 미술작품을 학습해 이미지를 만들어주기도 합니다. 아직은 그럴듯하게 카피한 수준이지만 학습량이 늘어나고, 이를 활용하려는 기업과 사람들이 많아지면 더 창의적인 콘텐츠도 만들어내기 시작할 게 불 보듯 뻔합니다. 무한대로 커지는 거죠.

챗GPT 같은 인공지능은 평균 수준의 업무는 대체할 수 있으리라 생각합니다. 주민센터에서 해주던 각종 서류발급이 기계로 대체되었듯 사무실에서 해야 하는 여러 가지 업무는 인공지능이 더 잘할 수 있는 영역이니까요. 반면, 기획하고 질문하고 가치를 판단하는 일은 사람의 영역입니다. 따라서 챗GPT 같은 인공지능을 잘 활용해 자신만의 시각으로 창의성을 발휘하는 영역은 쉽게 대체되기 어려울 것입니다.

7

지속 가능한 성장,
ESG 비즈니스모델

ESG란 환경(Environmental), 사회(Social), 지배구조(Governance)의 영문 첫 글자를 조합한 단어로, 기업 경영에 있어 지속 가능한 성장을 위한 방법론입니다. 많은 기업이 다양한 방식으로 ESG를 활용하긴 하지만 대부분은 '그린워싱(Green Washing)' 정도로 평가받고 있는데요. 그린워싱이란 실제로는 환경에 악영향을 미치는 제품을 생산하면서도 마케팅 등을 통해 친환경적인 이미지를 내세우는 행위를 말합니다.

왜 ESG인가?

ESG 이전에는 기업의 사회적 책임(Corporate Social Responsibility)이 인기를 끌었습니다. 착한 기업으로 손꼽히던 탐스슈즈(TOMS shoes)가 대표적인데요. "내일을 위한 신발"이라는 슬로건을 내세운 탐스슈즈는 소비자가 한 켤레의 신발을 구입하면 한 켤레의 신발을 제3세계 어린이들에게 기부하는 캠페인으로 큰 인기를 얻었습니다.

그러나 그것은 자선을 명분으로 이용한 마케팅이자 판매전략의 일환일 뿐 개도국 사람들에게는 거의 도움이 되지 않았습니다. 비정부기구(NGO)들은 오히려 지역 산업 기반에 해가 된다며 비판했죠. 의료, 교육, 식량, 일자리처럼 절실한 문제보다는 진정성 없는 상술로 어린이들을 이용했다면서요. 실제 기부받은 신발을 재판매하는 사례가 증가하면서 지역 내 영세 신발업자가 피해를 입기도 했습니다.

탐스슈즈는 이러한 비난을 모면하기 위해 신발 외에 다른 제품도 기부했는데요. 안경을 판매하면서는 안경 한 개 판매 시 처방 안경과 치료를 무료로 제공했고, 가방을 판매하면서는 안전한 출산을 위한 소품과 출산보조원 교육 서비스를, 커피를 판매하면서는 깨끗한 물 1주일분을 주기도 했습니다.

그러나 그런 것들로는 경쟁에서 이길 수 없었습니다. 기부 같은 자선은 기업의 핵심역량이 될 수 없습니다. 사람들의 선한 마음에 호소하는 방식으로 생겨난 프리미엄 효과는 잠시일 뿐 머지 않아 사라지게 되어 있습니다. 소비자들의 지갑을 열려면 제품과 서비스의 본원적 요소인 기능, 품질, 디자인 같은 부문에서 혁신이 이루어진 후 기업의 사회적 책임이 더해져야 합니다. 기업의 사회적 책임을 이야기하기 전에 제품과 운영방식에 대한 혁신을 먼저 이야기해야 하죠.

결국, 경영이 한계에 부딪히자 탐스슈즈 창업자 블레이크 마이코스키(Blake Mycoskie)는 지분을 투자회사에 넘기면서 먹튀 논란까지 불러일으켰는데요. 그러고는 높은 강연료를 받고 외부 강의를 다니면서 회사보다는 자신의 이익을 중요시한다는 비판을 받기도 했습니다. 기업이 지분을 처분하고 대표가 외부에 강의를 다니는 게 문제 될 일은 아니나 사회적 가치를 이야기하는 기업이라면 달라야 합니다. 높은 신뢰성과 도덕성으로 대표를 포함한 구성원 전체가 사회적 책임경영(CSR)의 기본을 지키지 않으면 큰 위기에 직면할 수밖에 없죠.

탐스슈즈는 하나의 사례에 불과합니다. 친환경 제품 생산을 위해 거대한 산림을 파괴한다거나, 신소재를 개발한다면서 화석연료보다 더 많은 에너지를 사용한다면 과연 지구를 위한 친환경이라고 할 수 있을까요? 그린워싱(Green washing)은 환경 문제에는 실제로 별 도움이 되지 않으면서 환경보호를 실천하는 제품인 양

과장하거나 속이는 것이라고 앞서 말했는데요. 성과를 과장해 광고하는 일, 친환경 원료를 조금 사용하면서 환경보호 라벨을 붙이는 일, 브랜딩을 위해 환경보호에 노력하는 듯 포장하는 일들이 모두 그린워싱에 해당합니다. 마치 지금의 ESG처럼 겉모습만 그럴듯할 뿐 보이지 않는 부분에서 더 많은 리스크를 생산하고 있는 것과 다르지 않죠.

주주 자본주의와 이해관계자 자본주의

ESG는 수십 년 동안 신봉했던 '주주 자본주의'에 대한 반성이라고 할 수 있습니다. 기업들은 오랫동안 '고객 중심'을 내세우면서도 여전히 이익을 중심으로 움직여 왔습니다. 사업의 성공을 측정하고, 직원들에게 보너스를 지급하고, 승진 여부를 결정할 때 재무적 성과를 중심으로 평가했죠. '고객을 위한다', '사회적으로 선한 기업이 되겠다', '기술을 선도하겠다', '직원들이 일하기 좋은 직장을 만들겠다', '환경을 보호하겠다' 같은 솔깃한 주장들을 하지만 여전히 가장 중요한 평가지표는 '이익'인데요. 그것이 현실이기도 합니다.

이 같은 '주주 자본주의'에 대한 반성이 '이해관계자 자본주의'와 'ESG'로 나타나고 있습니다. 이해관계자 자본주의란 기업 활동을 둘러싼 고객, 직원(근로자), 공급업체, 지역사회, 환경, 주주(투자자)와 함께 공유가치를 창출하자는 것으로 경영철학에 가깝습니다. 반면, ESG는 환경, 사회, 지배구조 등 기업의 성과를 평가하고 보고하는 프레임워크라고 할 수 있는데요. 이해관계자 자본주의와 ESG 모두 광범위한 사회적, 환경적 책임에 초점을 두고 있어 비슷한 개념이면서도 서로를 보완하는 방법론이기도 합니다.

주주 자본주의가 이익 극대화, 단기적 초점, 외부 요인에 대한 제한된 고려, 주주 가치 중심의 의사결정이 특징이라면 이해관계자 자본주의는 공유가치 창출, 장기적 관점, 환경 및 사회 문제에 대한 높은 관심, 지속 가능한 방식의 의사결정이 중심입니다. 그러므로 주주 자본주의에서 이해관계자 자본주의 및 ESG로의 전환은 생각보다 쉽지 않습니다. 이익 추구를 중심으로 운영되던 수많은 업무 방식과 프로세스를 새롭게 정의해야 하기 때문이죠. '환경을 보호한다', '기술을 선도하겠다', '고객 중심의 기업이 되겠다'는 표현을 듣기에만 좋은 슬로건이 아닌 기업의 업무 방식과 프로세스로 증명해야 하는 일입니다.

가치사슬을 통합한 파타고니아

그럴듯한 슬로건이 아니라 업무 방식과 프로세스를 통해 ESG

를 실천 중인 기업으로는 파타고니아를 들 수 있습니다. 파타고니아는 가치사슬을 통합해 스스로의 주장을 증명해 나가는데요. 예를 들어, 대부분의 기업은 가치사슬의 최종 목적지를 이윤으로 보지만, 파타고니아는 그곳이 종착지가 아니라고 말합니다. 그리고 기업 활동의 결과로 창출된 가치, 즉 이윤을 다시 지속 가능한 방식으로 투자합니다. 기업 활동에서 이윤은 반드시 달성해야 하는 목표지만 그게 끝은 아니라는 뜻이죠.

파타고니아는 1985년부터 매출의 1%를 자연환경의 복원과 보존을 위해 사용하고 있으며, 파타고니아를 주축으로 설립된 '지구를 위한 1%(1% for the Planet)' 기업 모임을 통해 환경단체에 2,200억 원 이상을 기부하기도 했습니다. 나아가 2022년 창업주 이본 쉬나드 회장은 그 일가가 소유한 약 30억 달러(4조 2천억 원)에 달하는 파타고니아 지분을 환경단체와 비영리재단에 기부했는데요. 그러면서 그는 뉴욕타임스와의 인터뷰에서 "소수의 부자와 셀 수 없을 정도로 많은 가난한 사람으로 귀결되는 자본주의가 아닌 새로운 형태의 자본주의 형성에 도움이 되길 바란다"라고 말했죠.

파타고니아의 놀라운 점은 다음 표에서 볼 수 있듯 기업이 추구하는 가치에 맞게 가치사슬을 통합했다는 사실입니다. 일반적으로 기업은 원자재 소싱→제조(생산)→유통(물류)→마케팅(판매)→사후관리로 이어지는 본원적 활동이 중요합니다. 기업구조,

파타고니아 가치사슬

기업구조	• 임직원 간의 커뮤니케이션이 중요, 경영철학을 종분이 반영한 수준 높은 제품 생산 • 사회적, 환경적, 투명성 기준을 충족할 수 있는 기업구조				
인사관리	• 일과 삶의 균형, 지속 가능성 및 사회적 책임을 강조하는 기업 문화 • 인력을 채용하는 과정에서부터 파타고니아의 경영철학에 적합한 인재를 선발				
기술개발	• 환경 영향을 줄이고 생산을 향상시키는 혁신적인 재료, 프로세스 연구개발에 투자 • 외부 파트너와 협력하여 지속 가능한 기술과 솔루션을 개발				
조달 및 구매	• 파타고니아의 가치를 공유하는 공급업체와의 장기적인 관계 구축 및 책임 있는 조달 • 파트너가 환경과 사회, 노동 요구 사항 등을 준수하는지 확인하는 엄격한 공급업체 관리 • 지속 가능한 의류 연합(Sustainable Apparel Coalition)의 회원				
	원자재 소싱 (소싱)	제조 (생산)	유통 (물류)	마케팅(판매)	A/S, 수명종료
	• 추적 및 지속가능한 친환경 소재 • 환경 및 사회적 영향을 최소화하기 위한 공정 거래 • 환경적으로 책임 있는 공급업체와 협력 • 다양한 공급자로부터 원자재를 조달	• 디자인 : 단순성과 실용성 중심 • 제조 : 전 세계 공장과 협력 제조, 파트너에 대한 엄격한 행동 강령, 공정한 노동 관행, 안전한 작업 조건, 환경 준수 등 • 품질관리 : 철저한 품질 관리, 제품 테스트에 투자	• 자체 소매점 및 온라인 플랫폼 • 제3자 소매업체 등 다양한 재널을 통해 유통 • 온실 가스 배출과 폐기물을 최소화하기 위해 물류 운영을 최적화하기 위한 지속적 노력	• 전통적 마케팅 전략과 디지털 마케팅 전략을 혼합하여 제품과 사명을 홍보 • 환경 운동과 사회적 책임에 조점을 맞추며 지속 가능성과 윤리적 비즈니스 관행에 대한 약속을 강조	• 서비스: 포괄적인 보증 및 수리 프로그램을 제공하여 손상된 품목을 교체하는 대신 수리하도록 권장 • 더 이상 사용할 수 없는 제품을 재활용하거나 다른 용도로 사용할 것을 권장 • 재활용 기술을 개발하고 폐기물 및 환경 영향을 줄이는 사명 실천

이 윤

지속 가능성을 위한 재투자

인적자원관리, 기술개발, 조달 및 구매는 대개 본원적 활동을 지원하는 형태를 취하죠. 반면, 파타고니아는 본원적 활동과 지원 활동을 동일하게 바라보는데요. 기업구조가 사회적, 환경적, 투명성 기준을 충족할 수 있도록 설계됨으로써 경영철학이 충분히 반영되도록 운영됩니다. 인적자원관리 또한 채용하는 과정에서부터 파타고니아의 경영철학에 적합한 사람을 선발함으로써 성장을 추구합니다.

ESG는 소비자 관점에서 접근

인류가 '주주 자본주의'에서 '이해관계자 자본주의'와 'ESG'로 전환해야 하는 이유를 설명하는 이론으로 도넛경제학과 순환경제학을 들 수 있습니다. 도넛경제학(Doughnut economics)은 영국의 경제학자 케이트 레이워스(Kate Raworth)가 창안한 이론으로, 새로운 시스템이 균형에 맞게 성장하기 위한 조건을 도넛 모양으로 설명합니다.

도넛의 안쪽은 사회적으로 갖춰야 하는 것들, 즉 에너지, 물, 식량, 보건, 교육, 소득과 일자리 등 사람들이 누려야 할 최소한의 조건들로 구성됩니다. 바깥쪽은 인류의 생존을 위해 지켜져야 할 기준으로 기후 변화, 오존층 파괴, 대기오염 등으로 구성되어 있

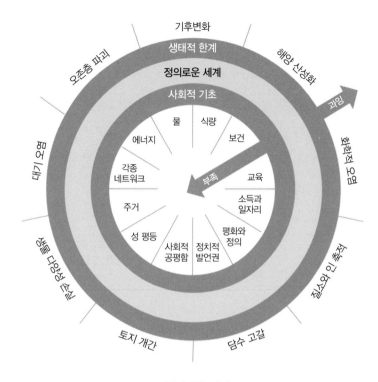

도넛경제학 개념

죠. 도넛의 안팎에 적힌 조건들은 지속 가능한 사회의 기초를 충족하는 동시에 환경적 측면에서도 기준을 넘지 않습니다. 균형 잡힌 조직과 사회가 추구해야 할 이상점이죠.

이 같은 도넛경제학보다 조금 더 직관적인 개념이 순환경제학 (Circular Economy)입니다. 생산과 소비에 임하는 자세를 근본적으로 바꾸어 지속 가능한 사회를 만들자는 성장모델로, 한 번 쓴 자원을 계속 쓰는 것을 목표로 합니다.

도넛경제학과 순환경제학은 기업의 이상적인 미래입니다. 그럼에도 기업에 ESG와 이해관계자 자본주의로 비즈니스모델을 전환해야 한다는 논리를 적용하기에는 무리가 있습니다. 비즈니스는 기본적으로 비용을 수반하기 마련인데, 이해관계자 자본주의와 ESG는 비용을 증가시키는 요인이기 때문이죠. 그렇다고 소비자들이 돈을 더 낼까요? 그렇지 않습니다.

예를 들어, 주방세제를 만드는 기업이 ESG를 위해 원재료를 친환경 소재로 변경했다고 가정해 보겠습니다. 기존 중국산 제품의 원재료는 8,000원인데, 국내에서 생산된 친환경 소재는 12,000원입니다. 50% 정도 비싸죠. 게다가 생산방식을 바꿔야 해

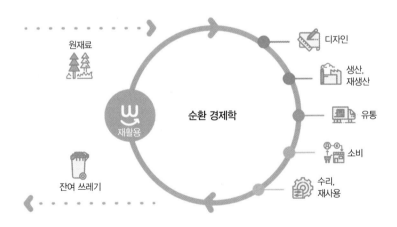

순환경제학 개념

생산공정에 추가적인 시설투자가 필요합니다. ESG는 이처럼 필연적으로 비용을 증가시킵니다.

그럼 고객은 어떨까요? 기업은 지금까지 법으로 정한 기준에 맞춰 좋은 제품을 만들어왔습니다. 기존 제품이 법의 테두리를 벗어난 해로운 방식으로 만들어진 게 아닙니다. 그렇다면 소재와 생산공정의 변화로 기존 제품보다 더 좋은 제품이 만들어졌을까요? 친환경이 중요한 가치이긴 하나 꼭 더 좋은 품질(또는 퍼포먼스)을 의미하지는 않습니다. 이때 기존 제품에 대한 만족도가 80점이었고 새롭게 출시된 제품의 만족도가 85점이라면 과연 고객들은 5점의 개선에 대한 대가로 더 높은 비용을 지불할까요? 사람들은 자신의 이익을 쉽게 포기하지 않습니다.

단순 비교는 어려우나 다이소의 성장세가 의미하는 바가 있습니다. 다이소는 일상생활에서 편리함과 저렴함을 제공하는 좋은 기업이지만 판매하는 상품은 대부분 일회용입니다. 우리는 환경이 중요하다고 말하면서 일상생활의 작은 문제들을 해결하기 위해 다이소를 이용하죠. 환경을 지켜야 한다는 대의명분만큼이나 중요한 게 지갑을 지키는 일이니까요. 또 다이소에서 판매하는 상품이 백화점에서 판매되는 상품보다 품질이나 기능 면에서 떨어진다고 말할 수 없으며, 그곳의 주방용 세제가 친환경을 표방하는 기업에서 만든 세제보다 더 나쁘다고 볼 수도 없습니다. '기

업이 착해져야 한다', '환경을 보호해야 한다' 같은 논리로 ESG
에 접근하는 방식은 한계가 있다는 뜻입니다.

MZ세대, 미닝아웃, 돈쭐

기업이 ESG로 전환해야 하는 이유 중 하나가 새로운 소비권
력이 된 MZ세대 때문으로, 그들은 소비에서도 자신의 가치관과
사회적 신념을 적극적으로 드러냅니다. '미닝아웃(meaning+coming
out)'과 '돈쭐'이 대표적인 예인데요. 배달음식 줄이기, 텀블러 사
용하기, 분리수거 철저히 하기, 사용하지 않는 플러그 뽑기, 공
공 자전거 타기 등 일상생활에서뿐만 아니라 소비활동에서도 가
치관과 신념에 따라 상품을 구매하며, '돈쭐'을 통해 소비에 대한
개인의 정치적, 사회적 신념을 적극적으로 드러냅니다.

이처럼 가치에 반응하는 소비에 주목하면서 가치소비 시장이
선순환하며 커지고 있습니다. '착해야 산다(buy)'는 말은 소비자
구매행동이지만 기업에게는 생존의 문제가 된 거죠. 그동안 주목
받지 못했던 친환경 의류와 식품이 그렇습니다. 구찌, 발렌시아
가, 보테가 베네타, 알렉산더 맥퀸, 생로랑 등 명품 브랜드를 보유
한 케링그룹이 모피 사용 중단을 선언할 정도니까요.

그동안 가죽이나 모피 제품은 동물 학대라는 윤리적 문제와 함

께 생태환경 파괴의 주범으로 지목돼 왔습니다. 그러다 소비자들의 지속 가능성에 대한 요구가 커지면서 더 이상 이를 외면할 수 없게 되었는데요. 이제 패션 브랜드들은 모피나 가죽 대신 친환경 소재에 주목하는가 하면 버려진 폐기물과 재활용 플라스틱 소재를 원료로 가방과 옷을 만들고 있습니다.

또한, 식품 시장에서는 비건(Vegan)이 큰 폭으로 성장 중입니다. 동물성 재료를 먹지 않는 채식주의자 시장은 그동안 틈새에 불과했습니다. 그런데 스마트폰과 소셜미디어 등 다양한 루트로 많은 사람이 동물권을 접하게 되었습니다. 또 코로나를 겪으면서 환경 문제를 자신의 문제로 체감했죠. 그 결과 제로 웨이스트 및 녹색 소비와 더불어 육식을 위한 도축과정이 환경에 미치는 악영향을 알고 비건(Vegan)을 선택하는 사람들이 많아졌는데요. 인스타그램 같은 소셜미디어에 그 같은 자신의 가치관을 드러내는 사람들이 큰 폭으로 증가했다는 사실이 그 증거입니다.

ESG는 '업의 본질'에 대한 질문

기업은 여러 이해관계자가 모여서 성과를 만들어가는 곳이기에 '업'에 대한 본질을 미션, 비전, 목표 등으로 명문화합니다. 미션은 기업의 존재 이유를 정의하는 일이고, 비전은 기업이 선택한 사업영역 안에서 구체적인 모습을 밝히는 일입니다. 그리고 목표는 비전 달성을 위해 중간중간 설정한 이정표를 말하죠.

예를 들면, 파타고니아의 사명 선언문은 "우리는 우리의 터전, 지구를 되살리기 위해 사업을 합니다"입니다. 이를 위해 2025년까지 제품 공정, 운영시설을 비롯한 생산 공급망 전체에서 발생하는 이산화탄소 문제를 해결, 100% 탄소 중립이라는 목표를 제시했습니다.

미션, 비전, 목표를 이야기하면 어떤 게 먼저인지, 세부 내용에 어떤 차이가 있는지를 분석할 때가 많은데요. 중요한 것은 기업이 추구하는 '업의 본질'이지 그럴듯한 미사여구로 미션, 비전, 목표를 표현하는 게 아닙니다. 또 아무리 좋은 의도라 해도 구성원 전체가 참여하지 않는다면 말로만 그칠 수도 있습니다.

산다는 건 건강하게 숨 잘 쉬고 잘 먹기만 하면 되는 게 아닙니다. 마찬가지로 기업도 단순히 돈을 벌기 위해서만 존재해서는 안 됩니다. 돈 되는 일만 좇다 보면 어느새 기업의 핵심은 온데간데없어지고 존재가치도 함께 사라지기 마련입니다. 당장 약간의 돈은 벌지 몰라도 오랜 기간 지속하기는 힘들죠. 게다가 직원들이 원하는 만큼의 급여와 복지를 제공할 정도로 돈을 벌지 못하면 인재를 붙잡을 수단마저 없어집니다. 단지 돈만을 위해서라면 진짜 인재는 갈 곳이 많을 테니까요. 또 만약 그 인재가 돈보다 더 중요한 어떤 가치를 추구한다면 돈만 좇는 회사에 남거나 선택하는 일은 없을 겁니다.

기업이 ESG로 비즈니스모델을 전환하려면 먼저 시장에 어필 가능한 핵심가치가 결정되어야 합니다. 이때 환경, 사회, 지배구조 각각이 추구하는 가치가 서로 충돌할 수 있다는 사실을 전제해야 하는데요. 사회적 가치창출 성공사례로 자주 언급되는 유니레버가 충돌의 대표적인 사례입니다. 생활환경을 고려한 샴푸, 세제 등을 소포장함으로써 저소득층 등 다한 소비계층에게 혜택을 제공했다는 점에서 보면 사회적 가치를 창출한 것이지만, 그로 인해 포장용지 폐기물을 증가시켰다는 점은 환경적 가치 측면에서 문제로 제기되고 있으니까요.

생물 다양성 논의를 이끄는 화장품 기업

2023년에 세계적인 화장품 기업 로레알이 인수한 이솝은 1987년 호주 멜버른에서 설립된 스킨케어 브랜드입니다. 식물 기반 원료로 만든 고가의 크림과 로션 등으로 유명한데요. 이솝의 성공요인에는 몇 가지 특징이 있습니다.

첫 번째 특징은 고품질입니다. 이솝의 화장품은 성분의 안전 및 효율성이 보장된 식물성 추출물과 과학적으로 입증된 최상의 원료만을 사용합니다. 동물성 재료, 염색약, 인위적인 향 등을 제품에 사용하지 않기 때문에 효능과 안정성, 일관성을 강조할 수 있죠.

두 번째는 독특하면서도 일관된 브랜딩 활동입니다. 이솝의 브랜드 철학은 포장재에서부터 확인됩니다. 시그니처가 된 갈색 유리병의 재료는 50%가 재활용이며, 제품 포장에 사용되는 박스는 100% 재활용 파이버보드로 만들어졌습니다. 그런데 화장품을 담는 용기와 박스가 재활용된 재료라 다소 투박해 보이는 것이 오히려 이솝만의 아이덴티티가 되었는데요. 패키징 과정에서도 불필요한 부분은 생략하고, 인쇄물 또한 콩기름 잉크를 사용합니다.

세 번째는 몰입감 있는 소매 경험입니다. 세계로 뻗어 나간 매장은 각각 고유한 건축 및 디자인 요소를 담고 있습니다. 현지에서 조달한 재료를 사용하며, 현지 예술가나 건축가와 협력해 작업하죠. 2014년에 문을 연 가로수길의 이솝 매장도 쑥으로 염색한 옥색 한지를 벽지로 바르고, 소나무를 중앙 테이블로 배치함으로써 한국에서만 느낄 수 있는 개성과 특수성을 반영해 구성했습니다.

네 번째는 고객서비스입니다. 이솝은 프리미엄 브랜드로 인식됨에도 고객에 대한 차별이 없습니다. 누구나 편안하게 방문할 수 있는 매장에서는 제품의 향과 텍스처(Texture) 경험은 물론 샘플, 차(티), 탄산수, 잡지, 자리 등이 제공되며, 개인 맞춤형 스킨케

이솝의 가치사슬

이윤

	원자재 소싱	제조(생산)	유통(물류)	마케팅(판매)	고객 지원
기업구조 • 다양한 부서 간의 협업, 혁신 및 커뮤니케이션 촉진 • 장기적인 성장, 지속 가능성 및 브랜드 고유의 정체성 유지를 우선					
인사관리 • 스킨케어에 대해 전문성과 열정이 높은 사람을 채용 • 인브랜드가 추구하는 투명성 등을 중요하게 생각하는 사람을 채용					
기술개발 • 제조 공정 및 전반적인 제품 품질을 개선하기 위해 연구 개발 지속 • 효과적이고 안전하며 환경 친화적인 제품을 만들기 위한 새로운 기술과 기법 개발					
조달 및 구매 • 원료와 재료의 품질, 지속 가능성 및 윤리적 소싱을 보장하기 위해 조달 및 공급망 관리 • 지속 가능성 및 윤리적 관행에 대한 약속을 공유하는 공급업체와 협력					
	원자재 소싱 • 고품질의 식물 기반 재료를 조달 • 최첨단 과학 연구와 결합된 천연 재료 • 성분 선택에서 안전성, 효능 등, 지속 가능성을 우선시	**제조(생산)** • 제품개발 : 천연성분, 혁신적, 효과적, 안전한 • 제조 : 엄격한 품질 관리 및 안전 프로토콜에 따른 제품 제조, 생산 공정의 일관성과 신뢰성 • 패키징, 디자인 : 미니멀한 패키징, 환경에 미치는 영향 최소화, 미적 가치	**유통(물류)** • 자체 소매점 및 온라인 플랫폼 • 제3자 소매업체 등 다양한 채널을 통해 유통 • 효율적이고 안정적인 물류 운영, 적시 배송과 최적의 고객 만족을 보장	**마케팅(판매)** • 스토리텔링, 콘텐츠 마케팅, 브랜드 가치를 중심으로 • 공격적인 판매 전술을 피하고 제품, 성분 및 철학에 대한 소비자 교육 • 브랜드의 진정성과 투명성을 중시하는 고객에게 어필	**고객 지원** • 개인 맞춤형 스킨케어 추천 및 안내 • 전문성을 보유한 직원을 통한 고객서비스 • 소비자 사이의 신뢰와 충성도를 구축하는 데 주력

어도 추천받을 수 있습니다.

다섯 번째는 스토리텔링과 콘텐츠 마케팅입니다. 이솝의 마케팅 전략에는 브랜드의 가치, 성분 및 제품의 특성을 강조하는 스토리텔링이 활용됩니다. 공격적인 판매전술 대신 소비자에게 제품과 그것에 담긴 철학을 이야기하는 데 중점을 두는 건데요. 이러한 접근방식은 자신이 선택한 브랜드의 투명성과 진정성을 중시하는 고객으로 하여금 반향을 불러일으키게 만듭니다.

유니크함과 미닝아웃의 상징

업사이클링의 가능성을 보여준 곳으로는 프라이탁(FREITAG)이 있습니다. '쓰레기로 만든 가방'이라고도 불리는 프라이탁은 스위스를 넘어 전 세계 트렌드를 리드하는 브랜드입니다. 5년 이상 탄 트럭의 방수천, 폐차한 차에서 가져온 안전벨트 등 그야말로 버려진 쓰레기로 만들어진 제품이지만 거칠고 낡은 질감에서 오는 독특성은 자랑거리로 충분하죠.

프라이탁의 공정은 복잡합니다. 트럭에서 방수천을 떼어내는 일부터 색깔 별로 조각내고 세척하고 재단하기까지 모두 사람의 손을 거쳐야 합니다. 복잡한 과정이 전부 수작업으로 진행되다 보니 세상에 하나밖에 없는 가방이 되고, 하나의 가격이 수십만

이윤

기업구조
- 다양한 부서 간의 협업, 혁신 및 커뮤니케이션을 촉진하도록 설계
- 지속 가능성과 창의성에 대한 기업문화

인사관리
- 성과 보상, 복리후생, 신제품 개발 기회를 제공
- 혁신과 창의성이 문화을 조성, 직원들이 프로젝트에 아이디어를 제공하고 협업하도록 장려

기술개발
- 원자재링 제료 사용을 최적화하며 제품의 품질과 내구성을 향상시키기 위한 연구 개발
- 혁신적인 디자인, 기능적 특징 강화, 폐기물을 줄이기 위한 새로운 기술과 기법 개발

조달 및 구매
- 유럽의 여러 지역에서 중고 트럭 방수포, 자전거 이너 튜브 및 자동차 안전벨트 소싱
- 지속 가능성과 폐기물 감소의 가치를 공유하는 공급업체와 관계를 구축
- 사용되는 재료의 품질과 신뢰성을 보장하기 위한 이해관계자 관리

원자재 소싱	제조(생산)	유통(물류)	마케팅(판매)	A/S, 수명종료
• 유럽 전역에서 주로 사용된 트럭 방수포와 같은 원자재를 소싱 • 새로운 직물을 사용하는 대신 재료의 용도를 변경하여 지속 가능성과 폐기물 감소에 중점을 둠 • 자전거 내부 튜브와 자동차 안전벨트도 생산공정에서 사용	• 디자인 : 원자재링, 내구성, 심미성, 고유성(세상에서 하나뿐) • 제조 : 스위스 취리히에서 수작업으로 고품질, 장인정신, 생산공정 통제 • 품질관리 : 마모, 파손 등 전반적인 성능에 대한 제료 및 완제품 테스트	• 자체 소매점 및 온라인 플랫폼 • 제3자 소매업체 등 다양한 채널을 통해 유통 • 탄소 배출량과 운송비용을 최소화하기 위해 효과적인 물류 운영에 중점	• 제품의 지속 가능성, 내구성 및 독특한 특성을 강조하는 고유한 가치제안 • 세상에서 하나뿐인 가방, 환경을 보호하는 상징성을 판매 • 소셜 미디어, 홍보, 아티스트 및 디자이너와의 협업	• 비스 : 보증 및 수리 서비스를 제공, 필요시 수리하여 가방 및 액세서리의 수명을 연장할 수 있도록, 지속 가능성과 폐기물 감소에 대한 약속 • 수명 종료 : 재활용 또는 용도 변경을 위해 반환할 것을 권장

프라이탁 가치사슬

원이 넘어가는데요. 소비자들은 프라이탁의 이러한 가치에 기꺼이 돈을 지불합니다. 게다가 가방 본연의 기능인 실용성은 물론이고 방수 소재인 천 자체가 타폴린으로 만들어지기 때문에 견고성도 뛰어나죠. 10년 이상 사용해도 찢어지거나 물이 샐 염려가 거의 없습니다. 브랜드 홍보 영상 또한 군더더기와 미사여구로 제품을 그럴싸하게 포장하지 않고 가방 이곳저곳을 훑으며 있는 그대로를 보여줄 뿐입니다. 그리고 5년 이상 탄 트럭에서 버려진 방수천 스토리, 세상에서 단 하나뿐인 가방의 희소성에 소비자의 경험이 더해지면서 프라이탁은 밀레니얼 세대에게 가장 핫한 브랜드가 되었죠.

왜 ESG로 전환해야 하는가?

기업이 환경에 끼치는 위험을 실제보다 과장해 비난하거나 공격하는 것을 '블랙워시(Blackwash)'라고 합니다. 긍정적인 면보다 부정적인 면이 부각시키기에는 좋은 게 사실입니다만, 블랙워시는 많은 기업의 변화 의지를 폄훼하거나 더 좋은 곳으로 나아가기 위한 노력을 방해하기도 합니다.

실제로 주주 수익을 극대화하고 단기적인 이익에 집중하는 기업들은 이미 지속 가능성에 한계를 드러내고 있습니다. 이런 기업은 애정 어린 시선으로 바라볼 소비자도 없을 뿐더러 무엇보다 귀중하고 제한적인 자원인 직원들의 이탈 가능성이 큽니다. MZ 세대가 자신의 마음을 움직이는 회사, 목적을 제시하는 회사, 더 좋은 세상을 만들려는 회사를 선호한다는 증거는 수도 없이 많습니다. 이 세대는 과거보다 공정의 가치를 더 크게 인식한다는 뜻이죠.

기업의 첫 번째 책임은 돈을 버는 일이지만, 이익에는 좋은 이익과 나쁜 이익이 있습니다. 훌륭한 카페테리아나 운동시설, 다양한 복지를 제공한다고 좋은 일터는 아닙니다. 돈 버는 방식이 좋은지 나쁜지를 가장 잘 아는 사람들은 내부 직원들입니다. 직원들이 의미 있는 삶, 목적을 향해 나아가는 삶을 살 수 있도록 해주어야 기업이 성장합니다. 목적 없이 돈만 추구하는 기업은 결코 위대해질 수 없습니다. 그것이 기업이 ESG로 비즈니스모델을 전환할 수밖에 없는 이유입니다.

8

전체 구조 바라보기

기술 중심의 기업은 B2B 방식으로 비즈니스를 전개할 때가 많습니다. 예를 들면, 이차전지에 들어가는 음극소재 공정기술을 가진 기업은 이차전지 제조사를 만나야 비즈니스가 가능하며, 이차전지 제조사를 설득하려면 어떤 산업에 진입할 수 있는지 제시해야 하는데요. 여기에는 전방산업과 후방산업이 있습니다.

전방산업과 후방산업

전방산업은 최종 소비자와 가까운 업종을, 후방산업은 소재나 원재료처럼 공급 쪽에 가까운 업종을 말합니다. 이차전지가 사용되는 전기자동차, 전동킥보드, 전기자전거 등은 전방산업이고, 이차전지에 들어가는 음극소재, 양극소재, 분리막 같은 소재산업은 후방산업인 거죠.

B2B 비즈니스는 전체 산업구조 속에서 전방산업과 후방산업에 영향을 미칩니다.

예를 들면, 정부의 부동산 규제로 아파트 분양시장이 침체되면 후방산업인 건설시장에 영향을 줍니다. 또 글로벌 공급망 불안정으로 원자재 가격이 상승하면 분양가격이 올라 전방산업인 분양시장에 영향을 미칩니다. 따라서 B2B 중심의 비즈니스는 산업구조 전체를 바라보면서 비즈니스모델을 고민해야 합니다.

산업구조를 바라보면서 경쟁환경을 평가하는 데 사용되는 프레임워크로 '5-forces' 분석이 있는데요. 이 모델에 따르면 기업의 수익성은 기업이 속한 산업 간의 경쟁강도, 신규 진입자의 위

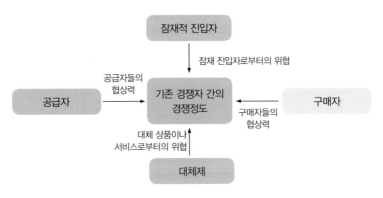

산업환경에 영향을 미치는 다섯 가지 요인(5-forces)

협, 공급자의 교섭력, 구매자의 교섭력, 상품이나 서비스의 대체 위협도에 따라 달라집니다.

산업구조분석에서 주의를 기울여야 할 부분은 해당 산업에서 성공하는 데 가장 중요한 '핵심성공요인(Key Success Factor)'을 찾는 일인데요. 핵심 키맨이나 방법을 찾으면 기업의 경쟁력 제고를 위한 전략적 대안도 마련할 수 있습니다.

이차전지를 예로 들어보겠습니다. 이 산업의 핵심 키맨은 이차전지 제조기업입니다. 이차전지의 사용처는 전동킥보드, 세그웨이, 전기자동차, 전동카트, 소형 IT 기기, 전동공구, 에너지저장장치(ESS) 등 다양하나 이차전지 제조사는 대부분 규모가 큰 산업에 집중합니다. 상대적으로 작은 시장을 공략하는 기업들은 이들에게 부탁해 이차전지를 조달하죠. 따라서 5-Forces 관점에서 보면 이차전지 제조사를 파트너로 확보할 수 있는가가 비즈니스 활동에서 매우 중요함을 알 수 있습니다.

이차전지 제조회사를 전략적 파트너로 확보하려면 매력적인 전방산업을 찾아내야 합니다. 만약, 음극소재 합성기술을 가진 기업이 전동킥보드에 들어가는 이차전지 시장을 타깃으로 결정했다면 어떻게 해야 할까요? 전동킥보드 시장에 대해 먼저 5-Forces 분석을 해봐야 합니다. 전동킥보드는 중국산 제품을 구매한 후 소비자용으로 개조해 사용하는 경우가 많은데요. 잦은 고장과 낮은 가동률, 수리의 어려움, 효율성 저하 등의 문제를 안

이차전지 산업의 5-forces 분석

저 – 저

잠재적 진입자의 진입 위험

- 시장에 진입하기 위해서는 높은 초기 투자가 필요하기 때문에 신규 진입자의 위험은 낮음
- 기존 공급업체 간의 제품 차별성과 같은 요인으로 인해 이차전지 시장에서 신규 진입자의 위험은 낮음
- 온라인 유통채널 채택이 증가함에 따라 신규 진입자들의 위험은 예측 기간 완화될 것으로 예상

저 – 저

수요자의 교섭력

- 이차전지 시장의 수요자들은 개인, 주문자 상표부착 생산(OEM), 기업 및 유틸리티와 같은 최종 사용자들
- 이차전지의 높은 중요성, 배터리 품질 등으로 인해 수요자 협상력은 낮음

중 – 중

공급자의 교섭력

- 금속 및 광물 채광, 정유, 배터리 부품 제조업체
- 전방 통합에 대한 공급업체의 낮은 위험, 이차전지 시장에 대한 높은 의존도와 같은 요인은 공급업체의 협상력을 감소
- 대체재의 낮은 이용 가능성과 공급업체 제품의 적당한 차별성은 공급자들의 협상력을 높임

강 – 강

기존 경쟁업체 간의 경쟁강도

- 구성요소 양극, 음극, 전해액, 분리막 기술 필요
- 외산 형태에 따라 다원, 원통형, 파우치형 경쟁
- 여러 공급업체들이 시장점유율을 높이기 위해 경쟁하고 있으며, 이차전지 제조와 관련된 높은 자본 지출, 높은 출구 장벽, 낮은 제품
- 전환비용 등으로 인해 경쟁이 더욱 심화되고 있음

저 – 저

대체재의 위험

- 가전제품과 같은 최종 제품에 직접적으로 대체할 수 있는 대체재가 없어 이차전지 시장의 대체재의 위험은 낮음
- 자동차 및 에너지 저장 분야에서 연료전지와 같은 대체품을 사용할 수 있으나 연료전지는 이차전지에 비해 제한됨이 낮은 상황임

전통킥보드 산업의 5-forces 분석

중 - 중

공급자의 교섭력

- 대부분의 전동킥보드 공유 서비스 업체들은 중국의 나인봇 등 소비자용으로 만들어진 전동킥보드를 구매해서 사용 중
- 상위 업체를 중심으로 전동킥보드를 직접 설계 및 제조(OEM)
- 교체형 배터리의 도입 증가

저 - 중

잠재진입자의 진입 위협

- 카카오, 네이버와 같은 IT 기업
- 기존 완성차 업체, 공유차량 업체 등 다양한 분야의 업체들이 시장진입 중
- 편의점, 대형마트와 같은 오프라인 유통기업
- CJ대한통운과 같은 물류기업

중 - 강

기존 경쟁업체 간의 경쟁강도

- 킥고잉(올룰로), 씽씽(피유엠피), 고고씽(매스아시아), 스윙(디스윙) 등의 스타트업을 중심으로 시장이 형성
- 전동킥보드 시장의 경우 프랜차이즈 방식으로 사업화 전개 중(서비스형에 해당)
- (미국)라임(Lime), 버드(Bird) 등 수억 달러의 투자를 받은 유니콘 기업 국내 시장 진입

저 - 중

대체재의 위협

- 전기자전거, 세그웨이, 전동휠 등의 대체재
- 우버(Uber), 리프트(Lyft), 쏘카 등 공유차량

저 - 저

수요자의 교섭력

- 자주 및 체류하는 지역 중심으로 선택
- 손쉬운 사용(회원가입 기입, 결제, UI/UX) 필요
- 다양한 모빌리티 연계
- 이벤트(할인 등)
- 지자체 지원

고 있습니다. 자체적으로 전동킥보드를 설계해 운영하려는 기업이 존재한다는 뜻이죠. 반면, 전동킥보드에 최적화된 이차전지를 제조하려면 관련 시설 및 노하우, 공정기술 등이 필요한데, 전동킥보드 업체는 이 부분을 해결할 역량이 부족합니다. 바로 이때 음극소재 합성기술을 가진 기업이 이차전지를 제조하는 기업 및 전동킥보드 업체와 파트너십을 구성하면 의미 있는 시장 창출이 가능해지는데요. 이처럼 5-forces 분석을 통해 산업을 바라보면 전체적인 관점에서 비즈니스 전략을 세울 수 있습니다.

산업 내 기업들의 경쟁 정도

기업 간 경쟁 정도 분석은 여러 가지 요인들을 파악해야 하는데, 일반적으로 같은 범주에서 경쟁하는 상위 3~5개 기업을 대상으로 삼습니다. 산업 내 경쟁이 치열할수록 기업들은 경쟁에서 살아남기 위해 가격을 낮추는데, 이로 인해 이익률이 떨어지게 됩니다. 가격을 낮추지 않더라도 서로 서비스 추가나 마케팅 활동을 강화함으로써 추가 비용이 발생하고, 이로 인해 산업의 평균 이익률이 낮아집니다. 통신시장을 놓고 벌어지는 SK와 KT의 경쟁이 대표적인 예입니다.

기업 간 경쟁에서 살펴봐야 할 것 중 하나가 산업수명주기인데요. 산업 자체가 도입기나 성장기일 때는 다른 기업과 경쟁하기 보다 성장 자체에 집중하므로 기업 간 경쟁 정도가 낮습니다. 하지만 통신시장처럼 성숙기에 진입한 산업은 매출과 시장점유율을 높이기 위한 싸움이 치열해지면서 기업 간 경쟁의 정도가 높아지죠.

산업 내에서 경쟁자를 평가하는 지표로는 산업의 성장 정도, 제품 차이, 브랜드 인지도, 전환비용, 경쟁사의 다양성, 고정비용 등이 있는데요. 강력한 경쟁자가 존재할수록 비 매력적인 시장으로 분류됩니다. 가격과 광고 전쟁이 심하게 전개되어 손실을 볼 가능성이 크기 때문입니다.

잠재 진입자의 위협 정도

어느 산업이든 새롭게 시장에 진입하는 사람들은 있기 마련입니다. 기존 경쟁업체들은 신규 진입자들이 쉽게 들어오지 못하도록 진입장벽을 만들려 하고, 새롭게 시장에 진입하려는 사람은 그 진입장벽을 뛰어넘으려 하죠. 우버의 등장에 기존 택시사업자들은 법령 강화로 대응하고, 우버는 여론전으로 기존 택시업의 문제점을 이슈화하면서 진입장벽을 무력화시켜 나간 것처럼요. 이처럼 기존 업체가 얼마나 높은 진입장벽을 가졌는지, 신규 진입자가 얼마나 많은지에 따라 경쟁의 상태가 달라집니다.

또 자본의 크기도 중요합니다. 반도체 산업처럼 자본소요량이 큰 특정 산업에는 진출코자 하는 기업이 별로 없는 반면, 자본소요량이 적은 인터넷 쇼핑몰은 누구나 큰 망설임 없이 시장에 진입할 수 있으니까요.

규모의 경제와 경험곡선도 영향을 미칩니다. 규모의 경제는 생산량이 많아질수록 원가가 낮아짐을 의미합니다. 또 생산량이 많아질수록 작업 등이 숙련되어 원가가 하락하는 효과를 나타내는 게 경험곡선인데요. 작업자의 숙련도가 높아지면 생산량은 늘어나는 반면 인건비 같은 고정비용은 일정한 상태에서 제품 생산에 따른 원재료비 등의 변동비만 증가하므로 평균원가가 지속적으로 낮아지게 됩니다. 그래서 규모의 경제 및 경험곡선의 효과가 큰 산업일수록 신규 기업이 진입하기 어렵죠. 그리고 이 같은 규모의 경제는 기업이 가진 가치사슬의 모든 영역에서 발생합니다. 연구개발과 마케팅에서 규모의 경제 효과를 톡톡히 누리고 있는 애플이 대표적입니다. TV 광고를 포함한 많은 활동을 표준화했을 뿐만 아니라 동일한 광고를 전 세계에 방송함으로써 광고비를 큰 폭으로 절감했으니까요.

원가우위 또한 잠재 진입자를 위협하는 요인입니다. 원재료를 100원에 구입할 수 있는 기업과 120원에 구입해야 하는 기업의 결과는 안 봐도 뻔합니다. 전사적 차원에서의 공급사슬 관리를 통해 오프라인 유통시장을 장악한 월마트는 지난 수십 년간에 걸친 지속적인 생산성 증대 노력으로 경쟁기업들에 비해 큰 폭으로 원가구조를 낮춤으로써 시장 지위를 지켜왔죠.

대체제의 위협 정도

대체제는 우리와는 다른 분야에 속한 산업이지만 고객의 니즈를 비슷하게 충족시켜 주는 제품 및 서비스의 존재 여부를 말합니다. 대체재의 수가 많거나 대체재의 가격경쟁력이 높을수록 해당 기업의 이익률은 하락할 수밖에 없는데요. 나이키가 경쟁자를 게임회사로 선정한 이유가 대체재 관점에서 시장을 바라보았기 때문입니다. 기존 관점에서는 리복, 아디다스 등이 경쟁자로 분류되지만, 대체재 관점에서는 게임회사도 경쟁자가 됩니다. 사람들이 게임을 하느라 운동화를 안 신는다면 게임회사는 분명 나이키의 경쟁자일 수 있는 거죠.

이렇듯 현재의 상품보다 가격 대비 성능이 훨씬 좋은 대체제가 나오면 위협의 정도가 확 커집니다. 또 고객에게 유용한 정도, 가격경쟁력, 고객의 니즈에 따라 대체재의 범위와 종류가 다양해지면 해당 산업에 끼치는 위협의 정도 또한 달라집니다.

대체제는 먼저 유용성과 가격경쟁력을 검토해야 합니다. 예를 들어, 서울에서 부산까지 이동하는 방법은 KTX, 항공기, 고속버스, 자가운전 등 다양한데요. 이때 KTX와 비행기는 전혀 다른 산업군이지만 비슷한 가격대에 빠른 이동이라는 유용성을 가진다는 점에서 대체관계에 있는 경쟁자가 됩니다. 이런 관점에서 중요하게 고려되는 게 바로 전환비용입니다. 대체제 전환에 드는 비용이나 번거로움이 크면 클수록 위협의 정도에서 멀어지기 때문이죠. 전환비용은 또 고객의 협상력뿐만 아니라 대체재의 위협을 분석할 때도 꼭 점검해야 할 요소입니다. 각각의 요인들을 꼼꼼히 살펴야 보다 현명한 전략 수립이 가능해지니까요.

공급자의 협상력 정도

의류 쇼핑몰의 공급자로는 동대문 시장의 도매상, 의류를 직접 제작하는 공장, 중국 등에서 의류를 수입해 오는 중간도매상 등이 있습니다. 제품을 공급하는 업체가 적거나 공급업체의 품질이 타사에 비해 월등할 때, 해당 제품을 대체할 상품이 적을 때, 소비자가 특정 브랜드 및 회사를 선호할 때, 구매량이 적을 때는 공급자가 협상의 주도권을 가지는데요. 공급자가 제시하는 조건이 까다로우면 장기계약이나 1회 구매 당 양을 높이는 전략 등을 취해야 합니다.

인텔이나 마이크로소프트가 컴퓨터 제조업체들과의 협상력에 있어 막강한 이유는 공급자에게 의존하는 정도가 절대적이기 때문입니다. 공급자의 협상력은 이처럼 공급기업이 아무도 넘볼 수 없는 힘을 가졌을 때 우위를 차지합니다.

고객과의 협상력 정도

제품이나 서비스를 구매하는 사람들을 고객이라 부릅니다. 해당 제품에 차별화가 없는 데다 다른 곳에서도 같은 제품을 판매한다면 고객의 힘이 강해집니다. 이를 두고 소비자의 교섭력이 높다고 표현하는데요. 고객의 힘이 기업이 속한 업계의 힘보다 세면 비 매력적인 시장이라고 평가합니다.

고객의 협상력이 높아지는 대표적인 경우로는 공동구매가 있습니다. 1회 총 구매금액을 높여 판매자에게 더 많은 할인을 요구하는 형태로, 판매자 또한 상품의 가격은 낮추지만 대량 판매를 통해 이익 추구가 가능하죠. 이익률을 낮게 책정하는 대신 상품의 회전율을 높여 이익을 확보하는 방식으로 대형할인점 등에서 많이 활용합니다.

고객들의 이 같은 협상력을 결정하는 요인 중 하나가 고객의 집중도입니다. 소수의 고객이 특정 산업에서 생산량의 대다수를 구매할수록 집중도는 커지고, 그럴수록 고객의 협상력은 강해지며, 고객의 힘이 강해질수록 기업의 이익률은 하락합니다. 전환비용도 중요한 고려사항입니다. 갤럭시폰 사용자가 아이폰으로 교체하려면 애플리케이션을 새로 설치해야 할 뿐만 아니라 사용방법도 배워야 합니다. 이처럼 전환하는 데 소요되는 비용 및 번거로움이 클수록 고객의 협상력은 낮아지는데요. 기존의 제품이나 서비스를 다른 제품으로 대체하는 데 필요한 비용을 전환비용이라고 합니다.

기업에게는 상품과 서비스를 구매하는 고객이 가장 중요합니다. 고객이 누구이며, 어떤 방식으로 구매하는지, 그들이 기대하는 가치는 무엇인지 등에 따라 기업의 협상력과 경쟁력이 결정되니까요. 특정 산업에서 고객들이 보이는 특성을 전략적으로 분석해야 하는 이유입니다.

전체 구조로 바라본 중고 거래 산업

개별 산업들은 제각기 다른 구조적 특성이 있으므로 기업이 속한 산업구조환경을 올바르게 파악하고 분석해야 합니다. 매우 중요한 일인데요. 5-Forces 모델을 활용하면 산업구조를 변화시키는 요인과 그 산업에 속한 자신의 강점 및 약점 파악이 가능하고,

경쟁에서 자신의 위치를 이해하게 됩니다.

네이버가 인수한 북미 최대 중고거래 플랫폼 포쉬마크(Posh-mark)를 중심으로 살펴보겠습니다. 네이버는 중고 명품 거래 산업의 성장률, 타 사업(웹툰, 검색, 쇼핑 등)과의 시너지 효과, 글로벌 진출 등 여러 이유를 들어 설명하고 있지만, 시장에서는 기대보다는 우려가 더 커서 그런지 주가가 큰 폭으로 하락했습니다. 그렇다면 네이버의 포쉬마크 인수를 5-Forces 관점으로 한번 생각해봐야 합니다.

전략에서는 '무엇을 할 것인가?' 못지않게 '무엇을 하지 않을 것인가?'를 아는 게 중요합니다. 그리고 네이버는 여러 측면에서 '무엇을 하지 않을 것인지'를 잘 알고 있는 기업입니다. 대표적인 게 전자상거래 시장(스마트스토어, 검색 등)에서 쿠팡과의 경쟁인데요. 물류망을 중심으로 성장한 쿠팡을 통해 새벽 배송과 당일 배송을 경험한 사람들이 네이버에게도 같은 서비스를 요구하기 시작했습니다. 네이버는 매년 1조 원 이상의 영업이익을 낼 뿐 아니라 충분한 현금을 보유한 기업입니다. 마음만 먹는다면 언제든 쿠팡처럼 자체 물류망을 만들 수 있죠. 그런데도 CJ대한통운과의 지분 맞교환 방식으로 물류 사업에 간접적으로 참여합니다. 쿠팡이 만들어 놓은 함정에 빠져들지 않고, 자신들이 더 잘할 수 있는 분야에 집중하면서 부족한 점은 파트너를 활용하는 전략을 취하는 것이죠.

반면, 포쉬마크 인수는 '무엇을 할 것인가?'에 대한 의사결정입니다. 명품 커머스 산업의 5-forces 측면에서 본다면 괜찮은 결정일 수 있습니다. 명품 시장은 전 세계적으로 큰 폭의 성장을 기록 중인 데다 국내에서는 기존 유통채널들의 명품 취급 및 온라인 명품 플랫폼의 약진 등을 기반으로 성장하고 있으니까요. 게다가 머스트잇, 트렌비, 발란, OK몰, 캐치패션 등 온라인 플랫폼뿐만 아니라 솔드아웃, 크림 등 리셀(중고) 플랫폼도 증가하는 추세입니다.

그럼 5-forces 관점에서 명품 플랫폼 커머스의 시장 내 경쟁부터 분석해 보겠습니다. 현재 국내에서 온라인으로 명품을 구매할 수 있는 플랫폼은 머스트잇, 트렌비, 발란, OK몰 등이 대표적인데, OK몰(OK아웃도어닷컴)을 제외한 모든 기업이 적자 상태입니다. 여기서 중요한 게 적자의 내용입니다. 머스트잇, 트렌비, 발란의 적자 규모는 모두 광고선전비와 비슷한데요. 이는 누구도 시장을 선점하지 못한 상태에서 사용자 확보를 위해 광고 등에 많은 돈을 들이고 있음을 의미합니다. 반면, OK몰은 100% 직매입, 20여 년간 쌓은 고객 데이터, 타사보다 빠르고 저렴한 판매 정책 등으로 광고선전비를 지출하지 않으면서 꾸준히 영업이익을 만들어내고 있죠.

5-forces 관점에서 명품 산업을 들여다보면 핵심 키맨(Key man)은 공급자인 명품 브랜드입니다. 국내에서 머스트잇, 트렌비, 발란 등이 온라인 중심의 명품 커머스 산업을 만들어가고는 있으나 이들에게는 협상력이 없다는 뜻입니다. 만약, 머스트잇이 구찌 브랜드를 판매해 많은 돈을 번다면 구찌는 머스트잇에게 더 많은

걸 요구할 게 뻔하다는 말이죠. 이때 머스트잇이 구찌의 요구사항을 수용하지 않으면 어떻게 될까요? 공급을 중단할 수도 있습니다. 물론, 총판에 해당하는 부띠끄와 리테일러를 통해 유통하는 명품 브랜드들이 직접적으로 관여하기는 쉽지 않습니다만, 총판을 통해 충분히 영향력을 행사할 수 있습니다. 명품 브랜드는 그냥 만들어진 게 아니거든요.

그렇다고 유통으로 성장한 머스트잇, 트렌비, 발란 등이 명품 브랜드를 만들어내기도 어렵습니다. 하나의 브랜드가 만들어지기까지는 오랜 시간이 걸릴 뿐만 아니라 제조에 대한 노하우가 필요하기 때문이죠. 명품 시장의 질서를 만드는 건 브랜드지 유통 플랫폼이 아닙니다.

오프라인도 마찬가지입니다. 현대백화점은 목동점에 루이뷔통을 입점시키기 위해 인테리어 비용 전액을 지원했을 뿐만 아니라 최저 수수료를 제시했다고 합니다. 40% 이상의 수수료를 요구하면서도 실적 없으면 바로 매장을 빼야 하는 다른 브랜드들과 비교할 때 형평성 면에서 비교할 수 없는 큰 차이를 보여주죠. 현대백화점이 루이뷔통과 협상을 했다기보다 극진히 모셔왔다는 표현이 맞을 것 같습니다.

명품 브랜드의 위치는 아주 공고합니다. 실제로 코로나 등으로 외부환경이 급변하는 상황에서도 M&A를 통한 브랜드 성장, 유통채널과 공급망에 대한 통제, 강력한 가격 결정력, 디지털 역량

수요자의 교섭력 (중-중)

- 명품을 과감하게 소비하는 플렉스 문화
- 판매를 주도하는 인플루언서 문화
- 콘텐츠와 커머스의 결합
- 온라인, 리세일 등 유통기술의 진화

잠재적 진입자의 진입 위협 (중-상)

- 명품 브랜드들의 온라인 채널 확대(D2C)
- 신세계백화점, 현대백화점, 롯데백화점 등 오프라인 유통기업

기존 경쟁업체 간의 경쟁강도 (중-상)

MUST'IT   tren:be
BALAAN   OKmall

공급자의 교섭력 (상-상)

명품 브랜드	중판
구찌, 발렌시아가, 프라다, 마르지엘라, 톰브라운, 생로랑, 발렌티노, 오프화이트 등	• 리테일러 • 부티크 • 판권을 확보한 플 • 챗봇사 • 병행수입

대체재의 위험 (중-상)

- 중고나라, 번개장터, 미벤트, 당근 등 중고 거래 플랫폼
- 마켓인유(의류), 리그리지(친환경 빈티지 라이프 스타일), 서울옥치(럭셔리 빈티지 위치) 등 버티컬 중고 거래 플랫폼
- 포쉬마크(Poshmark) 등 해외 중고 거래 플랫폼

등을 향상시키면서 끊임없이 성장했는데요. 대표적 럭셔리 브랜드 기업인 에르메스와 케링, LVMH의 주가는 코로나로 대부분이 움츠러들던 때에 더 높은 폭으로 상승했습니다.

물론, 지금의 상황이 좋다고 앞으로도 승승장구한다는 보장은 없습니다. 실제로 오랜 전통을 자랑하는 럭셔리 브랜드 '에루샤(에르메스, 루이뷔통, 샤넬)'도 현대적인 감각과 독창성을 앞세우는 컨템포러리 브랜드 아미(AMI), 르메르(Lemaire), 메종 마르지엘라(Maison Margiela) 등으로부터 위협받고 있는 게 현실이니까요. 에루샤가 100년 이상의 오랜 역사를 자랑하는 반면 아미, 르메르, 메종 마르지엘라의 역사는 10~30년 안팎에 불과한데요. 이들은 심플하고 트렌디한 감성, 신선한 로고, 합리적인 가격 등을 내세우며 일상에서 가볍게 착용할 수 있는 패션 아이템으로 에루샤의 아성에 도전하는 중입니다.

이 같은 명품 산업의 새로운 트렌드가 바로 중고 거래입니다. 5-forces 관점으로 보면 대체재 중 하나일 수도 있는데요. 그동안 명품을 중고로 사고파는 사람들은 많지 않았습니다. 진품인지 짝퉁인지 보증하기도 어려웠고, 개인과 개인을 연결하는 일도 쉽지 않았으니까요. 그런데 스마트폰을 중심으로 개인과 개인이 연결되고, 기술 발전으로 진품과 짝퉁의 구분이 가능해지면서 중고거래 시장이 큰 폭으로 성장하게 된 거죠.

이 같은 환경은 그동안 중고나라와 번개장터, 당근 등 중고 플랫폼을 중심으로 이루어지던 중고 명품 거래 시장에 최근 들어 오프라인에 강점이 있는 대형마트와 백화점뿐만 아니라 명품 브랜드까지 뛰어들게 했는데요. 명품 브랜드들은 총판에 해당하는 부띠끄와 리테일러를 통해 시장을 통제하는 반면, 중고 거래에서는 직접 참여하는 방식을 취하고 있습니다. 구찌 브랜드의 모기업인 케링 그룹, 버버리 그룹 PLC, 스텔라 매카트니는 개인의 중고 상품을 매입해 재판매하거나 다른 중고 플랫폼으로 판매하죠. 명품 브랜드들 입장에서는 커지는 시장을 외면할 수 없고, 유통기업(플랫폼) 입장에서는 새로운 수익 창출이 가능한 시장이므로 적극적으로 뛰어들 수밖에 없습니다.

명품 중고 거래의 특징은 소비자가 구매한 명품을 중고로 재판매할 경우, 소유자가 가격 결정권을 가진다는 점입니다. 실제로 머스트잇, 트렌비, 발란 등은 신제품을 유통할 때 얻는 이익보다 중고제품을 C to C 방식으로 연결했을 때의 이익이 더 큽니다. 또 국내 중고 거래 시장이 2008년 4조 원에서 2021년 24조 원으로 6배나 성장할 정도로 산업의 성장세가 가파른 것도 특징 중 하나입니다.

이런 흐름에 맞춰 글로벌 명품 브랜드들은 자사에서 판매한 상품을 소비자에게 되사는 바이백(buy-back) 프로그램 방식으로 시장 진입을 꾀하고 있는데요. 바이백은 소비자 신뢰도 및 거래의 안정성 확보뿐만 아니라 중고시장에서의 브랜드 가치 하락을 예방한다는 장점이 있습니다. 또 바이백한 상품을 명품 브랜드가 보유한 판매 채널에서 되팔거나 NFT 같은 디지털 기술을 접목하면 새로운 가치 창출도 가능하죠. 그리고 이 부분에서 포쉬마크 같은 C to C 플랫폼과 브랜드 간 협업의 접점도 발생합니다.

명품 브랜드가 NFT 같은 기술을 도입 중이긴 하나 한계가 있습니다. 이런 기술은 구글, 애플, 네이버 같은 기업이 더 잘할 수 있는 영역입니다. 제페토(ZEPETO)를 통해 능력을 보여준 네이버처럼 이들은 가상공간으로 소비자와의 접점을 넓혀 나가면서 새로운 커뮤니케이션 채널을 만들 수 있는 역량을 충분히 가졌으니까요.

중고 거래 시장은 다양한 상품군 확보, 제품 탐색, 정품 확인, 편리한 결제 등 구매 여정에서 해결해야 할 여러 가지 어려움이 존재합니다. 게다가 네이버가 인수한 포쉬마크를 중심으로 여러 기업이 경쟁 중이지만 아직 지배적인 사업자도 없죠. 이는 네이버의 주장처럼 네이버가 보유한 기술력을 바탕으로 명품 산업의 가치사슬을 변화시킬 수 있다는 뜻이기도 합니다. 강력한 가격 통제력을 가진 명품 브랜드들과는 직접 부딪치지 않는 상태에서 새로운 비즈니스모델 구현이 가능한 거죠. 그리고 이를 통하면 오랜 숙원사업인 영어권 시장에서의 성과도 충분히 창출해낼 수 있지 않을까 싶습니다.

마치는 글

《비즈니스모델 사용설명서》를 쓰는 동안 챗GPT가 큰 이슈가 되었습니다. 그에 따른 여러 전망과 걱정, 두려움이 난무하는 상황에서도 한번 변화하는 방향에 서보고자 했습니다. 그래서 이 책《비즈니스모델 사용설명서》출간 전에 챗GPT를 활용해《AI가 답해 준 비즈니스모델 사용설명서》를 써보았는데요. 인공지능이 대답해 준 비즈니스모델과 사람이 고민한 내용을 비교해 보고자 하는 시도였습니다.

그렇게 챗GPT를 활용해 책을 써본 결과, 당분간은 인공지능(AI)이 사람을 뛰어넘지 못하리라는 사실을 체감했습니다. 특히, 과거의 데이터를 학습해서 답변한 내용으로 미래를 준비하기는 어려워 보였습니다. 챗GPT가 답한 비즈니스모델은 개념적 수준을 넘어서거나 비즈니스모델에 필요한 다양한 요인들을 고려하지 못했거든요. 오히려 개념 파악에는 도움이 될지 모르나 실무에서 사용하기에는 한계가 있음을 명확히 확인하는 경험이었습니다.

《비즈니스모델 사용설명서》는 저의 16번째 책으로, 시작은 몇 년 전 출간한《비즈니스모델을 혁신하는 5가지 길》입니다. 그 책 출간 후 대기업 포함 다양한 스타트업과 개인을 대상으로 비즈니스모델을 강의하고 컨설팅하는 시간을 가졌죠. 하지만 알고 있는 지식과 경험은 제한적인 데 수강생이 요구하는 수준은 높았습니다. 그 와중에 의미 있는 솔루션을 제시한 순간도, 아는 내용을 앵무새처럼 떠든 순간들도 있었죠. 그러면서도 과정이 거듭될수록 더 좋은 내용과 결과물을 제공하기 위해 고민했고 콘텐츠를 보완해 왔습니다. 그렇게 강의와 컨설팅에서 사용했던 내용을 정리한 책이 바로《비즈니스모델 사용설명서》입니다.

많은 기업이 비즈니스모델에 관심을 가지면서 린 캔버스, 비즈니스모델 캔버스, 블루오션 전략, 가치사슬 등 다양한 프레임이 주목받기 시작했습니다. 하지만 프레임에서 제시하는 맥락과 내용을 이해하지 못한 채 칸 채우는 행위만으로 비즈니스모델을 만드는 일들이 현장에서 많이 벌어진다는 것 또한 현실이었습니다.

어떤 프레임이 더 좋은지는 중요하지 않습니다. 각각을 들여다 보면 모두 다 중요한 인사이트를 담고 있으니까요. 또 각각의 프레임에서 나타나는 주장들이 대부분 비슷한 맥락을 가진 것도 사실입니다. 그런 이유에서 《비즈니스모델 사용설명서》는 여러 프레임에서 주장하는 핵심 내용을 설명하는 형태를 취했습니다. 그리고 국내외의 사례를 바탕으로 이해를 돕고자 했습니다. 새로운 뭔가를 주장하기보다는 기존의 것을 제대로 이해하고 활용할 수 있도록 하자는 게 목표였거든요.

기업을 대상으로 강의하는 강사로서 최고의 학습법 중 하나는 글쓰기입니다. 하지만 글을 쓸 때마다 알고 있다고 생각하는 지식의 정도가 얼마나 얕은지 절실히 느끼게 됩니다. 《비즈니스모델 사용설명서》또한 그런 의미에서 알아서 쓴 게 아니라 몰라서 쓰기 시작한 책입니다. 그럼에도 모쪼록 오랫동안 현장에서 경험하고 고민한 내용이 이 책을 읽는 분들께 꼭 도움이 되었으면 좋겠습니다. 감사합니다!

은종성